KB093206

예쁜 여자 만들기

예쁜 여자 만들기

미인 강박의 문화사,
한국에서 미인은 어떻게 만들어졌는가

이영아 지음

푸른역사

프롤로그

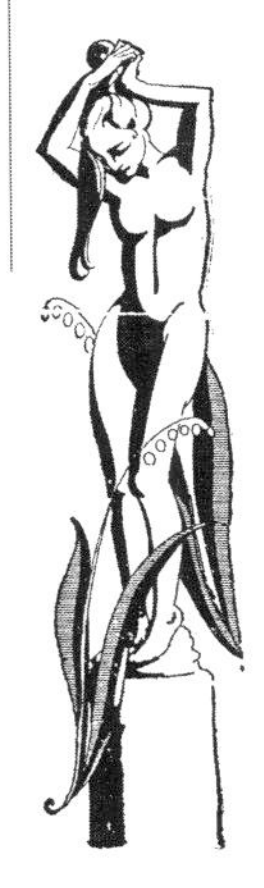

'예뻐져야 한다' 는 강박, 언제 어떻게?

이 책을 펼친 여성 여러분은 어떤 때 예뻐져야겠다는 '결심' 을 하는가? 언제 다이어트나 운동을 할 계획을 세워 보았으며, 언제 성형수술이나 치아교정에 관심을 가졌으며, 언제 화장품이나 옷이나 액세서리를 사고 싶었는가? 누군가가 못생겼거나 뚱뚱하다고 놀릴 때? 살 빠졌거나 예뻐졌다고 칭찬받았을 때? 취업 준비를 할 때? 취업을 했을 때? 취업에 실패했을 때? 짝사랑을 할 때? 연애나 결혼을 할 때? 실연을 했을 때? 예쁜 연예인이나 인터넷의 새로운 '얼짱' 의 미모를 보았을 때? 못생기고 뚱뚱한 사람을 보았을 때?

모르긴 해도 가장 많은 답은 아마 '모두 다' 가 아닐까. 여성들은 예쁠 때에도 예쁘지 않을 때에도, 상황이 좋을 때에도 나쁠 때에도, 무언가 기대와 희망을 품을 때에도 실패와 좌절을 겪을 때에도, 언제나 예뻐질 '걱정' 을 한다. '예쁘다/못생겼다', '날씬하다/뚱뚱하다' 의 기준이나 정도는 모두 다르지만 말이다. 정말 누구에게나 '살 빼라', '얼굴 고쳐라', '화장이나 옷에 신경 좀 써라' 라고 핀잔을 듣는 사람도 '조금은' 있을지 모르겠다. 하지만 남들은 그 정도면 예쁘고 날씬하다는데도 자신은 여전히 만족하지 못해서 몸을 고치고 꾸미는 사람들 또한 '꽤 많이' 있다. 왜 그럴까?

몇 년 전 개봉한 〈미녀는 괴로워〉(2006)는 못생기고 뚱뚱한 여주인공 '한나' 가 전신 성형을 통해 '제니' 라는 인기가수로 성공하는 과정을 그린, 일견 단순한 스토리의 로맨틱 코미디 영화다. 그럼에도 600만 명 이상의 관객을 모았을 정도로 대성공을 거뒀다. 〈미녀는 괴로워〉의 무엇이 관객의 눈길을 사로잡은 것일까? 무엇이 이 영화가 이 정도로 인기를 끌 수 있게 만든 것일까? 로맨틱 코미디의 문법을 무난하게 잘 따라서? 캐릭터들의 매력이 살아 있어서? 물

〈미녀는 괴로워〉
2006년 개봉되어 600만 명 이상의 관객을 불러들인 영화. 외모지상주의라는 이슈를 다룬 점이 관객 동원에 성공한 주요인 중 하나라 생각된다.

론 이런 점도 일조했겠지만, 뭐니 뭐니 해도 이 영화가 다루고 있는 외모지상주의라는 한국 사회의 '핫hot' 한 이슈가 가장 큰 영향을 끼친 게 아닐까 싶다.

사실 이 영화의 원작인 스즈키 유미코鈴木由美子의 만화 〈칸나 씨 대성공입니다カンナさん大成功です!〉*는 성형미인의 성공 스토리가 아니라, 성형으로 미인이 되었음에도 불구하고 '뚱녀 근성' 을 버리지 못하는 여성 주인공의 좌충우돌기다. 〈칸나 씨 대성공입니다〉의 주인공 '칸나' 씨는 겉만 미인일 뿐 미인이 '응당' 가져야 할 도도함이나 자신감은 결여된, 여전히 비굴하고 소심한 모습을 보인다. 그래서인지 '칸나' 가 겪는 일상은 코믹하기도 하고, 또 공감을 불러일으키기도 했다.

'공감' ? 그렇다. '칸나' 처럼 우리 마음속에도 늘 '뚱녀' 가 살고 있다. 현재의 자신이 얼마나 성숙한 인격을 가졌건, 다른 재능이나 실력이 뛰어나건, 심지어 예쁘고 날씬하건 상관없이 여성들은 늘 자신이 못생기고 뚱뚱하고 늙어서 예쁘지 않다고 여긴다. 다시 말해, 예쁜 여자가 되는 일은, 거의 모든 여성들의 숙명이자 굴레 같은 것이다. 현재의 자신의 상태와는 관계없이 언제나 여성들은 예뻐지고 싶어 하거나, 예뻐져야 한다고 생각한다.

물론 '예뻐져야 한다' 는 강박에서 벗어나 자신의 현재에 충실하고 당당한 여성들도 존재한다. 모든 여성들이 그렇게 살 수 있

* 일본 소녀만화잡지 《Kiss》에 1997~99년까지 연재되었다.

다면 더할 나위 없겠다. 그러나 불행하게도 현실은 그렇지 않다. 《예쁜 여자 만들기》는 그러한 강박에서 자유롭지 못한, 그래서 많은 시간 자신의 몸에 불만을 품고, 그래서 종종 불행한, 그래서 이 책의 제목 '예쁜 여자 만들기'를 보자마자 호기심 어린 눈길을 던지는 이 땅의 '평범한' 여성 독자들(사실 오늘날엔 남성 독자들도 이 문제에서 자유롭지 않다)을 위해서 쓰였다. 우리는 언제부터, 왜, 어떤 식으로 예쁜 여자가 되는 일에 집착하는가? 그로 인한 우리의 불행감은 어떤 논리로 극복할 수 있을까? 이런 질문에 대한 답을 찾아보는 것, 그것이 이 책이 만들어진 이유다.

'예쁜 여자'는 만들어졌다

이 책 《예쁜 여자 만들기》에서는 한국이 근대화의 물결에 휩쓸리기 시작한 이후 여성의 몸 가꾸기 문화가 어떻게 변화해왔는지, 그것이 한국 여성들에게 어떠한 영향을 미쳤는지를 이야기하려고 한다. 나는 앞선 책 《육체의 탄생》(2008)에서 근대의 시작이 몸에 대한 관심의 폭발적 증가와 맞물려 있음을 밝혔었다. 근대를 살았던 이들은 국제 사회의 새로운 질서, 근대 국가, 자본주의 체제 속에서 '살아남기 위해선' 몸이 중요하다는 사실을 뼈저리게 깨닫고 몸을 단련하기 위해 여러 노력을 기울였다. 그런데 몸이, 특히 여성의 몸이 왜 · 어떠한 방식으로 중요한가에 대한 강조점은 근대화의 진행과 더불어 주기적으로 변화해왔다. 이 변화의 양상을 다룬다는 점에서 이 책은 '육체의 탄생, 그 이후(의 여성)'라는 성격을 띠기도 한다.

이 책의 제목 예쁜 여자 '만들기'는 이 몸 가꾸기 문화가 누군가에 의해 '만들어진 것'이라는 점, 그리고 이것이 근대 이후에 급속도로 팽창한 사회 현상임을 강조하기 위해 지은 것이다. '예쁜 여자', '미인'이라 호명되는 여성은 동서고금을 막론하고 언제 어디에나 있었다. 그러나 과거의 '예쁜 여자'는 '태어나고' '존재'하는 것이었지, '만들어'지는 것이 아니었다. 옷이나 화장 등으로 치장하는 행위에서부터 운동이나 다이어트, 성형수술에 이르기까지, 자신을 얼마나 갈고 닦느냐에 따라 타고난 미인은 아니어도 얼마든지 '예쁜 여자'가 될 수 있게 된 것은 근대에 들어서의 일이다.

그런데 이것이 여성들에게는 행운이자 불운이었다. 여성의 진입 장벽이 낮은 이 사회에서, 어떤 여성이든 자신의 노력 여하에 따라 예뻐질 수 있다는 예쁜 여자 되기 가능성의 확대는 '기회의 평등' 차원에서 보면 고무적인 일이었다. 하지만 그런 '가능성'이 버젓이 존재함에도 불구하고 자신을 가꾸지 않고 예뻐지는 일에 그리 큰 관심을 두지 않는 여성들에게는 그만큼 혹독한 조롱과 비난이 쏟아질 위험이 생겨버렸다는 점에서 끔찍한 일이기도 했다. 격식에 맞지 않는 옷차림을 한 여성들, 화장기 없는 얼굴로 외출한 여성들, 뚱뚱한 여성들 등에게는 '자기 관리 못하는 여자'를 넘어서

'무능한 여자' 라는 꼬리표가 붙게 된 것이다. 그 결과 여성들은 항상 예쁜 여자가 되어야 한다는 강박 속에 갇혀버리게 되었다.

나 자신의 몸을 보살피고 몸을 가꾸기 위해 노력하는 모습은 대체로 바람직하다 할 수 있다. 그러나 지금의 우리들은 그런 수준을 많이 넘어선 듯하다. 처음 몸 가꾸기의 출발이 행복한 삶의 영위를 목표로 한 것이었음에도 불구하고, 외모 콤플렉스, 성형 중독, 운동 중독, 다이어트 부작용과 같은 문제들로 고통받고 있다. 스스로의 모습을 돌아보자. 하루라도 운동을 거르면 몸에 지방이 쌓이고 근육들이 모두 흐물거리게 될 것이라 불안해하지 않는가. 얼굴과 몸을 고치고 고쳐도 계속해서 단점이 보이지 않는가. 무언가를 먹기 전에 끊임없이 칼로리 계산을 해대지 않는가.

또한 부富에 의한 미모의 독점도 심화되어가고 있다. 돈 많은 남자들이 예쁜 여자와 연애를 하거나 결혼을 하는 데 유리했던 건 예나 지금이나 마찬가지다. 그런데 이제는 돈 많은 집안의 여성들이 스스로를 예쁜 여자로 만드는 데 있어서도 유리한 세상이 되었다. 예쁜 외모 가꾸기가 하나의 '산업' 으로서 팽창되면서 모든 미모 가꾸기에 목돈이 들기 시작했기 때문이다.

성형수술을 '티 나지 않게' 받는 데 드는 거액의 비용은 말할 것도 없다. 동네에서 3개월에 5만원 하는 헬스장이 아니라 일 년에 수천만 원 한다는 호텔 피트니스 클럽 회원쯤은 되어야 전문 트레이너에게서 관리 받아 '복근 미인' 이 될 수 있다. 한 번에 수십만 원 하는 에스테틱에 가서 피부 관리부터 전신 스크럽 및 슬리밍 마사지, 아로마 테라피 정도는 받아야 '물광 피부'를 가질 수 있다. '명품' 옷 · 구두 · 가방 · 액세서리를 갖춰야 '패션 종결자'라 불린다.

반면 저소득층에서는 외모 가꾸기는커녕 몸의 건강을 유지하기도 힘들다. SBS 〈그것이 알고 싶다〉의 "고도비만은 가난을 먹고 자란다"(2010년 9월 25일 방영)편에서 다루었듯, 적은 수입은 불규칙한 식습관과 가공식품 과잉 의존, 영양 불균형 등을 불러온다. 이 때문에 저소득층의 비만이 새로운 사회 문제로 대두되고 있다. 이제는 가난한 이들이 '굶어서' 죽는 것이 아니라 나쁜 음식을 '너무 많이 먹어서' 건강도 몸매도 잃고 있다.

다시 말해 의학 및 과학 기술과 몸에 관한 지식이 산업화되면서 돈이 있어야 '예쁜 여자'가 될 수 있게 되었다. 이와 같은 현상이 더욱 심화되어 계급과 미모가 인과관계, 정비례관계를 이루게 된다면, 여성들이 계급 상승을 하거나 문턱 높은 남성 중심의 사회에 진입할 수 있는 하나의 '재능', '자산'으로서 미모가 지녔던 역할은 점점 희미해질 것이다. 즉 처음 '예쁜 여자 만들기' 사회가 선사했던 '기회의 평등'은 다시 축소되거나 사라져버릴 것이다. 그러나 그것이 '예쁜 여자'가 되고자 하는 욕망까지 잠재울 수는 없다. 그럴수록 사람들은 미모와 계급 중 어느 것에 대한 동경인지조차 불분명한 채로 '예쁜 여자'가 되기 위해 '폭주'할 것이다. 신용불량자가 되는 것도 마다하지 않으면서.

문제는 불안감이다. 다 잘 살자고 시작한 운동이고, 외모 관리이고, 다이어트일 터인데, 우리는 그것 '덕분에' 잘 살기는커녕 그것 '때문에' 오히려 팍팍하고 불행한 삶을 살게 되는 것이다.

《예쁜 여자 만들기》는 그러한 불행을 안고 있는 '우리(나를 포함한)' 들을 떠올리며 쓴 책이다. 그냥 '지나치면 좋지 않다' 가 아니라, 왜 우리가 몸에 대해 그렇게 '지나치게' 집착하는지를 제대로 '알고', 그러한 앎을 통해 더 나은, 한층 행복한 '삶' 을 사는 방법을 스스로 '선택' 할 수 있는 구체적인 '길' 을 찾아보려 한다.

그러나 이 책에서 말하는 '몸으로부터 자유로워지는 것' 이 모든 몸에 관한 관심을 끊는 것이라거나, 몸보다 마음을 중시하는 것을 의미하지는 않는다. 외양보다 내면의 아름다움을 추구하라는 식의 '도덕적' 결론은, 몸 가꾸기에 대해 가지는 우리의 관심을 '속물적' 인 것으로 만들어 버리며 또 다른 방식으로 우리를 억압하기 때문이다. 앎을 통해 스스로 선택할 수 있도록, 그리하여 우리 자신이 주체가 될 수 있도록 안내하는 것. 거기가 이 책이 도달하려고 하는 지점이다.

《예쁜 여자 만들기》, 무엇을 말하고 있는가

이 책에서는 크게 세 부분으로 나누어 한국 여성들이 예뻐져야 한다는 강박 속에 갇히게 된 과정과 의미를 이야기했다. 먼저 1부 "S라인의 탄생"에서는 근대에 '예쁜 여자' 의 기준이 새롭게 만들어지는 과정을 살펴보았다. 오늘날 클리셰Cliché처럼 여성들의 미모를 칭할 때 쓰이는 'S라인' 은 대략 1930년대를 전후한 시기부터 중요시되었다. 이것은 여성들이 시각 중심 문화 속 남성들의 시선에 '노출' 되면서부터 가능해졌다. 그리고 그 노출을 통해 만들어진 새로운 예쁜 여자의 기준은 하나의 '담론' 으로 형성되었다. 남성 지식인과 예술가들이 예쁜 여자의 기준을 대중들에게 전파하고 공유하는 일이 자신들의 사명이라도 되는 양 여성들의 외모를 두고 이런 저런 품평을 하기 시작했던 것이다.

2부 "예쁜 여자 되기"에서는 예쁜 여자의 기준에 맞는 외모를 갖추기 위해 쏟아지기 시작한 몸 가꾸기 관련 정보와 상품, 의학 기술 등에 대해 살펴보았다. 몸이 중요해지기 시작한 것은 근대 초기부터였고, 그때부터 여성들의 몸 가꾸기 문제도 공론화되었다. 위생에 힘쓰라거나 운동과 외출을 하라는 것 등이 개항 이후 여성들에게 내려진 지상 과제였다. 그러나 초기에 여성들이 자신의 몸을 돌보아야 하는 이유는 예뻐지기 위해서가 아니라 건강해지기 위해서였다. 그리고 그 건강은 여성 개개인을 위해서라기보다는 국가를 위해서였다. 왜? 건강한 국민을 생산해야 하는 책임이 여성들에게 있기 때문에. 그런데 1920년대, 본격적으로는 1930년대 즈음부터 여성들은 예뻐지기 위해 몸을 가꿔야 했다. 이때부터 아름다운 몸으로 가꾸기 위한 정보들이 신문, 잡지 등에 넘쳐나기 시작했다. 여성들은 '미인 권하는 사회' 에 포획되어 너도 나도 '예쁜 여자' 가 되어야 했다.

나혜석의 〈깡깡 무희〉(1940)
집에서만 생활하던 전통적 여성상에서 벗어나 서구의 새로운 문물을 적극적으로 받아들이고 활발하게 사회생활을 하는 신여성상을 제시한 그림(국립현대미술관 소장). 서구적 체형과 화려한 모피코트가 이색적이다. 1920~30년대 여성들은 그림의 무희처럼, 예뻐지기 위해 몸매를 가꿔야 했다. '미인 권하는 사회'에 포획되었던 것이다.

마지막 3부 "미녀는 괴로울까?"에서는 그렇게 '예쁜 여자'가 되고난 뒤의 여성들의 운명에 대해 짚어보았다. 예뻐진다는 것이 가지는 사회, 문화적 함의는 무엇일까? 자신의 외모를 가꾸어 남성들에게 '선택'받은 여성들은 정말 행복했을까? 반쯤은 그러했고 또 반쯤은 그렇지 못했다. 일단 '미모 경쟁'에서 승리한 여성들이 남성 중심의 사회의 문턱을 넘어서는 데 훨씬 수월했던 것은 사실이다. 그러나 그 이후 그녀들이 겪어야 했던 남성들의 '욕망'과 '경멸'의 이중적 시선은 그녀들의 정체성을 끊임없이 흔들어놓았다. 1930년대까지만 해도 이 압박으로부터 자유롭게, 주체적인 삶을 끝까지 지켜나간 여성들은 흔치 않았다. 그들을 행복하게 만든 것도 불행하게 만든 것도 근대의 자본권력 속에 포획되어 있던 그들의 미모였다. 자본주의 사회는 여성들에게 아름다워져야 한다고 끊임없이 충동질한다. 그래서 미와 관련된 상품을 구매하게 만든다. 그러나 자본주의 사회는 그렇게 아름다워진 여성들을 하나의 상품으로 전락시켜 소모해 버린다.

여기에서 한 가지 더 흥미로운 점은, 1930년대를 지나 1940년대에 이르면 사회는 다시 여성들에게 예쁘기보다는 건강해질 것을 요구했다는 사실이다. 일본 제국이라는 식민권력은 세계대전이라는 국가적 위기 상황에서 여성들에게 '군국의 어머니'가 될 것을 요구하기 시작했다. 몸을 가꾸는 일은 '사치'가 되었다. 여성들은 1900년대처럼 건강한 몸으로 건강한 국민(군인)을 더 많이 낳아 길러야 했다. 이 점은 '예쁜 여자'가 되기를 강요하던 1920~30년대에 오히려 산아제한, 피임이 권장되었던 사실과 대조해도 흥미롭다. 그 이후에도 '예쁜 여자'와 '모성'은 국가의 상황에 따라 변덕스럽게 강조점을 바꿔가며 호명되었다. 그만큼 여성의 몸은 국가권력으로부터도 자유롭지 않다.

그렇다면 '예쁜 여자 되기 프로젝트'는 결국 근대 국가와 자본 그리고 남성들의 승리로 그칠 것인가? 여성들은 '그들'이 만들어 놓은 기준 안에서 농락당한 수동적 존재에 그치는 것일까? 그렇지만은 않은 듯하다. 그 속에서 '고군분투' 했던 여성들 덕분에 세상은 조금씩 달라지고 있기 때문이다. 그 '가능성'의 지점들을 다시 짚어 오늘날 '예쁜 여자'가 되려는 모든 여성들이 지닐 수 있는 '자부심'과 '희망'에 대해서는 "에필로그"를 통해 다시 한 번

이야기하게 될 것이다.

이 책이 나오기까지 도와주신 분들, 감사의 말씀을 전하고 싶은 분들이 너무 많다. 부족한 제자를 언제나 변함없이 믿고 격려해 주시는 조남현 선생님과 권영민 선생님께는 늘 황송할 따름이다. 첫 책 《육체의 탄생》을 세상에 내놓은 후 만났던 여러 학자들의 학문에 대한 뜨거운 열정에도 존경을 표하고 싶다. 황상익 선생님 외 인문의학 연구자들, 김종갑 선생님 외 몸문화연구소 연구자들, 정근식 선생님 외 사회사 연구자들과의 학문적 교류는 문학 안에 갇혀 있던 내게 신선한 자극이 되었다.

아무 것도 모르는 '벌거숭이 대학원생' 때부터 후배라는 이유만으로 식사 및 주류의 무한 제공과 '전천후 멘토링'으로 '사람 만들어' 주신 내 인생의 '언니오빠'들, 권보드래 · 천정환 · 김석봉 · 이승희 선배님의 '은혜'는 두고두고 잊지 못할 것 같다. 나의 소중한 친구들이자 '예쁜 여자' 권하는 이 세상을 살아가느라 힘겨워하고 있는 여성들인 기주영 · 곽지윤 · 신서인 · 김미지 · 김지미 · 조연정 등과 나눈 고민과 수다들은 이 책을 쓰는 데 중요한 영감을 제공했다. 또한 저자 이상의 애정과 꼼꼼한 편집으로 《예쁜 여자 만들기》라는 '예쁜 책'을 낼 수 있도록 도와주신 도서출판 푸른역사의 박혜숙 사장님과 정호영 편집자님께도 진심으로 감사드린다. '든든한' 내 동생들 건아와 소영이, 그 외에도 그동안 함께 공부하고 토론했던 수많은 동료와 선후배들에게도 고 마음을 전하고 싶다. 마지막으로 아직 아무 것도 못해드린 딸을 미래형의 '희망' 도 아닌 현재형의 '행복' 이라 말씀해주시는 부모님께 이 책을 바친다.

2011년 2월

이영아

차례

1부 S라인의 탄생

1장 예쁜 여자들이 보인다

2장 여성의 몸, 옷을 통해 보여주다

3장 여성 '언 파레드On Parade'

2부 예쁜 여자 되기

1장 '예쁜 여자 만들기' Before

2장 여성들이여, 몸매를 가꿔라!

3장 의학으로 예뻐지기

3부 미녀는 괴로울까?

1장 예뻐지는 건 인종을 개조하는 일

2장 무조건 미인이어야 '잘 팔린다'

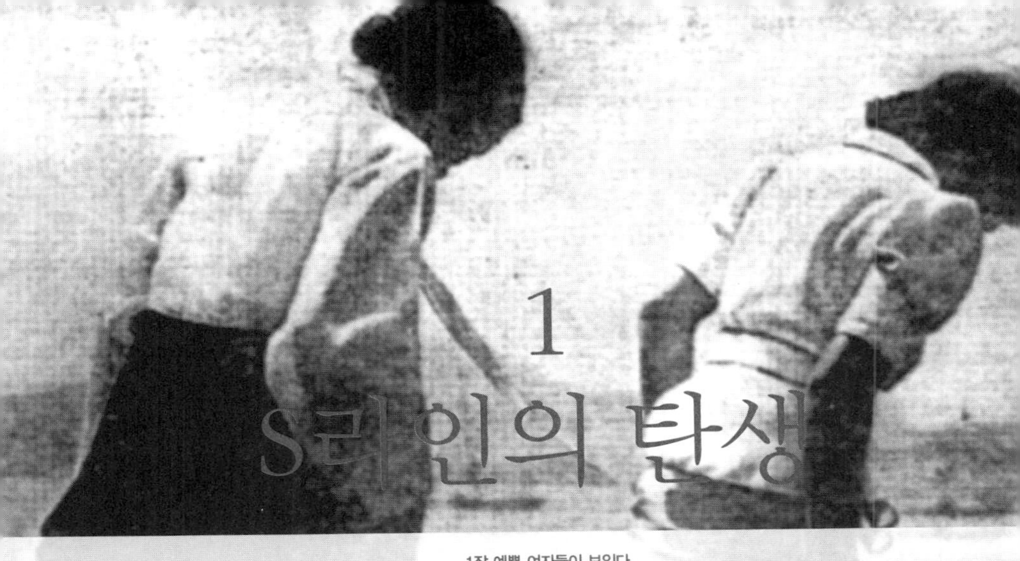

1 S라인의 탄생

1장 예쁜 여자들이 보인다

1930년대 미용체조법 | 미의 기준, 얼굴에서 몸매로 | 보는 것이 아는 것이다 | 조선 여성의 몸, '찍히다' | 기생, 대중 앞에 나서다 | 조선 여성의 몸, '그려지다'

2장 여성의 몸, 옷을 통해 보여주다

위생에 해로운 전통 의복 | 여성의 건강을 위해 치마는 짧게, 저고리는 길게 | 개량 한복의 등장 | 미니스커트, 각선미를 보여주다 | 브래지어, 곡선미를 보여주다 | 유선형 시대, 유선형 미인 | S라인이어야 미인

3장 여성 '언 파레드On Parade'

유명 인사들의 미인관 | 근대가 원하는 '세계 공통 미인 표준' | 지역별 여성 미모 품평 | 5대 도시 미인 평판기 | 실존 여성 인물 미모 평판기 | 문명화 정도를 진단할 수 있는 여성의 몸 | 여성, 남성의 시선으로 자신의 몸을 응시하다

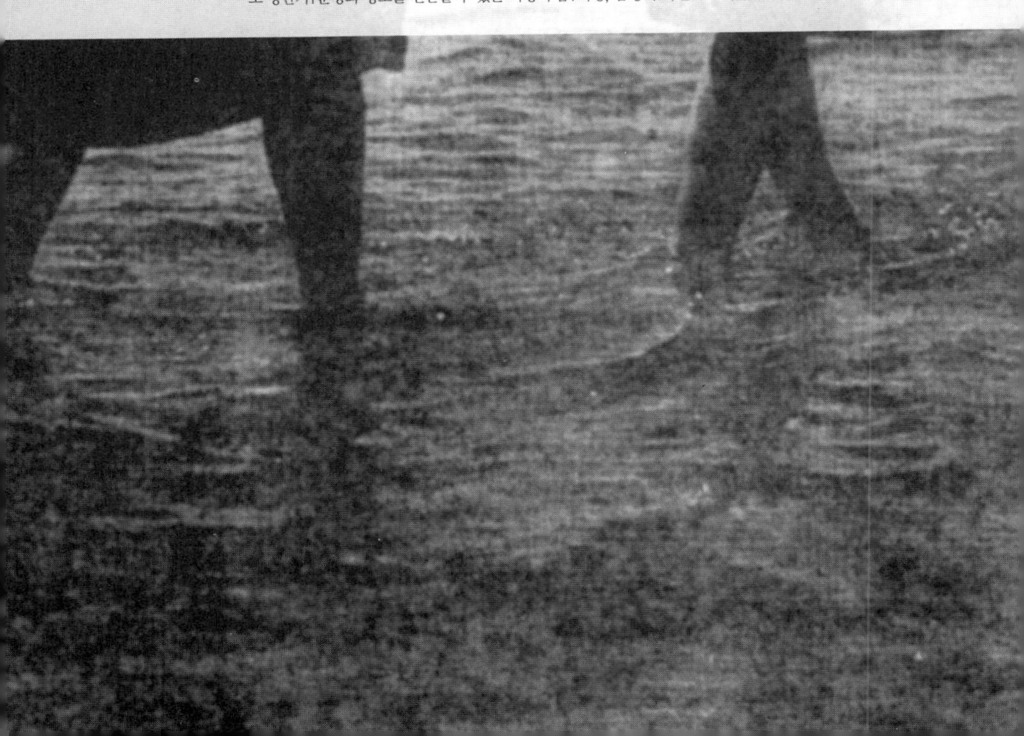

1장
예쁜 여자들이 보인다

1930년대 미용체조법

혹시 아름다운 몸매를 가꾸고 싶은가? 그렇다면 일단 자리에서 일어나 다음 동작을 따라해보자.

> 하나, 가슴을 앞으로 그냥 내밀며, 양 손을 위로 쭉 뻗었다가, 손끝이 발가락에 닿을 때, 양 손을 아래로 뻗으며, 전신을 굽힌다. 이 운동을 계속하면 가슴의 모양이 곱게 발달되고 미끈한 각선미를 갖게 된다.
> 둘, 마루 같은 데서 무릎을 꿇고, 등허리를 바싹 위로 구부리며 양 손을 아래로 드리웠다가, 다음에 손과 무릎을 땅바닥에 붙이고 허리를 전과 반대 방향으로 굽히며, 머리를 쳐들고 가슴을 앞으로 쑥 내민다.

이 운동을 계속하면 횡격막의 군살을 없게 하고 몸의 자세를 곧고 바르게 만들 수 있다.

셋, 마룻바닥에 드러누워서 두 다리를 위로 쭉 뻗는다. 양손은 손바닥이 아래로 향하게 방바닥에 딱 붙인다. 이렇게 하고 두 다리를 제각기 엇바꿔가며 방바닥으로 쭉 뻗는다. 이렇게 몇 번이고 계속하면 허리의 곡선을 곱게 하고 각선미도 돕게 된다.

넷, 양손을 벌리고 손바닥을 아래로 향하여 방바닥에 붙이며 마루방 위에 누워서, 오른편 발을 몸 위로 구부려서 왼쪽 손톱과 발톱이 닿을 때까지 가져가며, 그와 동시에 머리는 반대방향으로 돌린다. 그 다음에는 처음에 하던 자세대로 그와 반대쪽으로 운동을 한다. 이렇게 여러 번 계속하면 전체의 자세가 미끈하게 건강미가 나타난다._〈현대인으로 반드시 알아야 할 미용체조법〉, 《삼천리》 1935년 10월호[1]

미용체조
오늘날 여성들이 아름다운 몸매를 갖기 위해 행하는 스트레칭 동작은 이미 1930년대부터 권장되고 있었다. 박봉애, 〈가정부인과 체육〉, 《여성》 1936년 6월호.

위 네 동작을 실제로 해본 적 있는지? 평소 미용체조에 관심이 있는 분들이라면 이 동작들이 낯설지 않을 것이다. 그만큼 이 동작들은 오늘날 몸매를 가꾸기 위해 흔히들 하는 기본적인 스트레칭이다. 그런데 요즘 발행되는 《보그》나 《엘르》 또는 《여성중앙》이나 《우먼센스》 같은 여성지에 실렸어도 손색이 없을 법한 이 미용체조법은 1930년대 《삼천리》라는 잡지에 소개된 것이다. 그러니까, 여성들은 이미 저 1930년대에도 아름다운 몸을 가꾸기 위해서는 이런 동작들이 필요하다는 것을 알고, 실천하고 있었다.

위의 글에서 각각의 동작들이 어떤 부위의 쉐이핑shaping에 적합한지를 적어놓고 있다는 점도 유의해서 봐야 한다. 첫째 동작은 가슴 모양과 각선미에, 둘째 동작은 상체의 군살 제거와 몸의 자세에, 셋째 동작은 허리 곡선과 각선미에, 넷째 동작은 자세 전체에 좋다고 적혀 있다. 이는 다시 말해 아름다운 몸 가꾸기, 즉 '미용'이란 가슴부터 허리, 다리까지 이어지는 S라인 곡선이 아름다워지는 것을 의미했음을 보여준다.

오늘날 'S라인'이라는 말은 수많은 '낚시성' 기사들의 헤드라인이나 한 보일러 회사의 상품명으로 쓰일 만큼 보편적인 유행어가 되었지만, 사실 몸을 S라인으로 만들려 애쓰기 시작한 지는 그리 오래되지 않았다. 20세기 직전만 해도 한국 여성은 S라인보다는 소문자 b라인에 가까운 상박하후上薄下厚[2]의 실루엣*을 아름다

* 상체는 평평하고 좁으며 하체는 풍만하게 보이는 실루엣을 일컫는다.

신윤복의 〈미인도〉
20세기 직전까지 한국 여성에게는 상체는 좁고 평평하게, 하체는 풍만하게 보이도록 한 상박하후형 실루엣이 아름다운 몸으로 여겨졌다.

운 몸으로 여겼다. 이를 위해 가슴 부위는 '가슴띠'*로 강하게 압박해 졸라맸고, 치마는 속치마를 입어 부풀어 오르게 꾸몄다.

그런데 어떻게 하다가 풍만한 가슴, 잘록한 허리, 미끈한 다리를 가진 여성이 '미인'이 되었을까? 그런 미인이 되기 위해 여성들은 앞서 살핀 체조 외에 어떤 고군분투들을 해야만 했을까? 그렇게까지 해가며 여성들이 아름다워지려 한 이유는 무엇일까? 그리하여 아름다워진 여성들은 과연 '성공'했을까 또는 '행복'했을까? 이 책은 이러한 질문들에 대한 답을 찾아 떠나는 근대 한국의 '예쁜 여자 만들기 프로젝트' 탐험기다.

* 전통 여성 한복에서 치마를 몸에 고정시키기 위해 가슴 부위에 두르는 띠 형태의 천. 일명 '허리띠'라고도 한다.

미의 기준, 얼굴에서 몸매로

여성의 아름다움을 재현하고, 아름다운 여성의 '기준'을 만드는 일 자체는 동서고금을 막론하고 언제 어디에나 있었다. 시간과 공간에 따라 달라지는 것은 다만 그 '아름다움'의 '내용'이다. 미술사학자 홍선표 교수에 따르면 이 땅에서도 미녀, 미인상에 대한 언급은 삼국 시대의 기록에서부터 찾아볼 수 있고, 구체적인 기준은 고려 시대부터 본격화되었다고 한다.[3]

이때부터 조선 시대까지 '전통적'인 미인에 대한 묘사에서 아름다운 얼굴은 보름달, 꽃, 하얀 옥('월화月華', '옥안玉顔')에 비유되었고, 눈은 샛별이나 호수('명모明眸', '추수秋水', '추파秋波'), 입술은 앵두('앵도櫻桃', '단순丹脣')에 빗대어 그려졌다.[4] 그런데 이러한 표현을 액면가 그대로 머릿속에 떠올려보자. 꽃 모양의 얼굴, 별 모양의 눈, 앵두 모양의 입술을 가진 사람이 있다면, 그 사람이 미인, 아니, 사람이긴 한가? 즉 이러한 표현을 대했을 때는 꽃이 주는 화사한 분위기, 별이 주는 맑고 빛나는 총명한 인상, 앵두 빛깔이 주는 붉고 오밀조밀한 느낌만을 받아들여야지, 각 비유들의 실제 모양 그대로를 떠올려서는 안 된다. 다시 말해 미인에 대한 전통적인 묘사는 외모에 대해 구체적이고 직접적으로 서술하는 방식보다 전체적으로 풍기는 인상, 느낌 등을 추상적이고 비유적으로 표현하는 방식이 주를 이뤘다.

전통적 미인의 판단 기준으로는 얼굴의 생김새가 중심을 차지

강릉미인일국江陵美人一菊

평양기생계월향平壤妓生桂月香

정평미인취련定平美人翠蓮

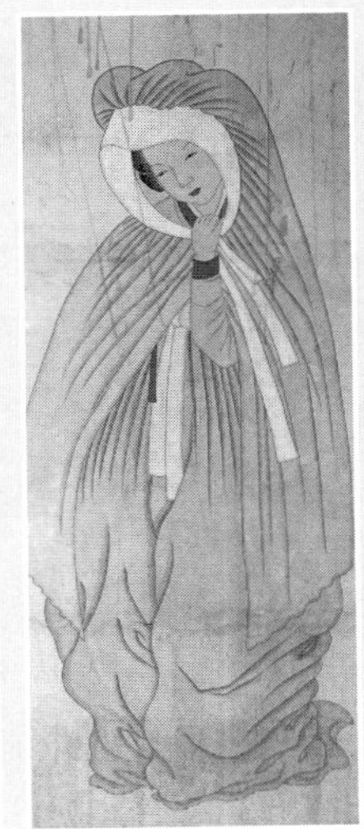
청주미인매창淸州美人梅窓

장성관기취선長城官妓翠仙

화성관기명옥華城官妓明玉

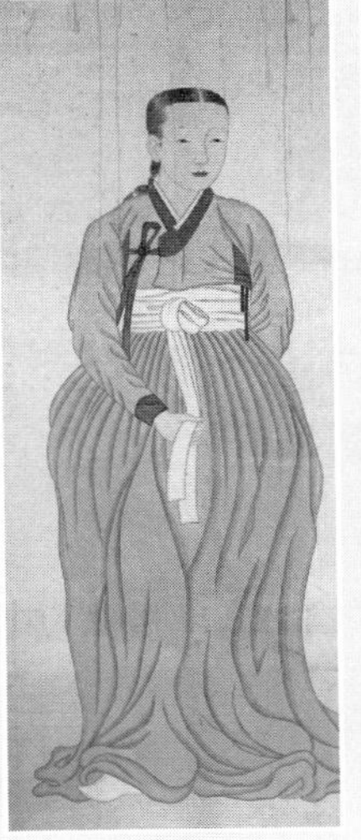
진주미인관기산홍晉州美人官妓山紅

한성관기홍랑漢城官妓洪娘

전통적 미인

전통적 미인이 갖춰야 할 요건에서 몸매는 거의 거론되지 않았다. 그림은 조선 시대 대표적인 초상화가인 채용신蔡龍臣이 조선 후기에 그린 〈팔도미인도〉. 전통적 미인의 특징을 잘 보여준다. 특히 각 지방 미인의 특징을 사실적으로 묘사, 조선 시대 미인의 기준을 알 수 있게 한다(송암문화재단 oci미술관 제공).

했고, 그 다음으로는 머리, 피부, 어깨, 목, 손 등 상체의 실루엣을, 그리고 간혹 허리의 굵기 정도만을 거론했다.[5] 얼굴은 앞서 말했듯 희고 깨끗하면서 화사해야 했고, 눈은 맑고 밝으며 잔잔한 느낌을 줘야 했고, 입술은 작고 도톰하면서 붉어야 했고(한편 코의 모양에 대한 묘사는 거의 없다고 한다), 머리는 구름처럼 높고 풍성해야 했고, 피부는 흰 빛깔이어야 했고, 어깨는 좁은 모양을 띠어야 했고, 목은 길고 수려해야 했고, 손은 가늘고 하얀 빛을 지니고 있어야 했고, 허리는 유연하고 잘록해야 했다. 그래야 미인이라 여겼다. 반면 가슴이나 다리에 대한 언급은 없다.[6] 즉 과거에는 허리와 어깨 정도를 제외하고는 몸매가 미인이 갖추어야 할 요건에 포함되지 않았다. 그렇다면 왜, 언제부터 몸매가 여성의 아름다움을 판단하는 기준이 된 것일까?

아름다움이란 일종의 '통계'다. 수많은 개체들이 가진 형태들을 간추려 '평균'의 형태를 찾아내고, 거기서 벗어난, 좀 더 희귀하고 독특한 형태들에 미美 또는 추醜의 판단을 내리는 것이다. 그러므로 먼저 일반화할 수 있을 정도의 개별 사례들을 모아 평균치를 내야 아름다움의 기준을 세울 수 있다. 이런 점에서 '어떠한 몸이 아름다운 몸이다'라는 말을 할 수 있으려면, 일단 몸을 많이 봐야 한다. 존 버거John Berger의 말대로 '보는 것see'과 '아는 것'은 동격이다. 즉 '보는 만큼 아는 것'이고, '아는 만큼 보이는 것'이다.[7] 여성이 지아비에게만 자기 몸을 보여주는 사회 구조, 기껏해야 돈을 주고 기생들의 몸을 본 일부 사대부가 존재하는 사회 구조 내에서는 여성들의 몸매에 대한 평판이 '공론' 으로 형성되기 힘들다. 따라서 여성의 가슴과 다리의 모양이 어떠해야 아름답다라는 통념이 생겨났다는 사실은 곧 사람들이 여성의 가슴과 다리를 많이 보고 품평을 할 수 있게끔 환경이 변화되었음을 의미한다.

보는 것이 아는 것이다

'보는 것' 이 중요해진 것은 근대에 들어서다.[8] 근대 문화는 시각을 중심으로 지적 소통과 축적 방식이 재배치된 문화이기 때문이다.[9] 시각視覺이라는 감각은 보는 주체와 보이는 대상 사이에 명백한 물리적 · 심리적 거리 감각, 즉 원근 감각을 설정한다. 무언가를 뚫어지게 '응시' 한다거나 거리를 두고 '관조' 하는 행위는 근대라는 시각 중심의 세계에서 우리가 어떤 대상을 인식하고 구조화하는 특수한 방식이다.[10]

서구에서 시각 중심 문화는 구텐베르크가 발명한 인쇄술의 혁명과 회화에서 원근법의 도입, 그리고 사진과 영화의 발명 등을 통해 2~3세기에 걸쳐 점진적으로 형성되었다. 그러나 조선에서의 시각 중심 문화 형성은 근대성의 다른 영역과 마찬가지로 짧은 시간 동안 압축적으로 진행되었다.

조선에서 시각 중심 문화가 확립된 데에는 먼저 한성의 도시화

과정을 통해 '보는 장소Shauplatz'로서 공간이 출현하고 그로 말미암아 관객이 만들어진 것이 큰 역할을 했다.[11] 1896년 고종의 명에 의해 시작된 도시 개조 사업은 도로와 하천을 정비하고, 새로운 중심 건축물land mark을 세우고, 공원을 조성하고, 위생 문명 시설을 도입하고, 산업 시설 지역을 설정하는 것 등[12]으로 구체화되었다. 이러한 근대적 시설들은 조선 사람들에게 조형 건축물로 인식되면서 시각적 즐거움을 제공했다. 이러한 과정을 통해 서울은 '볼거리', '구경거리'가 많은 곳으로 바뀌어갔다.[13]

인쇄매체로 전파되는 문자 텍스트들 역시 이러한 시각 중심 문

도시화된 한성의 모습

1915년 경복궁 광화문 앞 거리 모습. 고종은 1896년부터 도시 개조 사업을 시행, 서울의 모습을 근대적으로 탈바꿈시켰다. 이는 시각 중심 문화의 형성에 중요한 기능을 수행했다.

화 형성에 앞장섰다.[14] 사진과 삽화, 연극과 영화 또한 이전과는 전혀 다른 시각 체험을 경험하도록 함으로써 대중들이 문화를 향유하는 방식을 크게 변화시켰다.[15] 다시 말해 1900년을 전후하여 도시화 과정, 문맹률의 감소, 신문의 발간 및 대량 인쇄, 근대적 연극 · 영화의 상연 등 문화혁명적 사건들이 거의 동시에 일어나면서 조선의 대중들은 삽시간에 '시각'을 통해 지각하고 경험하는 방식에 익숙해졌다. 그리하여 20세기 조선에서도 이른바 시각 미디어에 따른 문화혁명이 일어난 것이다.

'보는 행위'에 대한 대중들의 지각知覺 훈련이 이루어지면서 문화 예술뿐 아니라 인간의 몸에 대해서도 '시각성'이 중요해졌다. 주체가 되는 '보는 사람'이 나타났다면 그들의 욕구를 충족시켜 줄 대상이 되는 '볼거리'가 많아야 한다. 이 '보는 사람'들은 그 '볼거리'를 제대로 '볼 줄 알기' 위해 더 많이 '봐서' 안목을 기르고자 한다. 이와 같은 '볼거리'에 대한 수요와 공급의 순환 고리가 20세기 조선에서 생성된 것이다.

시각 중심의 문화 기반이 형성되고 발달할수록 사회, 문화, 예술은 점점 '보여주기'에 치중하게 된다. 이 과정에서 여성의 몸도 신문, 잡지 등 인쇄매체의 사진과 삽화를 통해, 연극과 영화에 등장하는 여배우들을 통해, 그리고 길거리를 활보하고 다니는 신여성들을 통해 '보이기' 시작했다.

조선 여성의 몸, '찍히다'

조선 여성의 몸이 인쇄매체에 등장한 것은 개항 초기에 조선을 방문한 외국인들이 찍은 사진이 그 시초다. 이때 세계에 알려지게 된 조선인 사진은 주로 일본 사진가들이 촬영한 것들이었다. 하야시 타케이치林武一가 1888년 서울 주재 일본 공사관에 부임한 뒤 촬영한 사진을 모은 《조선국진경》(1892)의 조선인 사진이 가장 대표적이다.[16]

하야시는 사진관 스튜디오에서 배경은 제거하고 바닥에 양탄

《조선국진경》의 조선인 사진
하야시 타케이치가 사진관 스튜디오에서 '연출 촬영'한 조선인 사진들은 서구 세계에 조선인을 대표하는 이미지로 받아들여졌다.

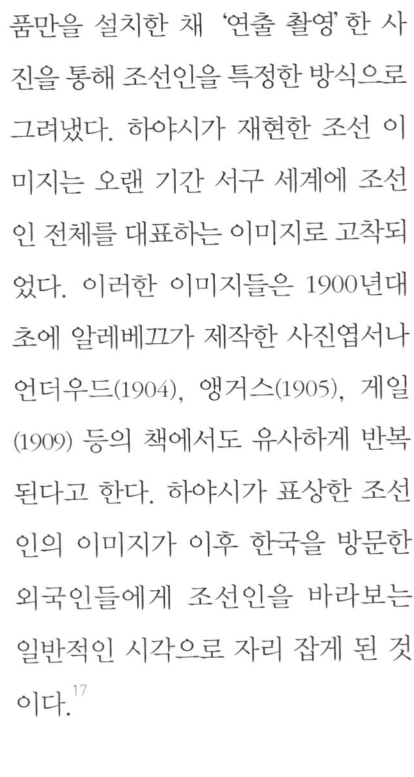

자를 깔고 수풀과 같은 기초적인 소품만을 설치한 채 '연출 촬영'한 사진을 통해 조선인을 특정한 방식으로 그려냈다. 하야시가 재현한 조선 이미지는 오랜 기간 서구 세계에 조선인 전체를 대표하는 이미지로 고착되었다. 이러한 이미지들은 1900년대 초에 알레베끄가 제작한 사진엽서나 언더우드(1904), 앵거스(1905), 게일(1909) 등의 책에서도 유사하게 반복된다고 한다. 하야시가 표상한 조선인의 이미지가 이후 한국을 방문한 외국인들에게 조선인을 바라보는 일반적인 시각으로 자리 잡게 된 것이다.[17]

제국주의적 시선이 담긴 조선의 여인들 모습
젖가슴을 드러낸 여성은 Rossetti, Carlo, *Corea e Coreani*(Bergamo Istituto Italiano d' Arti Grafiche, Roma, Italia, 1904, 1905)에, 장옷 입은 여인은 Veitch, James B., *A Traveller's Notes of a Tour through India, Malaysia, Japan, Corea, the Australian Colonies and New Zealand during the Years 1891–1893*(Chelsea: James Veitch & Sons, Royal Exotic Nursery, 1896)에 수록되어 있다.

이러한 사진들 중에는 여성들의 사진도 포함되어 있었다. 장옷을 입은 사대부가의 여성부터 젖가슴을 드러낸 채 활보하는 평민 이하 여성들까지 다양한 계층의 여성들의 사진이 외국인들이 조선에서 찍어 본국으로 보낸 엽서, 사진 등에서 발견된다.[18]

그러나 여기에 등장하는 여성들의 사진이 주로 스튜디오에서 촬영된 것이라는 점, 여러 제목의 사진 속 인물이 복장만 다를 뿐 동일 여성 모델이라는 점을 주의 깊게 봐야 한다. 즉 이 사진들은 조선의 '현실' 그 자체를 포착한 것이라기보다는 제국주의의 시선으로 본, 또는 제국주의적 시선으로 '만든' 조선의 이미지라고 보는 편이 더 자연스럽다. 그들은 젖가슴을 드러낸 여성의 사진들을 찍어 조선 민족이 자신의 몸을 노출하는 것에 부끄러움을 모르는 미개한 '야만' 민족임을 강조했다. 그러나 그것은 사실 조선에서 평민 이하 계층에 국한된 모습이거나 수유를 해야 하는 출산한 여성들 일부에서만 나타난 장면일 뿐이었다.[19]

따라서 '제국'의 시선으로 찍은 사진들을 가지고 조선 여성들이 자신의 몸을 노출하는 데 거리낌이 없었다고 판단해선 곤란하다. 1910년 이전에 조선의 일반 여성들이 자신의 몸을 공중에게 노출하는 것은 대체로 쉽지 않았다. 하지만 이러한 인쇄물들을 통해 여성의 노출이 시작된 것도 사실이다.

기생, 대중 앞에 나서다

신문의 경우 1914년 1월 28일부터 6월 11일까지 《매일신보》에 특집 기사로 연재된 〈예단일백인藝檀一白人〉이 여성이 몸을 노출한 대표적인 예다. 〈예단일백인〉 특집은 당대의 남녀 예인藝人들의 프로필을 사진과 함께 기재한 기사였다. 하지만 실제 연재된 98명 중 남성은 8명에 불과하고 나머지는 대부분 기생들이었다.[20] 그때까지 여염집 부녀자들의 모습은 '공중'에 노출되지 않았는데 먼저 기생들이 자신의 얼굴을 대중 매체를 통해 공개하기 시작한 것이다.

조선 시대의 기생은 연회 등의 궁중 행사에서 흥을 돋우기 위해 가무나 풍류를 담당하는 일을 업으로 하던 여자들이었다.[21] 그런데 1894년 갑오개혁으로 관기들이 대거 축출된 후부터 관官에 소속된 연회 보조자이던 기생의 위치는 대폭 바뀌지 않을 수 없었다. 외면상 자유로워졌지만 기생들은 다시 각 조합으로 묶였다. 1914년부터는 조합이 권번으로 개편되어 서울에는 한성·대정·한남·경화의 네 권번이, 평양에는 기성·대동권번, 부산에는 동래권번 등 지방 도시에도 대개 한두 개의 권번이 자리 잡기에 이르렀다.[22]

이러한 과정에서 기생의 사회적, 문화적 의미가 재정립되었다. 대중 매체에서 기생의 일거수일투족을 세세히 다룸으로써 '기생의 대중(문화)화'를 진행하고 있었기 때문이다.[23] 기생의 상품성은 두 방향으로 나타났다. 하나는 엔터테이너 · 연예인으로서의 기생이었고, 다른 하나는 성적 육체로서의 기생이었다.

〈예단일백인〉 특집 연재는 1910년대 사회와 대중이 주목한 연예인으로서의 기생의 존재를 분명하게 보여주는 예다. 이 연재에서는 기생들의 기예, 학력, 출신, 생활 등을 소개함으로써 그들에 대한 관심과 호기심을 유발했다. 특히 그들의 사진을 함께 게재하여 신문 독자들 불특정 다수에게 ‘예인’, ‘기생’, ‘미인’의 모습이 어떠한지를 시각적으로 직접 확인할 수 있게 했다.

평양기성권번
조선 시대 궁중 행사에서 가무 등을 통해 흥을 돋우던 기생들은 1894년 갑오개혁으로 관에서 축출된 후 각 지역의 권번에 묶이게 된다. 그런데 이 과정에서 ‘기생의 대중화’가 이루어지며 연예인으로서 그리고 성적 육체로서 상품화되기 시작한다.

산월이라 하는 이름이, 화류계에는 적지 아니하지마는, 그중에도 주산월이라 하면 기생계의 한 채색을 더한 인물이라. 본래는 평양부 태생으로 여덟 살부터 기생학교에 입학하여 가무음곡을 배우는 여가에 항상 유의하는 것은 서화뿐이라. 서화 중에도 매란국죽梅蘭菊竹과 노안蘆雁 등이 제일 특장이더라. 붓대를 잡고, 반쯤 고개를 숙이어, 힘들이지 않고 왕래하는 붓끝에는 구름이 날아오르는 듯, 삽시간에 일폭 명화를 지어내니, 가위 천재라 일컬을지라. 얼굴은 풍후하고 태도는 단아하며 성질은 온순하고 겸하여 가야금, 양금, 남무, 입무 등이오, 평양에 유명한 수심가의 잘하고 못하는 것은 다시 물을 것도 아니로다. 대정원년 오월경에 뜻이 있어 경성으로 올라오니, 그때에 나이 십구 세라. 경성에 있는 기생 등은 모두 사나이를 데리고 있는 것이 눈에 거슬리어 항상 개량하기를 유의하나 화류계에서는 주제넘다는 비평을 들었더라. '저는 본래 어려서부터 기생으로 나왔는 까닭으로 이

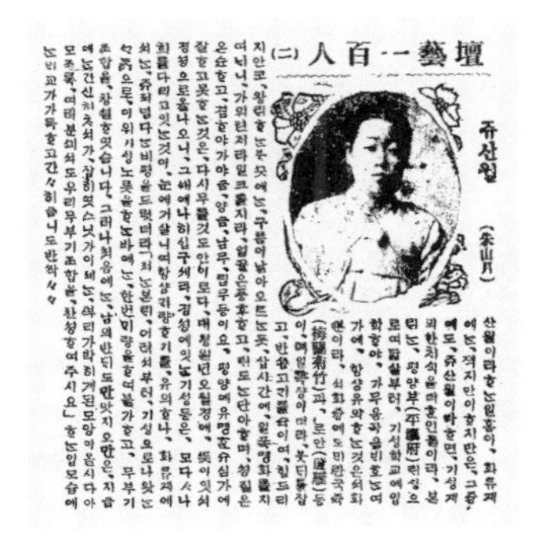
藝壇一百人 (二)

쥬산월 (朱山月)

주산월

〈예단일백인(2)〉(《매일신보》 1914년 1월 29일)에 실린 주산월의 모습. 《매일신보》의 〈예단일백인〉 특집 연재는 1910년대 사회에서 기생을 어떤 시각으로 바라봤는지를 잘 보여준다.

왕 기생 노릇을 하는 바에는 한번 개량을 하여 볼까 하고 무부기조합無夫妓組合*을 창설하였습니다. 그러나 처음에는 남의 반대도 많았지오마는, 지금에는 간신히 체계(차서)가 잡히었으니까 이제는 뿌리가 박히게 된 모양이올시다. 아무쪼록 여러분께서도 우리 무부기조합을 찬성하여 주시오' 하는 모습에는 애교가 가득하고 간간히 금니도 반짝반짝……. _〈예단일백인(2)〉, 《매일신보》 1914년 1월 29일

평양 출신 주산월**이라는 기생을 소개하는 위의 글은 그녀의 기생으로서의 재능뿐 아니라 나이, 외모, 가치관 등에 대해서까지 알려준다. 일종의 '연예인 인터뷰' 기사를 보는 듯한 느낌이다. 그런데 이러한 기사가 그녀의 사진과 함께 실리면서 그녀는 대중들에게 한층 직접적인 '공론화'의 대상이자 '성적 욕망'의 대상이 되었다.

한편 1918년 조선연구회의 이름으로 아오야기 쓰나타로青柳綱太郎(1877~1932)***가 편집 발행한 《조선미인보감》은 기생을 성적 육체로 대상화한 대표적인 예라 할 수 있다. 조선 전도全都의 기생들

* 지아비가 없는 기생 단체.

** 주산월(또는 주옥경, 1894~1982)은 훗날 천도교3세 교조인 의암 손병희의 세 번째 부인이 되었다. 일제 강점기에 천도교여성회를 창단하고 여성운동에 앞장서기도 했다.

*** 1901년 《관문신보關門新報》의 통신원으로 조선에 건너온 뒤 통감부에서 재무고문 재무관, 우편국장 등의 공직을 역임했다. 1910년 조선연구회를 설립하여 조선의 고서 간행 및 저술업에 종사한 인물이다. 저서로 《조선미인보감》 외에 《이조 오백년사》, 《조선식민책》, 《조선사 천년사》 등이 있다.

을 촬영한 일종의 '기생인명사전'인 이 책은 〈예단일백인〉을 통해 축적된 기생 관련 정보를 집대성함과 동시에 그들을 국가적으로 감시하고 통제하는 발판으로 활용하려는 목적을 가지고 출판되었다.[24] 이 책에서는 기생들의 사진과 소속, 특징을 소개하고 있는데 거기에는 반드시 그들의 미모를 언급한 내용도 들어 있다.

방명옥(십육 세)
본시 여염 여자로서 심규중深閨中에 감춰 있다, 열두 살에 동기童妓되어, 사 년 동안 지내면서 서관소리 배웠으며 양금까지 공부로다. 십오 세에 상경하여 한성권번 찾아오니 아름답다 방명옥이, 나이 겨우 십육 세라. 몸집 조금 비대한 듯 성미 일상 부드럽고 얼굴은 숭굴숭굴 크도 적도 않은 키라. 부모가 구존하니 쇠경생활 어이할고. 고모부 김형숙의 일체 지휘 복종하여 많고 적은 오는 화채花債 절용절검 저축이라.

정초운(십팔 세)
창원부중 태생으로 방년 십팔 꽃다울사, 곱고 고운 얼굴이요, 숱한 살적 묘한 눈썹 눈은 큰 듯 어글어글 성품 편편 태가 없네. 수족手足 적고 중키이며, 맵시 있기 유명하다. 열네 살에 상경하여 한성권번 학도된 후 삼 년 동안 공부하여 서남잡가 모두 하니 재주 있다 칭찬이며 대정 육년 사월부터 노래 팔고 웃음 팔아 편친자모 봉양하고 형제자매 접제接濟하니 중한 책임 혼자 졌네. _ 조선연구회, 《조선미인보감》, 민속원, 2007, 31쪽

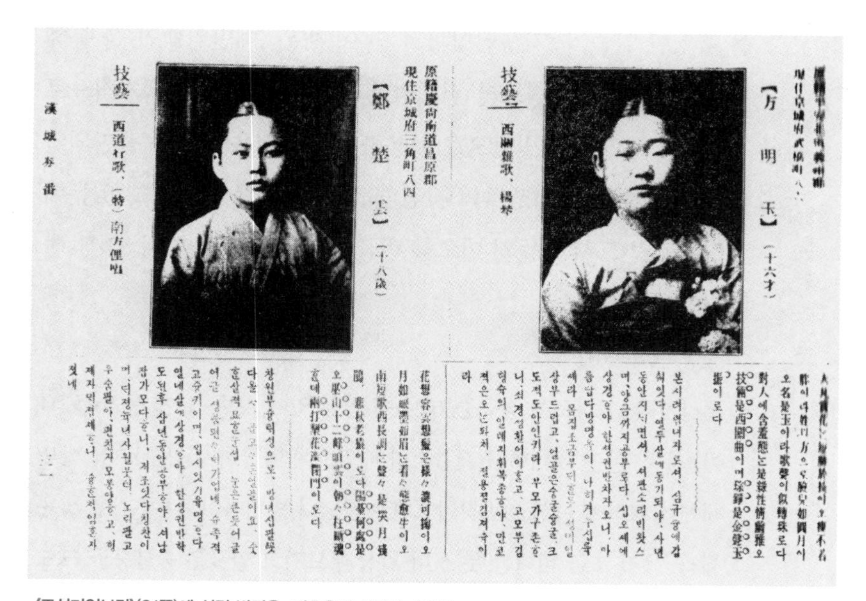
技藝 西關雜歌、楊琴

【方 明 玉】(十六才)

原籍慶尙南道昌原郡
現住京城府三角町八四

【鄭 楚 雲】(十八歲)

技藝 西道打歌、(特) 南方俚曲

漢城券番

《조선미인보감》(31쪽)에 실린 방명옥, 정초운의 사진과 소개글
《조선미인보감》은 일본 제국이 기생들의 육체를 관리, 감시하기 위해 제작한 책이다. 하지만 이 같은 인쇄매체를 통해 기생이 대중들에게 노출되면서 여성의 몸은 '볼 수 있는' 대상으로 자리 잡게 된다.

《조선미인보감》에서는 위의 강조한 부분들과 같이 기생이라는 '조선 미인' 의 얼굴, 키, 몸집, 맵시 등 외모를 사실적으로 묘사하고 있다. 방명옥이 약간 몸집에 살이 있고 얼굴이 둥근 편이라는 언급이나 정초운의 눈이 크고 눈썹이 뚜렷하다는 서술은 위의 실제 사진과 대조해 보아도 금방 누구를 말하는지 알 수 있을 정도로 사실적이고 구체적이다. 즉 《조선미인보감》은 기생에 국한되기는 했지만 조선의 '예쁜 여자' 에 대한 실제적이고 구체적인 최초의 책(사진첩)이었다. 그리고 이와 같이 상품화된 기생의 외모는 1920년대 이후 유행한 '기생 사진엽서'를 통해 좀 더 본격적으로 유흥과 소비의 대상이 된다.[25]

물론 이 책은 이경민의 지적대로 일본 제국이 식민지 조선을 여성, 육체, 성적 대상으로 표상하려는 제국주의적 의도 하에 제작한 것이었다. 특히 성매매를 하는 기생들의 육체에 대한 관리, 감시에 일차적 목적이 있었다.[26] 인체 측정 사진술로 기생들 개개의 신원 확인을 위한 객관적 자료들을 수집하고, 원적지와 현주소를 기록함으로써 기생들의 출신지와 이동 경로를 파악, 감시할 통계 자료를 정리한 것이다. 또한 책의 서문에서 스스로 밝히고 있듯 "만일 그 위인이 온당치 못하고 행실이 조결치 못하면 그 영향이 어떠하리오. 이르는 곳마다 남의 문호를 전복케 하거나 남의 자질을 타락케 함이 하나둘이 아닐"[27] 것이기 때문에 기생들의 성병, 위생을 관리하기 위해 만든 것이다.[28] 그러나 이처럼 인쇄매체를 통해 기생이 불특정 다수 대중들에게 '노출'되기 시작하면서 여성의 몸은 '보아야 할', '볼 수 있는' 대상으로 자리 잡게 된다. 또한 아름다운 기생의 얼굴과 몸이 대중들에게 널리 공개되고 이에 대한 구체적 서술이 표면화됨으로써 미인, 미모의 기준이 공론화될 수 있었고, 기생이 아닌 여성들의 얼굴과 몸도 차츰 자연스럽게 노출될 기회가 마련되었다.

조선 여성의 몸, 그려지다

또한 1910년대부터는 신문, 잡지 등 인쇄매체에 삽화나 만화가 실리기 시작했다. 총독부 기관지로서 1910년대의 유일한 일간지였던 《매일신보》는 한일강제병합 이후 돌아선 조선의 민심을 붙잡기 위한 정책적·상업적 목적으로 신문의 구독자수를 늘리는 방안을 모색했다. 여러 방안 가운데 연재소설은 특히 효과적인 독자 유인책이었다. 처음에 '신소설'이라는 당대의 대중소설을 기존의 것들보다 스토리를 자극적, 선정적으로 만들고 신문 1면에 순국문체로 싣는 데에서 시작해서, 1912년에 이르면 삽화, 대대적인 신작 연재소설 홍보, 1·4면 소설 동시 게재, 독자투고란 신설, 신파극과의 연계 등을 통해 한층 적극적인 영업 전략을 채

春外春

新年紙의新小說은新年紙의大特色
本紙小說은既히江湖 諸彥의批評을多蒙ᄒ얏거니와
一般愛讀者의趣味를一層助惠키爲ᄒ야新年第一欸에
는特히本記者의多月研究ᄒ바
擧世化育에涵養ᄒ야內外人民의相愛
相恤ᄒ는狀態를描出ᄒ야大光彩를發ᄒ만ᄒ價値가
有ᄒ春外春이라ᄒ는新小說을揭載ᄒ며
이오니愛讀 諸彥은庸常ᄒ稗說로泯視치勿ᄒ시고
性情의陶鑄와風化의改易ᄒ一部頂針으로
思維ᄒ야多數愛賞ᄒ심을望ᄒ
新小說의新挿畵는新小說의大光彩

新小說

《춘외춘》 광고와 《춘외춘》 최초의 삽화
최초로 삽화와 함께 연재되기 시작한 신소설 《춘외춘》에 대한 광고(《매일신보》 1911년 12월 24일) 및 《춘외춘》 최초의 삽화(《매일신보》 1912년 1월 1일). 광고에서는 《춘외춘》의 삽화와 관련하여 "신소설의 신삽화는 신소설의 대광채"라고 홍보하고 있다.

택하게 된다.[29]

특히 연재소설과 함께 실리는 만화, 삽화의 문제는 신문과 소설의 성격 변화를 설명하는 데 있어 매우 중요한 부분이다. '제9의 예술'로 불리는 만화는 신문과 잡지가 출현하면서 본격적으로 발전하기 시작했다.[30] 만화와 삽화는 근대의 시각 중심적인 대중문화에 적합한 텍스트였다.[31]

한국 언론 매체에 실린 최초의 시사만화는 《대한민보》의 이도영李道榮(1884~1933) 삽화였다. 1909년 6월 2일 창간된 《대한민보》에는 최초의 시사만화로서 이도영의 〈삽화〉라는 만평이 실린다. 이도영은 1910년 8월 한일병합에 의해 《대한민보》가 폐간될 때까지 꾸준히 시사만화를 그렸다.[32] 그의 시사만화는 주로 일제 침략의 야만성과 친일 매국노들의 반민족적 행위에 대한 신랄한 비판과 풍자 그리고 개화기 국민들의 정신적, 물질적 계몽과 교화를 선도하는 소재들로 일관했다. 1910년 6월 5일부터 흠흠자欽欽子의 《금수재판》이라는 순한글 풍자소설에 만화 혹은 풍경, 화초, 정물 등의

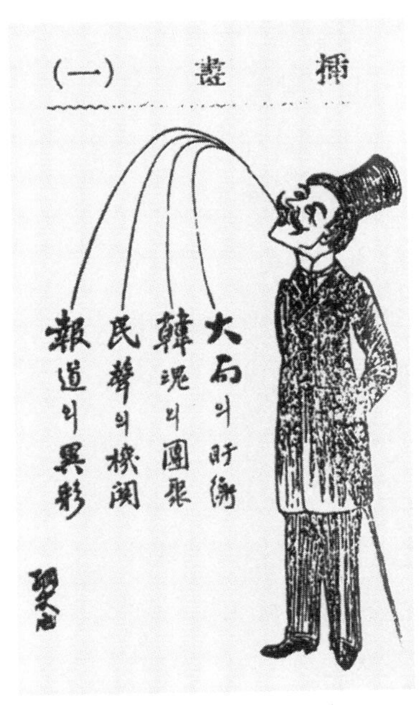

한국 언론 매체에 실린 최초의 시사만화
이도영은 일제 침략을 비판하고 친일 매국노들을 풍자하는 시사만화를 주로 그렸다. 위의 만평은 1909년 6월 2일자 《대한민보》에 실린 한국 최초의 시사만화.

삽화를 게재함으로써 한국 신문 삽화의 첫길을 터놓기도 했다.[33]

1910년대 《매일신보》에 실린 소설 삽화는 대부분 일본인 삽화가들에 의해 그려졌다.[34] 주요 삽화가로는 쓰루다 고로鶴田吾郎, 야나기타 겐키치柳田謙吉,[35] 이시야마 토미조우石山富造, 마에카와 센판前川千帆 등이 있었으며, 나머지 삽화가들은 주로 서명만을 남기고 있어 실명을 확인할 수 없는 경우가 많다.[36] 한국 최초의 신문 소설 삽화가는 1921년에 등장한 김창환이었고, 1920~1930년대의 삽화가들로는 안석주, 이승만, 노수현, 이상범 등이 있었다.[37]

삽화는 대부분 그 회의 가장 핵심적인 사건, 상황을 그대로 묘사한 것이었다. 이것은 글을 읽지 못하는 '청문예독자' 들조차도 낭독자의 힘을 빌지 않고 직접 감상할 수 있는 텍스트로 기능했다. "사실의 재미있는 것과, 인정의 곡진함은 완연히 그 사람의 얼굴이 종이 위에 나타나오는 듯하고"(《매일신보》 1913년 4월 27일)라는 《장한몽》 예고 문구와 같이, 독자에게 생생한 재현의 효과를 내는 주요 장치 중 하나가 삽화이기 때문이다.

요컨대 삽화는 문자에 비해 좀 더 '대중적' 이고 '평등한' 텍스트였다. 문자와 그림은 이 시점부터 '함께' 대중문화를 형성해가게 된다. 그리하여 《정부원》에서는 "매일 소설에 끼어 있는 그림은 이전보다 더욱 선명하고 묘하게 실상 사실사진 박힌 것이나 조금도 다름없이 박혀날 것이니, 재미있는 글 아름다운 그림을 합하여 목전目前에 그 사실을 봄과 조금도 다를 바가 없을 것이라"(《매일신보》 1914년 10월 22일)라며 삽화 홍보가 이야기 홍보 못

《매일신보》 삽화들

1 《소학령》의 삽화(《매일신보》 1912년 5월 4일).

2 《장한몽》의 삽화(《매일신보》 1913년 5월 14일).

3 《정부원》의 삽화(《매일신보》 1915년 3월 4일).

한복 차림에서 양복 차림으로 변해가는 여성의 모습을 확인할 수 있다. 여성의 몸 '보기/보여주기' 양상에 변화가 시작된 것이다.

지않게 강화되기도 한다.[38]

이 과정에서 연재소설의 삽화에 가장 많이 등장한 소재는 여성이었다. 대부분의 연재소설 속 주인공이 여성이었기 때문이기도 하거니와, 여성의 모습을 재현하는 것이 독자들의 시선을 끌기에 더 효과적이기 때문이기도 했을 것이다. 주목할 점은 위 그림들에서 보이는 바와 같이 여성의 모습을 재현하는 방식이 시대에 따라 조금씩 변화해갔다는 사실이다. 삽화가 등장한 초기에는 삽화 속 여성 인물들의 모습에 몸의 곡선을 두드러지게 표현하지 않았고, 복장도 한복 차림이었다. 그러나 1910년대 중반부터는 양복 차림의 여성들이 등장한다. 서양식 블라우스와 스커트, 드레스 등을 입고, 양산을 쓰고 머리 모양도 유행하는 스타일인 트레머리* 등을 하고 있으며, 체형도 좀 더 굴곡을 드러내고 있다. 또한 한복을 입은 경우에도 예전에 비해 몸의 곡선을 살려 표현하고 있다.

이와 같은 매체 속의 '보기/보여주기' 문화는 개인들, 특히 여성들의 몸과 생활에까지 틈입해 들어가 자신을 보여주는 것, 즉 외양을 드러내는 것에 대한 관심을 증폭시켰다. 그렇다면 '현실' 속 여성의 몸 '보기/보여주기'는 어떤 과정을 거쳐 시작되었을까?

* 앞에 옆 가리마를 타서 갈라 빗은 다음 뒤통수 한가운데에 넓적하게 틀어 붙이는 머리.

2장
여성의 몸, 옷을 통해 보여주다

위생에 해로운 전통 의복

우리는 어떤 순간에 자신의 몸을 느끼는가? 일차적으로는 나체 상태에서 거울 앞에 서 있을 때 가장 분명하게 자신의 몸을 보고, 의식하게 될 것이다. 그러나 실제 나의 몸은 아무 것도 걸치지 않았을 때보다는, 옷을 입었을 때 더욱 예민하게 '체감' 된다. 디자인이 마음에 드는 청바지에 허벅지가 꼭 끼어서 안 들어간다거나, 와이셔츠 단추 사이로 뱃살이 삐져나온다거나, 꼭 맞던 치마가 허리춤에서 빙빙 돌아다닌다거나 할 때, 우리는 느낀다, '내 몸이 어떠하다(혹은 달라졌다)' 는 사실을. 그래서 옷은 우리의 몸을 인식하고 조절하게 하는 중요한 기준이다.

옷을 통해 인간은 자신의 몸을 가리고, 외부의 자극과 위해危害 요소들을 막기도 하며, 아름답게 외양을 꾸미기도 한다. 의복의 이러한 여러 기능 가운데 위생과 패션으로서의 기능은 특히 근대 이후부터 강하게 의식되기 시작했다. 그래서 근대 초기 신문이나 잡지에서는 위생적 측면과 미적 측면에서 전통 조선 의복을 반성적으로 고찰하고,[39] 편리함, 위생, 경제성 등 실용성을 고려한 조선 의복의 '개량'을 자주 거론했다.[40] 조선 의복만이 주목의 대상이 되었던 것은 아니다. 양장도 서양 문물을 일찍 접한 엘리트 지식인 여성들을 통해 차츰 도입되기 시작했다. 그런데 근대 초기 조선 남성 엘리트들의 의복이 쉽게 한복에서 양복으로 전환, 일원

여성 복장의 이중 구조
영화 〈로맨스 빠빠〉(1960)의 한 장면. 양장과 한복을 입은 여성들이 공존하는 여성 복장의 이중 구조를 잘 보여준다.

화한 것과 달리, 여성들의 옷은 한복과 양장의 이중 구조가 해방 후에도 지속되면서 복잡한 문화적 의미들을 내포하게 되었다.[41]

미적 측면에서 조선 여성의 전통 의복이 '아름답다' 는 데에는 큰 이견이 없었던 것으로 보인다. 이는 조선인 자신의 '자부심' 에서도 종종 발견되지만, 외국인의 조선 옷 평가에서도 마찬가지로 드러난다. 한국선교회를 창설하고 배재학당을 세운 미국인 선교사 아펜젤러H. G. Appenzeller(1858~1902)의 딸로서 이화학당의 초대 교장을 지낸 앨리스 아펜젤러Alice R. Appenzeller(1885~1950)는 "대체로 조선재래의 의복이 좋다고 생각하였습니다. 가정에서도 퍽 편리하고 보기에도 어여뻐 보입니다"라고 평했다. 이범승李範昇(1885~1976)*의 일본인 아내였던 이희다李喜多도 "내가 보기에 조선 의복은 미적으로나 무엇으로나 중국 또는 일본 것보다는 매우 우월합니다"라고 말했다. 영국인 번커도 "모양으로도 조선 여자의 의복이 어디든지 자랑할 만큼 좋습니다"라고 말했고, 프랑스인 뽀데 솔 부인도 "조선 여자 의복, 그 중에도 여학생 의복은 참말 어디든지 자랑할 만큼 좋다고 생각합니다. 맵시 있게 잘 지어 입으면 서양옷보다도 훨씬 낫다고 생각합니다"라고 평가했다.[42] 이러한 점 때문에 한복은 1950~60년대까지도 여성들 사이에서

* 경성제대 법과 졸업. 일제 강점기에 보성전문학교 강사를 거쳐 황해도 산업 과장, 양주 경찰서장 등을 지냈다. 광복 후 제2대 서울시장을 역임. 1921년 서울 종로구에 세워진 사립도서관이었던 경성도서관(현재 서울시립종로도서관)의 설립자이기도 하다.

일상복으로서의 명맥을 유지할 수 있었던 듯하다. 그러나 조선 여성의 옷에 담긴 몇 가지 반反위생적 측면은 1900년대부터 이미 '조선 의복 개량'의 필요성을 촉구했다.

20세기 초 근대적 지식인들이 볼 때 조선 시대 여성의 옷은 '위생'에 해롭다는 점이 가장 문제였다. 저고리의 길이는 짧은 반면 치마 길이는 지나치게 긴 점, 치마에서 가슴 부위를 따로 동여매는 점 등이 여성의 건강에 해로운 까닭이었다. 저고리가 너무 짧으면 여성들이 상체를 움직이기가 불편하고, 치마 길이가 너무 길

1900년대 초 조선 여성의 긴 치마
20세기 초 지식인들은 당시 여성의 긴 치마가 바닥의 더러운 오물을 쓸고 다녀 호흡기 질병을 유발한다며 의복 개량의 필요성을 강조했다. A. Hagen, "Un Voyage en Corée", *Le Tour du Monde*(1904년 3월 19일), 촬영자 J. Lavee.

면 바닥의 더러운 오물이나 먼지를 치마가 다 쓸고 다녀 호흡기 질병 등을 앓게 되고, 가슴에 띠를 두르면 흉부 압박이 심해진다.

조선 후기부터 유행하기 시작한 상박하후형 여성 의복, 즉 타이트한 저고리와 풍성한 치마 복장은 사실 당대에도 종종 비판받곤 했다. 박제가는 "적삼은 날이 갈수록 짧아지고 치마는 날이 갈수록 길어지기만 하는데 이런 모양으로 제사나 빈객을 대접할 때 행사하니 한심하지 않을 수 없다"고 했다. 또 이덕무는 "지금 세상 부녀자들의 옷을 보면 저고리는 너무 짧고 좁으며, 치마는 너무 길고 넓으니 의복이 요사스럽다 …… 대저 복장에 있어서 유행이라고 부르는 것은 모두 기녀들의 아양 떠는 자태에서 생긴 것인데, 세속 남자들은 그 자태에 매혹되어 그 요사스러움을 깨닫지 못하고 자기의 처첩에게 권하여 그것을 본받게 함으로써 서로 전하여 그것을 본받게 한다. 아! 시례詩禮가 닦이지 않아 규중부인이 기생의 복장을 하도다! 모든 부인들은 그것을 빨리 고쳐야 한다"며 한탄했다.[43]

즉 조선 후기에는 그러한 복장이 기녀들과 유사하다는, 다시 말해 '요사스럽다'는 점이 비판의 이유였다. 반면 20세기 초의 비판은 '국민-국가'의 수립과 번성을 위해 남녀노소 모두가 힘을 합쳐야 하는 당시의 사회 상황에 이 복장이 부적합하다는 데에서 그 이유를 찾았다. 나라의 번영을 위해 '양질'의 자녀(국민)를 '생산'해야 하는 여성들[44]의 건강에 해로운 옷이므로 하루 빨리 개선되어야 한다는 것이었다.

여성의 건강을 위해 치마는 짧게, 저고리는 길게

짧아진 치마 길이는 일차적으로 여성들의 생활 방식이 거리를 활보하는 쪽으로 변화한 것 그리고 사람들이 '도로 위생' 문제를 의식하게 된 것과 관련이 있다. 사대부 여성들이 입던 전통 한복의 치마 길이는 바닥에 끌릴 정도로 길었다. 정숙함의 표시였던 이 복장은 외출이나 활동이 많지 않고 규중에서만 생활하던 여성들에게는 그리 큰 문제가 되지 않았다.

그러나 근대 이후 교회, 학교, 부인회 등으로 집 밖을 돌아다니는 일이 흔해지면서 여성들은 긴 치마가 활동하는 데 불편하다는 사실을 의식하기 시작했다. 또 당시 조선의 길거리에는 오물이 가득하고 도로 포장이 되어 있지 않아 이러한 길을 긴 치마로 끌고 다니는 것은 비위생적인 일이었다. 그래서 김옥균은 1882년 저술한 《치도약론》에서 "도로변의 불결을 없애 전염병을 예방하고, 소독한 분뇨를 활용해 농업 생산성을 높이며, 교통을 편리하게 하여 물류 유통을 증대시키자"고 강조했다. 거리 청결에 대한 감시와 처벌을 신제도인 순검巡檢에게 맡길 것을 주장하기도 했다.[45] 한편에서 이렇게 도로를 정비하고 청결하게 만드는 '치도治道 사업'이 진행되는 동안, 다른 한편에서는 여성들의 치마 길이 줄이기가 위생을 위해 필요하다는 주장도 터져 나오게 된 것이다.

물론 점차 짧아지는 여성들의 치마가 경박해 보인다며 반대하는 보수적인 사람들도 종종 있었다. 하지만 "이제부터는 허탄히 짧은 치마에 대해 공격만을 할 수 없는 시절이 돌아온 듯하다"고 말하는 지식인들이 늘어갔다. 이 같은 변화는 조선에만 해당되는 것이 아니었다. 전 세계적인 '시대의 조류' 였다.[46] 《동아일보》에 따르면, 과거 프랑스 여성 패션도 조선 여성 의복처럼 상체를 강하게 조이고 하체를 풍만하고 긴 치마로 가리는 복장이었다. 그러나 이러한 복장은 프랑스 여성들의 건강에 좋지 않은 영향을 끼쳤다. 긴 치마를 땅에 끌고 다녀서 결핵에 걸리는 경우가 매우 잦았던 것이다. 그런데 치마 길이가 짧아진 '모던 스타일' 의 복장을 한 지 몇 년 만에 프랑스 여성 결핵 환자가 4분의 1로 줄었다고 한다. 《동아일보》는 이 같은 프랑스의 예를 언급하면서 "이러한 사실이야말로 아프도록 겹겹이 꼭꼭 잘라매고 긴 치마 늘이고 움쑥한 집안에서 살아가는 조선 부인들의 건강 문제에 큰 암시를 준다고 하겠다. 함부로 짧은 치마 흉만 보고 있을 때도

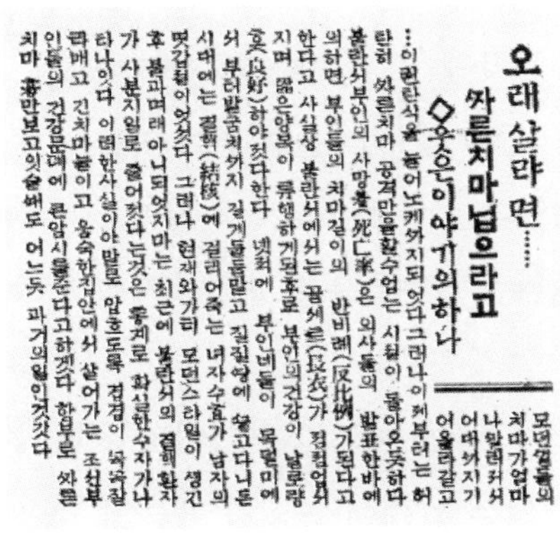
오래 살랴면……
짜른치마 닙으라고
◇웃은이야기의하나

모던껄들의 치마가엇마나깔려커서 어데까지가 어울라갈고

…이런탄식을 늘어노케까지되엇다 그러나 이제부터는 허탄히 짜른치마 공격만을할수업는 시절이 돌아온듯하다 불란서부인의 사망률(死亡率)은 의사들의 발표한바에 의하면 부인들의 치마길이의 반비례(反比例)가된다고 한다고 사실상 불란서에서는 [illegible]가 점점업서지며 짧은양복이 류행하게된후로 부인의건강이 놀랄량 호(良好)하야젓다한다 녯적에 부인네들이 목덜미에서 부터발굽치까지 길게둘말고 질질땅에 끌고다니든 시대에는 결핵(結核)에 걸려어죽는 녀자수효가 남자의 몃갑절이엇섯다 그러나 현재와가티 모던스타일이 생긴후 불과며래아니되엇지마는 최근에 불란서의 결핵환자가 사분지일로 줄어젓다는것은 통계로 확실한수자가나타나잇다 이러한사실이야말로 압흐도록 겹겹이 꼭꼭잘라매고 긴치마를이고 움숙한집안에서 살어가는 조선부인들의 건강문제에 큰암시를준다고하겟다 함부로 짜른치마 흉만보고잇슬때도 어느듯 과거의일인것갓다

짧은 치마의 필요성
근대 이후 여성들의 치마 길이 줄이기는 위생의 차원에서 논의되기도 했다. 프랑스 여성 결핵 환자의 감소를 예로 들며 짧은 치마의 필요성을 강조한 《동아일보》 1928년 10월 3일자 기사 〈오래 살랴면……짜른 치마 닙으라고—웃은 이야기의 하나〉.

어느덧 과거의 일인 것 같다"[47]고 말한다.

한편 저고리 길이가 짧은 것과 가슴 부위를 동여매는 것은 서로 연관된 문제였다. 조선 후기 이후 저고리의 길이가 짧아지면서 저고리와 치마 사이의 살이 보이는 것을 가리기 위해 착용하기 시작한 것이 '가슴띠', 일명 '허리띠'다. 물론 앞에서도 잠깐 언급했듯이 신분이 낮거나 젖먹이 아이를 둔 여성들의 경우에는 저고리 밑으로 유방을 드러내는 것이 용인되었다. 출산한 여성이 가슴을 내놓는 행위는 더운 여름 엄마의 체온이 높아져 더운 젖을 먹게 되면 아기가 배탈이 나기 때문에 젖을 식혀서 먹이기 위해서였다는 설도 있고, 아들을 많이 낳은 부인이 아들을 낳았다는 것을 자랑하기 위함이었다는 설도 있다.[48] 하지만 사대부가의 여성들이나 혼인을 하지 않은 규수들은 유방을 철저히 가려야 했다.

가슴띠
채용신의 〈팔도미인도〉 중 〈진주미인관기산홍晋州美人官妓山紅〉. 조선 후기 짧아진 저고리와 치마 사이로 가슴이 드러나는 것을 막기 위해 착용한 '가슴띠'가 잘 드러나 있다(송암문화재단 oci미술관 제공).

또한 가슴띠는 단순히 살을 가리는 용도만이 아니라 치마와 하의 속옷들까지 고정하는 역할도 함께해야 했기 때문에 치마

가슴을 드러낸 평민 여성

온몸을 가린 사대부가의 여성

가 흘러내리지 않으려면 최대한 가슴 부위를 강하게 압박해서 맬 수밖에 없었다. 여성 건강에 유해하다는 논란이 끊이지 않는 오늘날의 브래지어보다 압박 정도가 훨씬 심했다. 이러한 복장은 흉부의 발육과 유방의 건강, 폐의 호흡에 크나큰 지장을 초래했다.

의복이 일반 풍속편으로나 또 그의 외양 곧 미관美觀편으로 매우 많이 관계되는 것은 다시 말하지 않습니다. 조선 부인의 의복이 얼마큼씩만 주의하면 매우 우미한 예술적 가치가 있고 따라서 일반 풍속편으로도 미흡한 것

여성들의 전통 의복
신분이 낮거나 젖먹이 아이를 둔 여성은 가슴을 드러내는 것이 용인되기도 했다. 반면 사대부가의 여성은 가슴은 물론 온몸을 철저히 가린 채 외출해야 했다. 가슴을 드러낸 평민 여성 사진(1910년 서울)은 베버Norbert Weber의 *Im Lande der Morgenstille*에, 얼굴만 내놓은 사대부가의 여성 사진(1901년 서울)은 홈즈E. Burton Holmes의 *Burton Holmes Travelogues*(1920)에 실려 있다.

이 없지만 그의 건강상에 미치는 편으로 보아서는 좀 개량할 여지가 있는 것입니다 …… 부인들의 의복이 모두 가슴을 졸라매게 되는 것은 그의 신체의 발육을 방해하고 때때로 소화를 더디게 함이 여간이 아닌가 합니다 …… 조선 부인은 흉곽-가슴이 잘 발달이 되지 못하여서 그의 신체도 적지 않게 볼품이 없게 됩니다. 그리고 흔히 얼굴이 누렇게 병색이 있어 보이는 것은 여러 가지 원인도 있겠지만 가슴을 졸라매게 되는 의복 제도가 큰 관계인 줄 생각합니다 …… 어깨 바지와 통치마를 입는 것이 이 사이 신여성들을 중심으로 차차 성풍이 되거니와 이것을 극히 장려할 필요가 있습니다. 더구나 저고리를 길게 하고 치마를 짧게 하여서 잡어매는 것을 가슴으로부터 허리까지 드리어 내려 보내는 것이 — 그것을 많이 장려하는 것이 썩 필요하다 합니다. _평동산인平洞散人, 〈가정평론—조선부인의 의복문제〉, 《조선일보》 1925년 11월 19일

아동문학가이자 기자이던 유팔극柳八克(또는 유지영柳志永, 1896~1947)도 조선 여성의 전통 의복이 여성의 건강과 체격에 미치는 악영향을 조목조목 지적했다.

몸에 해를 끼치지 않아야만 될 터인 바 우리 조선 여자 의복은 그중 큰 폐단이 있습니다. 다른 것이 아니라 젖가슴에다가 아래 맥이 가짓수 많은 의복을 모조리 걸치느라고 허리를 달아서 자국이 나도록 꼭꼭 처매는 것입니다. 가슴이라는 데는 사람의 그중 중요한 호흡 기관인 폐가 있는 데입니다. 그리고 더욱이 여자는 여자로서 그중 중한 젖

乳房이 있는 데입니다. 사람은 될 수 있는 대로 폐를 넓혀야 하며 젖은 될 수 있는 대로 편하게 달려 있도록 해야 합니다. 이와 반대로 우리 조선 여자 의복은 폐의 발달을 막는 것이며 젖의 발육을 해치는 것이올시다. 흉곽은 줄이고 젖은 결박을 합니다. 그 까닭에 젖의 종기腫氣가 많이 나며 폐가 좁아서 그로부터 일어나는 병이 매우 많습니다. 우리 조선 부인들은 아이를 낳으면 대개 유종乳腫을 앓게 됩니다. 아주 그것을 여자 쳐놓고서는 의례 한 번씩은 앓을 병으로 생각을 합니다마는 그 병은 전혀 젖을 결박하는 데서 생기는 병이라고 생각합니다. 그래서 어머니의 고통을 살 뿐만 아니라 아이들에게 상한 젖을 먹이게 되기가 매우 쉽습니다. 그리고 폐의 발달을 막는 까닭에 조선 여학생이 외국에 가서 어느 여학교에 입학시험을 치르다가 학과에는 입격入格하고 폐가 좁은 것으로 체격 검사에 낙제하는 일이 있다 하며 그뿐 아니라 일반으로 우리 여자들이 다른 나라 여자들에 비교해서 엄청나게 약하며 병도 많고 발육도 못되었습니다. 꼭 영양 부족한 사람들 같습니다. _유팔극, 〈여자의복 개량문제에 대하야〉, 《신여성》 1924년 11월호

신여성의 대표 주자이던 김원주金元周(또는 김일엽金一葉, 1896~1971)* 역시 옷이 갖추어야 할 3대 조건으로 위생, 예의, 자태를 들면서, 우리나라 여성의 한복 치마가 띠의 형태로 가슴을 겹겹

* 이화학당에서 수학하고 일본에 유학했다. 1920년에 잡지 《신여자》를 창간하여 여성 해방, 자유연애 등을 주창한 1920년대의 대표적 신여성. 만년에는 승려가 되어 생을 마쳤다.

이 동여매기 때문에 호흡기에 무리를 주어 폐첨카타르(肺尖加答兒 catarrh) 같은 질병을 낳는다며 위생상 부적절하다고 말한다.[49] 의복 개량 문제를 특집으로 다룬《신여성》1924년 11월호에 실린 거의 모든 글에서도 여성 치마의 허리띠가 여성의 몸에 미치는 악영향이 언급되고 있다. 위 인용문들의 지적처럼 조선 부인복의 허리띠는 무수한 병과 폐해를 유발했다. 신체(흉곽)의 발육을 저해하고, 소화를 더디게 하며, 유방을 압박하여 유종을 앓게 할 뿐 아니라 신체도 볼품없어지고 얼굴도 누렇게 뜨는 등의 부작용을 야기하는 주원인이었던 것이다.

여기에서는 '근대적 의학 지식'에 따라 몸에 대한 관점이 변하면서 옷에 대한 인식이 전환되었다는 점에 주목해야 한다. 생리학 지식에 입각한 호흡 기관으로서 폐의 기능,[50] 여성에게 있어서 유방의 산부인과학적 중요성, 옷과 서구 의학적 질병의 연관성 등을 자각하고, 옷을 개량하여 이를 방지해 보겠다는 생각은 그 자체 근대적인 것이다.

이전까지 옷은 유교적·윤리적 질서를 체현하는 도구 혹은 치장治裝의 요소 중 하나라는 의미만을 가지고 있었다. "의복은 신분의 귀천을 구별해 주고, 상황의 길흉을 분별해 주며, 남자를 구별해 주고, 화이華夷를 나누어 정해주는 것이다"[51]라고 할 만큼 유교 사회에서 옷차림은 곧 신분의 등급을 보여주는 것으로 여겨졌다.[52] 그리고 여성들의 의복 디자인이 시대, 유행에 따라 변형되기는 했어도 여성들의 몸에 이로운가 해로운가는 고민되지 않았다. 그런데 20세기에 접어들면서 근대 의학적 지식이 유입되어 몸에 대한 관심이 높아지자 옷이 위생 차원에서 평가받게 된 것이다. 1908년 4월 《대한학회월보》에 실린 〈위생요람(속)〉에서 흉부를 압박하는 조선 여성 의복의 폐단을 '위생' 문제로 접근하여 비판한 것은 이러한 변화를 잘 보여준다.[53]

개량 한복의 등장

의복에 대한 인식의 전환으로 여성의 건강을 위해 저고리의 길이는 길게 바꾸고, 가슴띠 대신 치마에 어깨끈을 다는 형태가 고안되었다.[54] 이러한 치마 개량은 서양식 교육을 받은 여학생층에서 먼저 시작되었는데, 1911년 부임하여 10년간 이화학당에서 재직한 교사 월터Walter와 파이Pye가 치마에 어깨허리를 단 것이 그 최초였다.[55] 실험적으로 우선 한국인 교사 2~3명이 착용해보니, 편하고 모양이 변하지 않으며 건강에도 이로운 듯했다. 그래서 교사들은 재봉 시간에 이 개량 한복의 옷본pattern을 학생들에게도 나누어 주어 치마를 고치게 한 뒤 체육 시간에 검사를 했다. 여학생들의 치마가 모두 어깨허리로 바뀌기까지는 약 3개월가량이 걸렸다. 처음에는 기존의 옷을 바꾸는 데 거부감을 갖는 학생들도 있었으나, 실제 착용 후 그 편리함을 깨닫고는 방학 때 고향에 돌아가서 친구들에게 이 간편한 신식 허리 만드는 법을 알려주어 마침내 전국에 유행하게 되었다.[56] 그 결과 1920년대 중반에는 여학생이나 신여성들 거의 대부분이 이와 같은 개량 치마를 입게 되었고, 조선 가정의 부인들에게도 어느 정도 개량 치마가 보급되었다.[57]

한편 어깨허리로 치마를 개량하자 필연적으로 하의 속옷도 개량할 수밖에 없었다. 조선 후기의 상류층 여성들은 특히 하의에 다리속곳, 속속곳, 바지단속곳, 너른바지, 무지기치마 등 상당히 많은 종류의 속옷을 겹겹이 입어야 했다. 이러한 조선 전통 속옷은 앞서 인용한 유팔극의 글에서도 지적되어 있듯이 갖춰 입기가

이화학당 학생들의 개량 한복 착용 모습
조선 후기 여성들의 상박하후형 의복이 위생상 문제가 있다는 인식은 개량 한복의 등장으로 이어진다. 이화학당의 교사였던 월터와 파이로부터 시작된 개량 한복은 긴 저고리와 어깨끈을 단 치마를 특징으로 했다. 이화여대 시청각 교육연구원 소장(유수경, 《한국여성양장변천사》, 일지사, 1990, 151쪽).

무척이나 번거로웠다. 게다가 하의 속옷은 여러 벌을 가슴띠로 고정해야 했기 때문에 가슴띠가 사라진 치마에서는 입기 불편했다. 그런 탓에 가슴띠의 '퇴장'과 더불어 하의 속옷은 종류도 간소해지고 팬티로 속속곳과 다리속곳을 대신하기 시작했다. 특히 짧은 치마를 입던 신여성들은 바지단속곳 대신 '사루마다'라고 하는 무명으로 만든 짧은 팬티와 어깨허리로 된 속치마를 입었다. 속치마는 치마보다 길이가 약간 짧았고, 소재는 주로 흰색 인조견이었다. 이 속치마는 후에 긴 치마에도 입게 되었다.[58]

개량 의복은 일단 여성들의 건강에 이로운 것으로 여겨졌다. 가슴의 압박이 줄어들고 활동성도 좋아졌다. 짧아진 치마 덕에 바닥의 먼지를 끌고 다니지 않게 되어 위생적으로도 바람직했다. 그래서 "근대 부인, 더욱이 모던걸들은 짜른 스카트와 엷은 양말 얇은 칼라, 두 팔을 그리고 아름다운 육체를 내놓을 대로 내놓은 위에 입는 의복까지가 선명한 빛깔, 즉 엷은 색이므로 태양의 자외선을 자유롭게 쉽게 받게 되는 까닭으로 건강해지며, 머리부터 발아래까지 컴컴한 것으로 몸을 갑갑하게 싸고 있는 남자보다는 점점 튼튼해지는 경향이 현저"[59]하다는 말까지 나오게 된다.

미니스커트, 각선미를 보여주다

개량 의복이 건강과 편리함만 가져다주지는 않았다. 여성들의 옷이 바뀌자 여성들의 몸을 이전과는 다르게 바라보게 된 것이다. 짧아진 치마 길이는 여성의 몸에 '각선미' 라는 또 다른 미적 기준을 요구했다. 짧아진 치마 밑으로 보이는 다리의 곡선이 아름다워야 한다, 이것이 바로 새로운 패션이 만들어낸 새로운 '몸 라인' 이었다.

> **요사이 각선미라는 말이 많이 유행됩니다.** 각선미란 쉽게 말하여 다리에서 나타나는 미입니다. 하여튼 그 전날 미인의 조건으로는 기껏 가야 허리께까지나 볼 뿐이러니 오늘날 미인의 조건으로는 다리까지도 중대하게 되었습니다. **본래 양장은 물론이요 치마라도 짧고 보면 다리의 미추가 몹시 눈에 띄는 것도 사실입니다.** _〈미의 표준은 아래로 각선미와 스타킹〉, 《조선일보》 1936년 4월 10일

처음에 '편리' 와 '위생' 을 위해 여성의 치마 길이를 줄여야 한다던 주장은, 시간이 지나면서 점차 미적 목적, 즉 '패션', '유행' 을 위해 치마 디자인을 바꿔야 한다는 주장으로 바뀌었다. 이에 따라 치마의 길이는 유행의 한 부분으로서 짧아질 수도 길어질 수도 있는 것이 되었다. 예컨대 1920년대의 스커트를 보자. 종류는 타이트 스커트, 플리츠 스커트, 개더 스커트 정도로 단순했지만, 길이는 초기에 발목까지였던 것이 차츰 짧아져 1926년에는 종아리, 1928년에는 무릎길이까지 올라갔다. 이것은 서양에서도 마찬가지였다. 1차 세계대전이 끝난 직후인 1920년대에

는 짧은 치마가 유행했고, 그에 따라 각선미를 중요시하기 시작했다.[60] 그러다가 1930년대에는 점퍼 스커트, 세미 타이트 스커트, 플리츠 스커트, 플레어 스커트, A-라인 스커트 등 다양한 형태의 치마가 나타났다. 1920년대를 거치면서 무릎까지 짧아졌던 치마의 길이는 1930년대에는 점차 길어져 중반기 이후에는 종아리까지 내려갔다. 그러나 30년대 말에는 다시 무릎길이로 짧아졌다.[61]

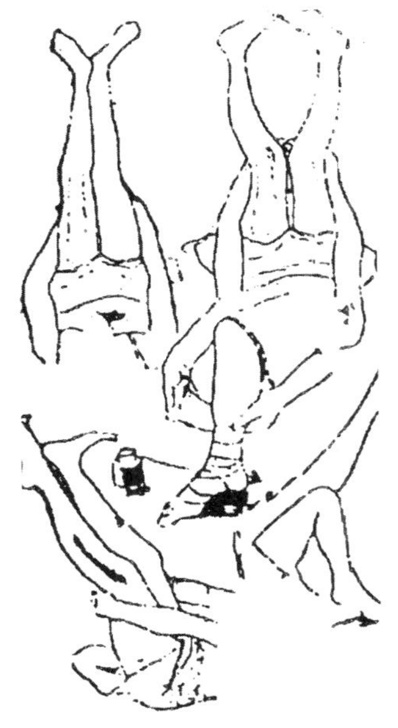

각선미 창조법
'편리'와 '위생'을 위해 여성들의 치마 길이가 점차 짧아지면서 각선미의 중요성이 부각되기 시작했다. 그림은 〈걷기 좋은 가을, 아가씨 다리들이여, 꼿꼿하고 날쌔시라, 각선미를 창조하는 법〉, 《조선중앙일보》 1934년 9월 14일.

치마의 디자인과 길이는 이처럼 주기적으로 바뀌었고, 그것은 '올해(또는 이번 계절)의 유행'으로 신문이나 잡지를 통해 대중들에게 소개되었다. 당시 신문이나 잡지에서는 이러한 서양 의복 유행 변천사를 알려주거나 각 계절별로 유행하는 빛깔, 옷감, 장신구의 내용과 가격을 소개했다. 1920년대 초반에는 주로 국내에서 유행하는 패션을 일부 소개하거나 가격 정보를 제공하는 데 그쳤지만, 중반 이후에는 의복의 세탁, 염색 등 관리법, 양재, 편물법과 더불어 세계적인 패션 트렌드까지 소개하는 등 그 영역을 넓혀갔다.[62]

우리 조선 여자의 의복도 참 몹시 변천되어 갑니다. 옛날에 젖가슴이 나오도록 짧던 저고리, 발길에 질질 끌고 다니던 치마, 그 후(3·1운동 이후) 배꼽까지 내려오던 흰 저고리 검정 통치마. 그 후(6, 7년 전) 정강이가 나오도록 짧던 치마 이렇게 변하여 오다가 지금은 그리 짧지도 않고 그리 길지도 않습니다. 다시 말하면 **한때 길던 저고리가 다시 짧아지고 짧던 치마가 다시 길어져 갑니다.** 색깔도 한때의 백색과 흑색만을 숭상하던 것이 요사이 와서는 별별 색 옷을 입게 됩니다._〈금하今夏 유행의 의상〉, 《삼천리》 1935년 7월호

사진은 어떤 날 뉴욕 제5가에 나타난 가두 정경입니다. **파리의 금년 유행도 긴 치마랍니다. 끝없이 짧아가던 모던걸의 치마가 어느덧 길**

치마 길이의 변화
〈모던걸의 길어가는 치마〉, 《동아일보》 1929년 11월 28일. 치마 길이의 변화가 미적 차원에서 이해되면서 치마 밑으로 드러나는 여성의 각선미도 미인의 요건 중 하나로 등장했다.

어가는 형세에 다시 돌아왔으니 과연 근대인의 신경은 또 어떻게 변해질 것인가가 아직 의문거리라고 할까요?_〈모던걸의 길어가는 치마〉, 《동아일보》 1929년 11월 28일

이처럼 치마 길이가 유행으로서 미적 차원에서 이해되면서 치마 밑으로 드러난 여성들의 다리도 아름다움의 문제와 결부되기 시작한다. 짧은 치마를 입는 이유가 아름답기 위해서라면, 그러한 패션의 일부를 이루는 다리의 맵시도 아름다울 필요가 있었다. 바로 이 지점에서 '각선미'가 미인의 요건으로 등장했다. 여성들이 짧은 치마를 입게 된 뒤로 여성들은 드러난 자신의 다리 맵시를 의식하게 되었고, 여성들의 다리를 볼 수 있게 된 남성들은 미인의 판단 기준으로 여성의 각선미를 따지게 된 것이다.

치마는 해를 좇아 짧아지게 됩니다. 나중에는 치마라는 것은 필요치 않을 것같이 '양키' 처녀들에게는 짧은 치마에다 양말도 신지 않고 맨발로 다니는 것을 찬미하고 있다고 듣고 있노라니 유행이란 것은 이상한 것으로 서양에서는 1930년 식이라고 하여 긴 치마가 유행하게 되어 드디어 복고 취미로 돌아갔습니다. 그러나 짧은 치마의 예찬은 아직도 남아 있는 모양인데 …… 어떤 남자는 여자의 버선발은 썩 어여쁜 것은 예외이지마는 그리 좋은 느낌을 주는 것

은 아니라 합니다. 그러나 일반으로 보면 여자가 치마를 짧게 입은 뒤로부터 그 다리가 얼마나 어여뻐졌는지 아시겠지요. 신발이나 양말까지도 얼마나 더욱 아름답게 되었는데요. 나는 언제까지나 짧은 치마는 벗지 않을 작정이야요. _〈짜른 치마, 긴 치마의 시비토론〉, 《중외일보》 1930년 1월 24일

위의 글에서 말하고 있는 것과 같이 짧은 치마를 입고 다니면 다리가 날씬해진다는 속설은 오늘날까지도 종종 사실로 받아들여진다. 2000년대 신문 기사에서도 일본의 한 연구를 인용하여 미니스커트를 입으면 다리에서 열이 많이 빠져나가 지방이 연소하여 다리가 가늘어진다고 소개하고 있다. 일본 후쿠오카 대학 연구진이 여대생들에게 미니스커트를 입힌 후 1년 동안 체형 변화를 관찰했더니, 실험에 참가한 여대생들의 종아리가 평균 4.6밀리미터 가늘어진 결과를 얻었다고 한다.[63] 이처럼 오늘날의 '과학적' 통계에 근거해 볼 때에도, 짧은 치마를 입는 것이 각선미를 가꾸는 데 도움이 된다는, 믿기 힘들어 보이는 속설은 어느 정도는 신빙성이 있는 이야기로 받아들여지고 있다.

2부에서 다시 이야기하겠지만 다리 라인을 만드는 '효과적' 인 비결에 대한 정보가 쏟아져 나온 것, 그리고 이에 따라 여성들이 자신의 노출 부위에 끊임없이 관심을 갖고 관리한 것도 아름다운 다리 라인을 만드는 데 일조했다. 즉 여성들의 짧은 치마 길이는 각선미를 '보여' 줄 뿐 아니라 '가꾸는' 데에도 영향을 끼쳤다. 그리고 남성들은 그 치마 아래로 노출된 아름다운 다리를 감상하는

데 몰두하기 시작했다.

…… 겨우 가릴 데만 얄팍하게 가린 굵직굵직한 여자들의 다리춤이 시작된 때는 어느 틈엔지 연무장에는 '펭귄' 이란 새 떼같이 군중이 모여들었다. '저 다리! 저 다리!' 이것은 군중의 외침이고, 나의 외침은 '저 눈! 저 눈! 정열에 타는 시뻘건 저 눈들!' ……. _안석영, 〈다리! 다리! 눈 눈 눈!—1930년 야앵 레뷰*〉, 《조선일보》 1930년 4월 15일

안석영의 만문만화 〈다리! 다리! 눈 눈 눈!—1930년대 야앵 레뷰〉**

안석영, 〈다리! 다리! 눈 눈 눈!—1930년대 야앵 레뷰〉, 《조선일보》 1930년 4월 15일자에 실린 만화. 춤을 추는 무희들의 일렬로 선 다리와 이를 바라보는 군중들의 눈이 과장되게 표현되어 있다.

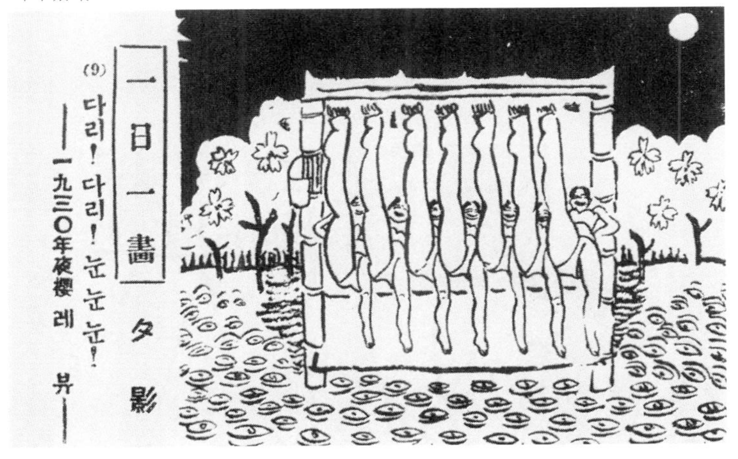

* 여기에서 '레뷰revue' 는 프랑스어로, 흥행을 목적으로 춤 따위를 곁들여 풍자적인 볼거리를 위주로 꾸민 연극을 말한다.

** 삽화가, 만화가, 시나리오 작가 및 영화감독. 나도향의 연재소설 《환희》의 삽화를 그렸으며 1930년대 《조선일보》에 '만문만화' 라는 세태풍자적인 만화를 연재한 것으로 유명하다.

제비

총독부에 건축 기사로도 오래 다닌 고등공업 출신의 김해경金海卿씨가 경영하는 것으로 종로서 서대문 가노라면 10여 집 가서 우右편 페이브멘트 옆에 나일강반의 유객선같이 운치 있게 비껴선 집이다. 더구나 전면 벽은 전부 유리로 깔었는 것이 이색이다. 이렇게 종로대가를 옆에 끼고 앉았느니 만치 이 집 독특히 인삼차나 마시면서 바깥을 내다보노라면 유리창 너머 페이브멘트 위로 여성들의 구둣발이 지나가는 것이 아름다운 그림을 바라보듯 사람을 황홀케 한다. 육색肉色 스타킹으로 싼 가늘고 긴—각선미의 신녀성의 다리 다리 다리—. _〈끽다점 평판기〉, 《삼천리》 1934년 5월호

〈꽃보다 다리구경〉
《조선일보》 1934년 5월 3일. 짧아진 치마 아래로 드러난 여성들의 각선미를 관음증적 시선으로 침을 흘리며 구경하는 남성의 모습을 풍자적으로 그린 그림.

첫 번째 인용문은 안석영安夕影(또는 안석주安碩柱, 1901~1950)이 그린 〈다리! 다리! 눈 눈 눈!〉이라는 제목의 만문만화다. 안석영은 여성들의 치마 길이가 짧아지면서 거리에서 여성의 다리를 구경할 수 있는 기회가 늘어난 현실 그리고 그에 따라 남성들이 여성의 다리에 대한 페티시즘적, 관음증적 시선을 감추지 않는 세태를 풍자하고 있다. 두 번째 인용문 이상李箱의 제비 다방에 대한 〈끽다점 평판기〉에서도 유리창 너머로 도로를 걷고 있는 신여성들의 각선미 감상을 소일거리로 삼던 끽다점, 즉 카페의 남성 손님들의 행태가 사실적으로 묘사되고 있다.

쓰개치마나 장옷, 발등을 덮는 긴 치마를 벗어버리고 과거와는 다른 모습으로 거리에 나타난 개량복 차림의 모던걸, 신여성들의 모습은 남성들로서는 '문화적 충격'이었다. 점잖은 척하고 싶은 남성들은 "전에는 눈만 내놓더니 지금은 눈만 가리는군"[64]이라고 끌끌거리거나, 치마 길이가 짧아지다 못해 거의 옷을 안 입은 듯 넓적다리를 다 내놓게 되어 가는 것을 보고 "딱한 소식"[65]이라며

신여성들의 개량복 차림
쓰개치마와 장옷들 벗어버리고 짧은 치마를 입은 모던걸, 신여성들의 모습은 남성들에게 '문화적 충격'으로 받아들여졌다. "전에는 눈만 내놓더니 지금은 눈만 가리는군"이라는 설명이 곁들여 있던 《동아일보》 1924년 6월 11일자 〈동아만화—신구대조(1)〉.

혀를 찼다. 그러나 대다수 남성들은 위의 인용문들이 상징적으로 보여주듯 여성의 다리 감상에 몰두했다. 특히 신문, 잡지, 영화나 박람회, 백화점, '레뷰' 등 이벤트, 행사들을 통해 수많은 대중들 앞에 드러난 여성의 다리는 미적 감상의 대상일 뿐 아니라 성적 욕망의 대상으로까지 여겨지게 되었다.

> 양말은 어떠한 나쁜 양말을 신었든지 본시 그 다리 모양이 맵시 있고 쭉쭉 빠진 듯하면 그보다 더 고상한 것이 없을 듯합니다. 여자로서 쭉 빠진듯이 곧고 가늘면서도 튼튼한 힘 세인 다리의 소유자라면 과연 남이 부러워할 만한 자리에 있는 자라고 할 수 있겠습니다. 가는 다리의 소유자라고서 결코 걸음 걷는 게 약하다고 하지 못할 것은 경마용으로 쓰는 말의 다리가 얼마큼 가늘고도 그렇게 강력으로 뛰는가를 생각해도 알 수 있습니다. 아무튼 날 적부터 강강한 뼈의 굵은 것을 가늘게 만들기는 어렵다 할지라도 다리 굵은 것은 족부에 지방분과 근육이 넘치게 몰려서 되는 예가 많으므로 따라서 여러 가지 방법으로써 어느 정도까지는 똑 알맞는 다리 보기 아름답
>
> 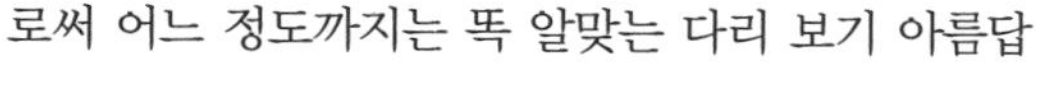
>
> 게 교정할 수 있습니다._〈다리의 건강미를 일층 훌륭케 하는

모던걸의 새로운 옷차림
짧은 복장으로 꾸미지 않으면 큰 치욕으로 여기는 서양 여성들, 특히 미국 여성들에게 넓적다리까지 드러내는 복장이 유행하고 있다며 그것을 '딱한 소식'이라 전하는 《동아일보》 1928년 10월 24일자 기사 〈딱한 소식—치마 안 입는 것 대유행〉의 삽입 사진.

법, 경쾌한 보행 운동과 마찰이 필요〉, 《동아일보》 1929년 4월 3일

이렇게 해서 '각선미'는 중요한 여성 미모의 기준이 되었다. 뒤에서 자세히 살펴보겠지만, 당대의 유명 여성의 미모를 품평하는 과정에서 여성들의 아름다움의 한 기준으로 각선미를 종종 언급하고 있다는 점은 간과할 수 없는 부분이다. 이렇게 '각선미' 같은 신체의 특정 부위에 주목하여 한 인간의 외모를 평가하는 일은 '근대적'인 행위다. 몸을 하나의 완결되고 유기적인 총체로 파악하지 않고 분할·파편화하여 다리만을 따로 떼어 놓고 보는 것이기 때문이다. 이처럼 육체를 계속해서 분할할 수 있는 '기계'로 생각한 사람이 바로 근대 철학의 아버지 데카르트다.[66] 정신과 분리된 인간의 육체는 하나의 물질이기 때문에 분할, 수정, 조작이 가능하다. 미용을 위한 성형수술이 가능한 이유도 몸이 하나의 기계이자 물질이기 때문이다. 이러한 사고에 따르면 몸의 한 부분을 조금 고친다고 해서 전체의 통일성이 깨진다거나 존재 자체가 바뀌지는 않는다. 역시 뒤에서 다루겠지만, 그렇기 때문에 이미 1930년대부터 성형수술에 대한 열망도 여성들 사이에 싹틀 수 있었다.

브래지어, 곡선미를 보여주다

한편 상의 개량은 여성의 몸이 입체적이라는 사실을 깨닫게 만들

었다. 전통 의복의 가슴띠와 같이 가슴 부위를 동여맬 경우 여성의 유방은 곡선이 아니라 거의 평면적인 모습을 띠게 된다. 이 때문에 조선 전통 의복의 특징에 대해 이야기할 때에도 조선 옷은 평면적이라는 점이 자주 언급되곤 했다.

> 나는 일반의 생활을 향상시키는 그 조건 중 하나인 일반적으로 생활의 미화를 힘써 보자는 말이다. 첫째로 거기에 우리의 의복을 개량할 필요가 있다 한다. 우리네의 의복은 신체 발육과 자유 동작에 장애가 없지 않다. 예를 들면 여자의 옷은 제일 중요한 부분인 유방을 속박하여왔다. 그것은 위생에도 다대多大한 해독이 미칠 뿐더러 육체미에도 적지 않은 손실이다. 그뿐 아니라 풀을 먹여서 죽어라하고 다듬이질을 하야 풀칠한 백지장 같은 옷을 걸치는 것이 공기 유통에는 이해관계가 미친다 할지라도 제일 몸을 동작하는 데에 거북살스럽고 쉽게 상하는 폐弊가 있다 …… 인체 구조에도 별다른 상식이 있어야 할 줄 안다. _안석주, 〈미관상으로 보아서〉, 《신여성》 1924년 11월호

> 첫째로 의복은 반드시 선미線美를 잘 나타내어야 되겠다. 이 점에 대해서는 일복日服이 조선복보다 훨씬 선미를 잘 나타낸다 하겠다. 우리나라 의복은 전체로 보아서 선미가 없다. 어복魚服 같은 화장은 다소 선미를 나타낸다 하여도 여성미 가운데 가장 아름다운 미를 발휘하는 유방부에서 허리까지의 곡선과 허리에서 둔부臀部까지의 곡선미를 전연히 나타내지 못한다. 요새에 와서 허리에 띠를 띠게 되기 때문에 다

소간 곡선미가 나타나지만 아직까지도 우리나라 의복에 곡선미를 나타내게 하랴면 여러 가지로 개량할 점이 많은 줄 안다. _김일엽, 〈의복과 미감美感(개량 의견 몇 가지)〉, 《신여성》 1924년 11월호

〈미인도〉
작자 미상, 해남 녹우당 소장. 신윤복의 〈미인도〉처럼 이 그림에서 역시 여성의 가슴 부위가 거의 평면으로 그려졌다. 유방 곡선의 아름다움이 주목받지 못했던 조선 후기의 특징을 엿볼 수 있다.

이 책의 처음 부분에서 보았던 신윤복의 〈미인도〉와 같이 조선 후기 여성 의복에서는 여성의 가슴 부위가 거의 평면으로 그려진다. 따라서 가슴띠를 하던 시기에는 유방 곡선의 아름다움이 거의 주목받지 못했다. 이러한 경향은 개량된 조선 의복에 어깨허리가 도입된 1920년대까지도 이어졌다. 1920년대에 어깨허리 치마가 가슴띠를 대체하긴 했지만 곡선미를 나타내기에는 역부족이었다. 길어진 저고리도 가슴 부위를 감추는 식이어서 여전히 조선 여성의 몸은 평면에 가까웠다.

이것은 양장 차림을 하는 여성들의 경우에도 비슷했다. 1920년대에 유행한 양장 차림이 가슴 부위의 굴곡을 감추는 직선형에 가까웠기 때문이다. 1920년대의 원피스와 블라우스의 실루

엣은 대체로 직선적인 스타일이었다. 블라우스는 초기에 고무줄을 사용하여 허리선을 나타냈으나, 1926년 이후에는 주로 직선적인 튜닉tunic* 스타일이 유행했다.[67] 이때까지도 여전히 여성의 가슴 부위나 곡선미를 강조하는 복장은 크게 주목할 필요가 없었던 것이다.

가슴 부위의 곡선미에 대한 의식은 1930년대에 생겨났다. 1920년대에 이미 길이가 짧아진 치마 때문에 여성들의 각선미에 대한 의식이 출현했던 것에 비해 다소 늦게 나타난 현상이다. 1930년대에 들어서야 허리에 벨트를 착용한 스타일, 디자인이 여성스런 원피스가 유행하게 된다. 블라우스는 1930년대 초반까지는 길고

1920년대 직선형의 양장 차림
1920년대 양장 차림도 조선 후기처럼 가슴 부위의 굴곡을 감추는 직선형이 대부분이었다. 박경희의 보이시 스타일Boyish Style(위, 《동아일보》 1928년 10월 24일 〈여류음악가 박경희씨 귀국〉)과 윤심덕의 직선적인 실루엣의 원피스(아래, 《사진으로 보는 한국 백년》, 동아일보사, 1991)는 이를 잘 보여준다.

직선적인 튜닉블라우스가 보이지만, 중반기 이후에는 벨트를 착용하거나 언더블라우스under blouse**의 형태로 허리선이 나타나는 스타일이 유행하면서[68] 가슴 부위에 대한 관심이 부상했다.

이러한 관심의 징후는 여성지에 실린 양장 옷본과 옷 만들기 안내에서 먼저 확인되는데, 대략 1930년대 중반부터 시작된 것으로 추정된다. 1937년 6월 《여성》에 임정혁이 〈부인과 여학생 외출복 겸 가정복〉에서 소개한 옷본에서만 해도 아직 옷의 상체 부위에 다트선이 표시되지 않으며, 가슴 부위에 주름을 잡는 바느질 방법도 도입되지 않는다. 반면, 1937년 8월 《여성》에 실린 동일 필자의 〈개량형 속치마와 속바지—옷맵시를 돋우려면 속옷부터 개량……〉에서는 속치마를 만들 때 "가슴 쪽은 나오게 하기 위하여 앞 요-크에 잔주름을 잡는데 이것은 재봉 기계에 느리게 박아서 밑실을 잡아당겨서 가운데로 주름이 많이 가게 잡아서 아래 치마와 맞추어 먼저 가죽으로 박고 시접을 잘 베어 버리고 안으로 박습니다"라고 안내한다. 가슴 선에 주름을 잡아 가슴 형태가 두드러져 보이도록 하라는 것이다. 또 하란공이 《여성》 1940년 8월호에 쓴 〈여름에 편한 양장(1)〉에서는 슬립 옷본의 허리 부위에

* T자형으로 허리 밑까지 내려오는, 품이 넉넉하여 가슴이나 허리의 실루엣이 잘 드러나지 않는 여성용의 블라우스 또는 코트.

** 스커트 안으로 넣어 입는 블라우스. 반면 스커트 겉으로 내어 입는 블라우스는 오버블라우스over blouse라고 한다.

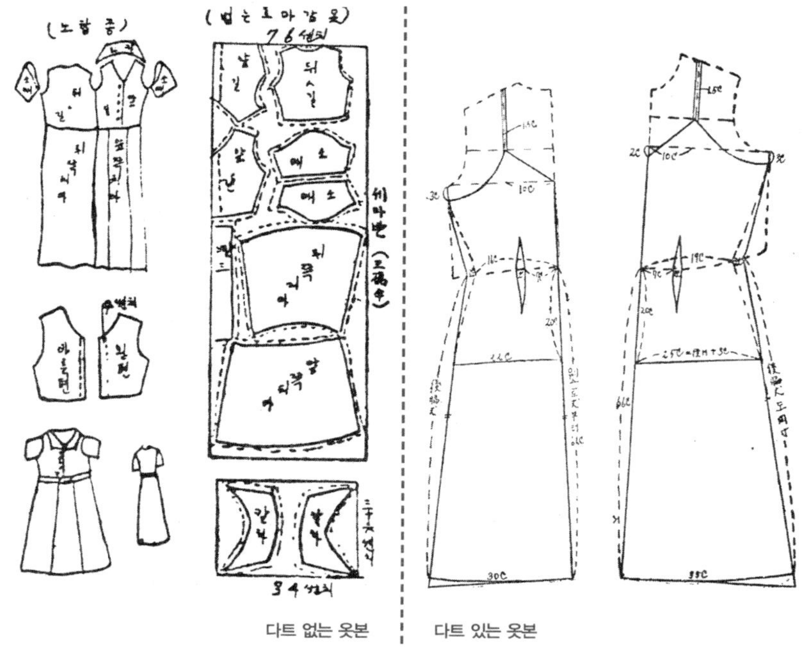

가슴 부위의 곡선미에 대한 의식이 생겨난 것은 1930년대 중반 이후부터다. 왼쪽의 '다트 없는 옷본'(임정혁, 〈부인과 여학생 외출복 겸 가정복〉, 《여성》 1937년 6월호)에서만 해도 가슴 부위에 대한 강조는 없었다. 반면 오른쪽의 '다트 있는 옷본'(하란공, 〈여름에 편한 양장(1)〉, 《여성》 1940년 8월호)에서는 가슴 형태가 두드러져 보이도록 허리 부위에 다트를 한 모습이 확연하다.

다트가 확연하게 보인다.

'다트dart'란 평면적인 옷감을 입체적인 체형에 맞추기 위해 옷감의 일정한 부분을 잡아서 줄이는 일 또는 줄인 부분을 가리키는 말로, 몸의 입체감을 의식한 디자인 방법이다. 조선의 전통 의상은 물론 1930년대 중반 이전에도 옷본에 이 같은 다트 표시는 없었다. 이는 아직 몸의 입체성에 대해 주목하지 않았음을 의미한다. 그런데 몸의 곡선미를 뚜렷이 의식하게 되면서 다트가 옷을 만드는 데 필요하게 되었다.

브래지어가 양장의 속옷으로 등장한 시기도 1930년대 중반이다. 브래지어는 교과서 《양재봉강의》(1937)에 양장을 위한 속옷들이 나열되면서 그리고 1937년 11월 잡지 《여성》에 하영주가 쓴 〈부인의 의복과 색채의 조화〉에서 '유乳카바'를 만드는 방법이 소개되면서 대중들에게 알려졌다. 여기서는 좀 더 분명한 다트 절개선이 보인다. "앞단옷 끝에서 2센치 내려온 곳에서 전신前身 상부 중앙과의 금을 긋습니다. 그리고 다시 전신 중앙과 옆선脇線 맨 위에서 4센치 내려온 곳과의 연결선을 긋습니다. 그래가지고 전신 상부를 산형山形으로 모양 있게 만듭니다. 전신에 상단 중앙과 아래 두 군데를 박고 한쪽을 꺾어 넣습니다"라며 가슴 부위를 볼록하게 만들 것을 당부하고 있다.

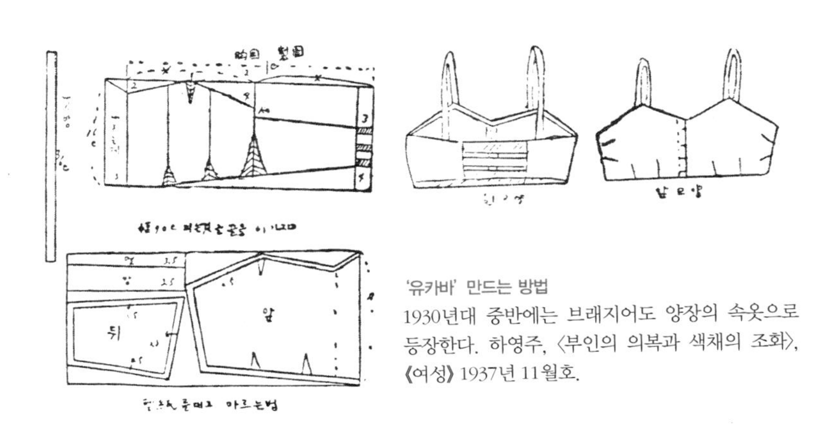

'유카바' 만드는 방법
1930년대 중반에는 브래지어도 양장의 속옷으로 등장한다. 하영주, 〈부인의 의복과 색채의 조화〉, 《여성》 1937년 11월호.

오늘날 여성 속옷으로 보편화한 '브래지어Brassiere'는 아기에게 젖을 물릴 때 가슴 부위를 쉽게 여닫을 수 있게 만든 옷을 가리키는 프랑스어 '브라시에르brassière'에서 나온 말[69]로, 프랑스에서는 1905년에 프랑스어 사전에 등장하고, 미국에서는 1907년에 잡지 《보그*Vogue*》에서 확인할 수 있으며, 영국에서도 1912년에 옥스퍼드Oxford 영어 사전에 등장한다.[70] 브래지어는 상하 일체형 보정 속옷인 코르셋의 형태에서 19세기 말~20세기 초에 상의 속옷으로 분리되면서 오늘날과 같은 가슴 부위를 위한 여성 속옷으로 자리잡게 되었다.[71]

서구에서 흘러 들어온 브래지어라는 속옷이 해방 이전에 조선 여성들에게 실제로 보편화되었다고 보기는 힘들다. 그러나 이러한 잡지의 글을 보고 서양식 복장에 관심이 있는 여성들이 가정에서 직접 '유카바'를 만들어 입었을 가능성이나 여성의 유방을 가리는 브래지어라는 속옷이 있다는 사실을 알고 있었을 가능성은 상정해볼 수 있다.[72] 그리고 일부 상류층, 신문물과 양장에 익숙한 여성들은 백화점에서 브래지어를 구입해 착용한 것으로 추정된다. 《삼천리》 1935년 12월호 〈신사 일인 사백 십여 원 숙녀 일인 오백 원 내외, 말쑥한 신사 숙녀 만들기에 얼마나한 돈이 드나?〉라는 글에서는 청년남녀들이 양장을 하는 데 드는 의복, 장신구의 품목과 각각의 가격을 소개하고 있다. 그런데 여기서 "양장 숙녀를 만들려면?"이라는 항목의 맨 첫줄에 적힌 것이 '유방빤드'이고, 가격은 150원이라고 소개되어 있다.[73]

이처럼 '유방뺀드'라거나, '유카바', '부라쟈에-루ブラジユエール', '부라지에-루ブラジエエール' 등 다양한 명칭으로 불리던 브래지어가 한국 여성들 사이에 보편화된 때는 1950년대 중반 이후~1960년대다. 브래지어가 한국 여성들에게 본격적으로 보급되기 시작한 1950년대 후반 이후 한국에서 브래지어는 '체형 보정' 기능이 강조된다. 1957년 8월 23일 《동아일보》 기사 〈체형의 교정법—속옷을 입는 법〉과 같이 자신의 가슴 모양이 가진 단점을 보완하기 위해 와이어나 패드가 들어 있는 브래지어를 선택하여 착용함으로써 'S라인'의 '표준'에 가까운 몸으로 조형화하는 것이다.

〈젖가슴을 곱게 하는 부라쟈아〉(《동아일보》 1955년 7월 31일)나 〈착용 순서와 그 선택법—선線으로 입어야 할 양장의 속옷〉(《동아

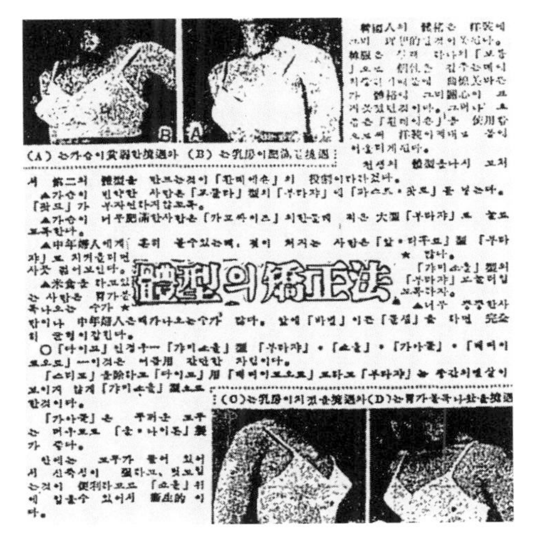

體型의 矯正法

(A)는가슴이貧弱한體型이고 (B)는乳房이肥滿한體型

(C)는乳房이처진體型이고(D)는胃가불룩나온體型

체형 교정을 위한 브래지어
브래지어는 1950년대 중반 이후부터 한국 여성들에게 본격적으로 보급된다. 《동아일보》 1957년 8월 23일자 기사 〈체형의 교정법—속옷을 입는 법〉에서는 가슴 모양의 단점을 보완하기 위해 자신의 체형에 따라 와이어나 패드가 들어 있는 브래지어를 선택, 착용하라고 권하기도 한다.

일보》 1958년 4월 18일), 〈부라자의 선택—따뜻하고 맵시 있는 겨울 양장〉(《동아일보》 1959년 1월 24일)에서도 브래지어가 여성 몸매의 곡선을 조형적으로 만들어주는 기능을 수행하게 되었음을 보여준다. 조희진도 1950년대 후반 미국의 듀폰사에서 개발한 신소재 라이크라Lycra* 덕분에 브래지어에 '신체 보정'이라는 또 다른 기능이 추가되었고, 유명 여배우들을 동원한 마케팅 전략이 성공하면서 모든 여성이 브래지어를 몸을 제대로 관리하기 위해 반드시 착용해야만 하는 필수품으로 여기게 되었다고 지적한다.[74]

유선형 시대, 유선형 미인

그렇지만 이미 1930년대 중반부터 여성들은 옷에서 유방부가 돌출된다는 사실을 의식하고 있었다. 아울러 브래지어와 같은 체형 보정용 속옷이 조선에 소개, 도입되면서 곡선미에 대한 의식도 형성되어 있었다. 이처럼 여성의 몸을 '곡선'으로 보게 된 데에는 1930년대 중반에 유행한 '유선형 담론'도 영향을 끼쳤다. 당시 '유선형'이라는 용어는 속도를 높이기 위해 공기 저항을 최소화하려 했던 근대적 교통수단들의 형태를 가리키는 말로 자주 사용

* 1802년 화약회사에서 시작하여 화학물질, 에너지, 식품영양, 의류 산업 등으로 경영을 확장해온 미국의 듀폰Dupont사에서 만든 고탄성高彈性의 우레탄 섬유인 스판덱스의 상표명.

되었다. 그러나 유선형은 단순히 유선형 물체만이 아니라 생활 방식, 사고 방식, 가치관, 유행 패션, 스타일을 의미하는 것이기도 했다.[75] 그래서 '유선형의 미'는 미의 표준처럼 여겨지기도 했다.[76]

'유선형 미인'이라는 말의 유행은 이러한 시대 상황을 잘 보여준다. 좀 더 구체적으로 살펴보자. "구미에서 1936년도 대표 미인 타입이 유선형이라야 한다고. 체중이 13관 내외,* 신장이 5척** 조금 넘고 몸이 날씬한. 이러한 것을 발표하기가 무섭게 그 표준이 동양 여성에 가까웠기 때문에 머리도 유선형, 의복도 유선형, 구두도 유선형, 심지어 핸드백까지 유선형이라고 야단"[77]이 일어날 정도였다. 안석영은 《조선일보》에 〈유선형 시대〉라는 만문만화를 연재하기도 했다(1935년 2월 2일~1935년 2월 7일). "마네킹껄을 선택할 때에도 이 유선형이 문제되고, 신부를 고르는 데도, 점원을 고르는 데도, 카페의 웨트레쓰도, 배우도 모든 게 유선형이어야 하는 때"[78]가 도래했다는 것이다.

이러한 '유선형'의 유행은 대중들에게 곡선의 아름다움에 대한 미적 의식을 일깨워 주었다. 아름다움의 기준이 직선이나 평면이 아닌 곡선, 입체미가 되는 그 시점부터 여성의 옷과 몸도 새로운 아름다움의 기준을 내면화해야 했다. 다트와 브래지어는 바로 그러한 내면화를 의복으로 실천한 것이었다.

* 1관이 3.75킬로그램이므로 대략 48.75킬로그램.

** 1902년 일본이 통일한 단위로는 1척이 30.303센티미터이므로 대략 152센티미터.

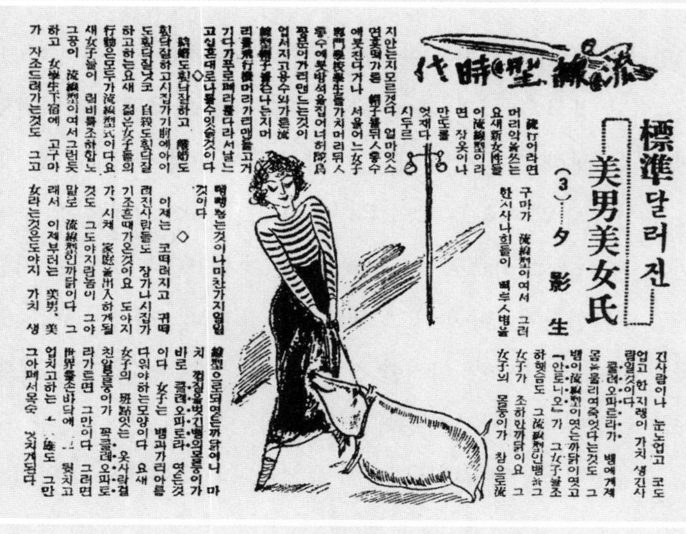

流線型時代

標準달러진 美男美女氏 (3)……夕影生

流線型時代

流線型都市 바비론城人 (4)……夕影生

유선형 시대

1930년대 중반 이후 '유선형 담론'이 유행하면서 '유선형의 미'가 미의 표준처럼 여겨지기도 했다. 안석영이 1935년 2월 2일부터 1935년 2월 7일까지 《조선일보》에 연재한 만문만화 〈유선형 시대〉는 이러한 시대 상황의 반영이었다. 안석영은 이 〈유선형 시대〉에서 신부도, 점원도, 웨이트리스도, 배우도 모두가 유선형이어야 하는 때가 도래했다고 말한다.

S라인이어야 미인

서양 문명이 수입된 지 오래인 조선에는 여러 가지 생활 양식이나 문명사조가 구미화하여가는 현상입니다. 그래서 미에 대한 감상도 또한 달라갑니다. 물론 여성들의 생활이 첩첩히 닫힌 심창주렴深窓珠簾 속에 있던 시대와 스포-츠로 심신을 단련시킨 현대와는 여러 가지로 그 신체의 변화도 많아지는 것이 사실이지만 이 구미 문화의 수입과 한 가지로 미의 감상은 확실히 달라졌습니다.

그리하여 여성의 미는 얼굴로부터 육체로 이동하게 되는 경향이 농후하여 육체미라든가 나체미라든가 각선미라든가 하는 말이 많이 유행되게 되었습니다. 그러므로 옛날에 미의 특징이던 웃통이 길고 허리가 간들간들하던 것은 완전히 '넉아웃' 되고 이제는 다리가 날씬하고 길고 웃통이 짧은 사람이 미인이 되었습니다.

균세된 가장 아름다운 나체미를 소유한 것은 옛날 '미로-'의 '비-너스'* 의 상이지만 우리들의 현재 미인은 그리 살이 찌지도 않고 여위지도 않은 여자로 어깨와 가슴은 탄력이 있어 보이고 유방은 퉁퉁 부은 듯 볼록하게 솟아오르고 허리는 그리 길지 않은데 궁둥이까지 곡선을 곱게 거느리어 통통한 엉덩이가 그리 크지도 또 적지도 않고 다리는 날씬하게 길어야 합니다. 다리는 길기만 해도 곱지 않습니다. 조금 살

* 밀로의 비너스Vénus de Milo. BC 2세기에서 BC 1세기 초에 제작된 것으로 추정되는 비너스 조각상. 1820년대에 에게 해에 있는 밀로스 섬(밀로 섬 또는 멜로스 섬이라고도 한다)에서 한 농부에 의해 발견되었다.

이 있어 퍽 탄력 있어 보여야 합니다. 그리고 빛도 너무 흰 것보다 조금 희고 굵은 기운이 있어야 합니다.

그러면 처녀와 비非처녀는 어떤 것이 더 아름다운가? 완전한 처녀의 미는 맑고 발달하고 이런 사슴이 같이 매력이 있는 것이 특징이요, 또 결혼한 여자는 결혼 생활 후 약 반 년이나 일 년쯤 된 여자의 육체가 아름답습니다. 거기는 처녀의 미로서는 가질 수 없는 보드랍고 세련된 매력이 있습니다. 그리고 성생활을 많이 한 여성의 육체는 히마리가 없습니다. _〈몸맵시가 좋아야 옷맵시도 난다—나체미의 표준은 무엇?〉, 《조선일보》 1935년 3월 1일

1937년 6월 30일자 《동아일보》에는 〈누가 곡선미에 일등을 할 것인가〉라는 제목의 화보 기사가 실렸다. 기사에는 아래 그림과 같이 서양에서 개최한 미인 대회의 풍경으로 보이는 사진이 포함되어 있었다. 《동아일보》 1927년 8월 6일자에 〈만국 미인 제2회 대회의 일등이 「도모시 뻐리트」 양〉이라는 기사가 실린 것으로

미인 대회 풍경
〈누가 곡선미에 일등을 할 것인가〉, 《동아일보》 1937년 6월 30일. 수영복 심사 등 미인 대회가 여성들의 몸매 평가 비중을 높이면서 여성의 아름다움의 기준은 점차 'S라인'으로 변화한다.

보아 대략 1925~26년경에 국제 미인 대회가 개최되기 시작했으리라 추정된다.

한국 최초 미스코리아 최정원

한국에서는 1931년 《삼천리》가 사진을 통해 미인을 선발했던 〈삼천리 일색〉이 미인경연대회의 시작이었다. 이 때 1위를 차지한 미인은 소설가 최정희의 동생이자 훗날 카프KAPF의 문인 이갑기와 결혼했던 최정원이었다.[79]

미인 대회가 갈수록 여성들의 몸을 노골적으로 드러내는 데 치중하게 되면서, 수영복 심사를 통해[80] 곡선미가 아름다운 여성을 '미인'으로 여기게 되었다. 그 결과 위에서 인용한 《조선일보》 기사처럼 여성의 아름다움의 기준에 아름다운 얼굴뿐 아니라 풍만한 가슴과 잘록한 허리, 볼륨 있는 엉덩이, 미끈한 각선미, 다시 말해 'S라인'이 포함되기 시작한다.[81]

이때부터 여성들의 'S라인'은 여성의 몸, 외모를 품평하는 자리에서 자주 언급되는 항목으로 자리 잡는다. 이미 1910년대부터 〈예단일백인〉이라는 특집 기사를 통해 기생들의 미모를 소개했던 대중매체들은 1920년대부터는 한층 본격적으로 '미모를 따지기' 시작한다. 1920~30년대 신문, 잡지에 당대의 예술가, 문학가, 사회적 유명 인사들의 '미인관'이 자주 실린 것은 이러한 변화의 반영이다. 그들은 '개인의 취향'이라는 조건을 달면서 자신이 생각하는 미인의 기준을 제시했는데, 이것은 이 시대 사람들의 '미', '미인'에 대한 의식을 '반영'함과 동시에 '형성'시켰다.

3장

여성 '언 파레드On Parade'

유명 인사들의 미인관

오늘날에도 미인이 되는 '기준'은 사회 속에서 암묵적이지만 너무도 엄격하게 정형화되어 이 시대를 살아가는 여성들의 외모를 규율한다. 물론 지상파 방송에서 키 180센티미터가 되지 않는 남성은 '루저loser'라고 당당하게 발언하는 여대생이 있을 만큼, 남성들에게도 외모는 생존 경쟁을 위한 필수요건으로 꼽히고 있다. '루키즘lookism(외모지상주의)'이 남녀노소 누구에게나 적용되는 공리公理가 되어버린 것이다.

그렇기 때문에 대중의 시선을 한몸에 받는 유명 인사들까지 앞장서서 그 폭력적인 '기준'을 재확인시키는 것은 사실 너무 가혹한 일이다. 지금 세상을 보라. 어느 누구도 이러한 '외모 차별'을 쉽사리 공공연하게 말하지 않는다. 하지만 바로 그러한 모습이 그만큼 외모지상주의가 사회에 깊숙이 침투되어 구성원들 모두에게 내면화되어 있음을 반증한다.[82] 그래서 오늘날의 '스타'나 유명 인사들에게 "당신이 생각하는 미인이란?"이라고 묻는다면, 그들은 최대한 모호하고 불분명하게 혹은 일반적인 '미'의 기준들과는 조금 다르게 말할 것이다. 그것이 자신의 '팬'들을 좌절에 빠지지 않게 하고, '안티'를 생기지 않게 하는 길이다. 그러지 않고 저 여대생처럼 '솔직하게' 말했다가는 그녀가 실제 겪은 것처럼 엄청난 '테러'를 당할 수도 있다.

하지만 1920~30년대에는 이 '기준'을 명시적으로 제시할 수 있어야 '심미안'을 가진 '세련된' 사람으로 취급받았던 듯하다. 그들은 미인이 갖춰야 할 요건들을 매우 구체적으로 상세하게 언급함으로써 스스로 근대적인 미의 표준을 '알고' '만들어 가는' 존재가 되고자 했다.

그런데 여기서 특히 눈에 띄는 사실이 있다. 이미 이 시기부터 '몸짱'을 선호했다는 점이다. 미인이라면 얼굴이 아름다워야 한다는(물론 그 '아름답다'의 기준은 서로 다를 수 있겠지만) 생각이야 동서고금을 불구하고 늘 있었지만, 몸매가 좋아야 한다는 생각은 앞에서 살펴보았듯이 근대에 들어 새롭게 형성된 관념이다. 이 점을 보여주는 것이 당시 사회의 유명 인사들이 말하는 미인관이다.

이광수는 "체격이 팔다리나 몸통이 자로 잰 듯 너무 길지도 짧지도 않게 바로 맞고, 몸 쓰는 것, 걷는 것 등 모든 동작이 날씬하여 남의 눈에 조금도 거슬리게 보이지 않고, 그 말소리가 사근사근하고 시원하면서 부드럽고, 슬플 때 기쁠 때 괴로울 때의 표정이 천진스럽고 자유롭고, 또 취미와 그 정신이 아울러 고상하다면 그야말로 내가 찾는 미인이 될 것이다"라며 체격, 팔다리, 날씬한 동작 등을 미인의 중요한 조건으로 삼았다. 물론 "얼굴은 둥글둥글한 타원형의 윤곽에다가 눈은 어디까지든지 크고 처진 듯하며 코나 귀가 복스럽게 예쁘고 살결이 하얀 분"이어야 한다고 함으로써 얼굴 생김새에 대한 여러 가지 기준도 빠트리진 않았다.[83]

이광수
《동광》 1932년 1월호 〈문인백상文人百相〉에 실린 캐리커처.

화가 안석영도 "옛날에는 얼굴만 예쁘면 미인이라 했습니다만, 시대가 점점 변해감에 따라 미인의 표준도 달라졌습니다. 현대 미인은 얼굴만 아름다워서는 안 될 것입니다. 얼굴과 체격과 손과 발과 음성과 태도가 다 아름답고 또 그 몸에서 그 살에서 그 마음에서 보이지 않는 향기

안석영

가 숨어 나와야 할 것입니다"라며 미인의 요건에 얼굴 외에 체격, 손, 발, 음성, 태도 등을 추가하고 있다. 그리고 자신이 화가인 만큼 모델로는 색의 조화를 잘 받는 풍만한 여성 쪽을 선호한다는 말도 덧붙인다.[84]

화가로서 굴곡 있는 몸매의 여성을 좋아한 것은 김용준金瑢俊(1904~1967)*도 마찬가지였다. 그는 "어깨가 좁을 것, 허리춤이 날씬하여 벌의 허리처럼 될 것, 둔부가 넓어야 할 것, 대퇴는 굵되 발끝으로 옮아오면서는 뽑은 듯 솔직해야 될 것"을 육체미의 조건이라고 말하면서 조선 여성들은 서양 여성들에 비해 어깨는 넓고 허리는 두꺼우며 대퇴부에서 종아리로 내려가는 곡선미가 너무 빈약해서 육체미가 확실히 떨어진다며 한탄하기도 했다.[85] 물론 이런 판단은 김용준의 개인적인 의견일 뿐이었다. 안석영이나 동양화가 노수현盧壽鉉(1899~1978)**처럼, 조선 여성이 영양 상태가 좋지 않아 얼굴

김용준

* 1950년에 월북한 동양화가이자 미술평론가, 한국미술사학자로서 호는 근원近園, 선부善夫, 검려黔驢, 우산牛山, 노시산방주인老柿山房主人이다. 1925년 경성 중앙고등보통학교와 1931년 도쿄미술학교 서양화과를 졸업했으며, 광복 후 1946년 서울대학교 동양화과 교수, 1948년 동국대학교 교수로 재직했다. 1950년 9월 월북해 평양미술대학 교수, 조선미술가동맹 조선화분과위원장, 과학원 고고학연구소 연구원으로 활동했다. 위 그림은 김용준의 〈자화상〉(1948년작).

** 조선미술전람회, 조선박람회에 입선한 동양화가로서 서울대학교 미술대학 교수 및 명예교수, 대한민국예술원 회원에 선임되었다.

빛은 혈색이 없고 윤택해 보이지는 않지만 각선미만은 동양 여성 중 가장 훌륭하다고 평한 화가들도 있었다.[86]

그런가 하면 소설가 현진건은 "첫째로 키가 조금 큰 듯하고 목선이 긴 여자가 좋다. 제아무리 얼굴이 예쁘장하고 몸맵시가 어울려도 키가 땅에 기는 듯하고 목덜미가 달라붙은 여자는 보기만 해도 화증이 난다"며 몸매 좋은 여성을 노골적으로 선호하는 데서 그치는 것이 아니라 몸매 나쁜 여성에게 '화증'까지 내고 있다.[87]

김동인 또한 "강변에 늘어진 수양버들 같은" 여성을 좋아하며 "키도 후리후리하게 커야" 한다고 말한다. 그러면서 당시 유명했던 여배우 신일선에 대해 "항간에 배우 신일선을 미인이라고 하지만, 얼굴은 흠잡을 것이 없다 할지라도 키가 작아서 안타깝다"고 말한다. 그만큼 얼굴보다 키나 몸매가 중요하다고 생각한 것이다. 덧붙여 그는 요즘 사람들이 쌍꺼풀진 눈을 선호해서 동경에서는 이미 쌍꺼풀 수술이

현진건
《동광》 1932년 1월호 〈문인백상〉에 실린 캐리커처.

김동인
《조광》 1936년 12월호 〈문단국저공비행文壇國低空飛行〉에 실린 캐리커처.

성행하고 있다는 사실도 언급한다. 그러나 김동인 자신의 취향으로는 쌍꺼풀이 있는 큰 눈이 예쁜지는 잘 모르겠다고 말한다.[88]

최독견도 "얼굴이 예쁜 것만 가지고는 미인이 안 된다. 근대적 미인이라면 체격, 말소리, 걸음걸이, 앉은 태도, 손, 발 등 모든 것이 균형과 조화를 얻어야 한다. 눈과 눈썹이 수려하여 아무리 춘산을 그린 듯한 미모의 여성이라도 키가 작고 웃을 때 덧니나 보이고 말소리가 사기 부서지는 소리를 낸다면 진절머리가 난다"고 말한다. 하지만 그렇다 하더라도 "건강미가 있는 여성은 싫다"면서 《춘희》의 여주인공처럼 약하디 약한 몸을 하고 핏기 없이 창백한 여성이 그립다고 한다.

최서해도 이러한 청순가련형의 여성을 좋아한다고 밝힌 예술가 중 한 사람이었다. 그는 "건강하고 발육이 잘된 여성보다 몸이 가늘고 키가 크고 거의 쓰러질 듯한 연약한 여성이 나의 마음을 끈다. 꽃이라도 그늘 속에 가려 가련하게 핀 꽃이 더욱 좋다"고 말한다. 《중외일보》, 《시대일보》에서 기자 활동을 한 정인익도 "작은 것보다는 차라리 큰 편, 살찐 것보다는 차라리 여윈 편"의 여성이 좋다고 말한다.

반면에 《동아일보》 사회부 기자 김동진은 "근대미가 풍부한 여성—물론 건강체의 소유자—체격이 균형 잡힌 이지적 모습이 있는 여성이 좋다. 혈색이 좋으면서도 날카롭고 예민한 얼굴에 콧날이 쭉 선 여성을 동경한다"고 강조한다. 신문의 삽화 화가로 유명하던 이승만李承萬(1903~1975)도 "사람들은 고아하고 청초한 미를 찾지만, 나는 독단히 육감적인" 미인이 좋다며 자신만의 미인관을 피력한다.

근대가 원하는 '세계 공통 미인 표준'

지금까지 살펴본 유명 남성들이 선호하는 미인의 타입은 이처럼 가련한 병약함/육감적 건강미로 달랐지만, 공통적으로 키가 좀 크고 균형 잡힌 '몸매'를 바탕으로 한 것이었다. 이 점은 〈미인제조비법공개〉라는 《별건곤》의 글[89] 가운데 성서인이 소개한 "과학적 견지로 보는 세계 공통 미인 표준"에서 더욱 분명하게 드러난다. 성서인은 당시 미인에 대한 세계 공통 표준은 "인체미의 근본이 되는 전형"으로서 "사람의 머리, 얼굴, 어깨, 팔, 가슴, 허리, 다리 각 부분이 균형이 잘 잡혀야 한다"고 말한다. 그러면서 "사람의 천연의 미를 잘 나타낼 사람의 본질"을 제시, 당시의 미인관에 대한 종합적 규격을 제공한다.

1. 키는 머리 부분 전체 길이의 8배, 얼굴 길이의 10배
2. 얼굴은 머리 난 데에서부터 눈썹까지, 눈썹에서 코 밑까지, 코 밑에서 아래턱까지가 같고
3. 안면은 손바닥과 길이가 같고
4. 두 팔을 벌려서 그 길이가 키와 같다

고 한다. 그리고 남성미와 여성미는 다른 점이 있어서 남자의 키는 머리 부분의 8배, 여자의 키는 머리 부분의 7배 반이라니, 여자도 키가 작아 보이면 앙증스러워 보여도 미인은 못 된다.
위에 말한 인체미의 근본인 전형에 맞은 후라야 비로소 미인 격이 되는 것이나, 누구나 저마다 들어맞는 것이 아니니 미인이 되기 바라면, 얼굴의 단점을 가리기 위하여 얼굴 형편을 따라 머리 트는 형태를 바꾸고 몸맵시에 따라 의복 맵시를 연구해 입어야 하되, 그보다도 더 근본적으로 육체의 균형이 잡히도록, 다리 동작만 많이 하는 이는 손발을 잘 놀리기에 마음을 써야 하고, 주야로 앉아서만 일을 하는 부인은 하루 한 번씩이라도 일어나서 전신 활동을 하도록 노력하여야 할 것이니, 가정부인보다 여학교 출신의 자태가 더 좋은 것을 보아도 확실한 증거가 되는 일이다. 이 점에서 여자에게도 체조, 수영 또는 무용이 필요하다는 것이요, 구舊가정에 있어서 그것을 하지 못하는 부녀는 되도록 산보 원족을 자주 하는 것이 아쉬운 대로의 한 방법이 되는 것이다.

위에서 보는 바와 같이 1928년 당시 미인의 '몸'의 기준은 오늘날의 그것과 거의 똑같다. 이것이 바로 '몸'의 미적 기준이 '패션'이나 '유행'들과 다른 점이다. 일반적인 유행들은 순환적이기 때문에 소위 '복고풍'이라는 것이 가능하다. 요즘 유행하는 '레깅스'나 '스키니 진'은 1980년대에 유행하던 '쫄쫄이 바지'의 부활이다. 한동안 길어지던 스커트의 길이는 1967년 윤복희 씨가 처음 한국에 선보였다는 '미니'로 회귀했다. 어깨에 '뽕' 들어간

상의도 한동안은 '촌스러움'의 표상이었으나 최근엔 '엣지edge' 있는 패션으로 추앙받는다.

그러나 이상하게도 몸에 관한 한, 특히 여성의 몸에 관해서만큼은, 예나 지금이나 '날씬', '길쭉' 일변도다. 장 보드리야르도 《소비의 사회》에서 이 점을 지적한다. "유행이 신식과 구식, '미'와 '추', 도덕성과 부도덕성 등의 대립 개념을 무차별적으로 차례차례 교대시킨다는 것이 잘 알려져 있"지만, "뚱뚱한 몸과 날씬한 몸을 교대시킬 수는 없다. 그곳에는 절대적 한계 같은 것이 있다. 유행에 지배된 영역인 '몸의 선'의 영역에서는 역설적이지만 유행의 주기적 변화가 더는 일어나지 않는" 것이다.[90] 그렇기에 1920년대 말 혹은 그 이전 시대 남성 유명 인사들의 여성들의 '몸'에 대한 이상적 기준이 현대의 기준들과 이토록 비슷할 수 있는 것이다.

물론 이는 서구의 '황금비율'과 같

세계 공통 미인 표준
근대 이후 여성의 몸에 대한 미적 기준은 언제나 '날씬', '길쭉' 일변도였다. 늘씬한 서구적 체형의 여성 삽화는 정현웅의 〈연애색채학〉(《여성》 1939년 5월호)에 실려 있다.

은 미적 균형, 비율에 대한 관념이 도입된 데 따른 것이다. 하지만 몸에 대한 '억압'을 요구하는 기준이 '해방'과 '자유'보다 훨씬 근대 자본주의 사회에 유리했기 때문에 조작된 이데올로기이기도 하다. 바지와 치마는 길이나 폭, 디자인을 주기적으로 바꿔 주어야만 새로운 소비를 창출해낼 수 있다. 그러니 하나의 원칙에 고정되어 있어서는 안 된다.

또한 몸을 '내버려 두는' 일은 아무런 소비도 자극하지 않지만, 몸을 '날씬하게 만드는' 행위에는 인위적인 소비와 노력이 필요하다. 날씬해지기 위해 사람들은 피트니스 센터에 등록해야 하고, 지방 흡입술을 받아야 하며, 비만 클리닉에 다녀야 한다. 다이어트가 '절식節食'이라는 점에서 식품을 '덜' 소비하는 것이라고 보기 쉽다. 하지만 실상 다이어트의 비법들은 수많은 TV 프로그램이나 잡지와 같은 대중매체들을 통해서 생산-소비되고 있으며, 다이어트 방법도 단순히 먹지 않는 것이 아니라 '덴마크식 다이어트'(계란, 자몽, 커피, 식빵), '사과 다이어트'(사과), '황제 다이어트'(육류) 등 특정 식품을 소비하는 방식으로 개발, 소개되고 있다. 사람들은 "덜 먹고 더 많이 운동하는 것"이 가장 효과적인 최고 다이어트 비법이라는 사실을 알면서도, 끊임없이 새롭게 '소비'할 다이어트 방법만을 찾아다닌다. 즉 날씬한 몸을 만드는 방법들은 근대 소비 사회에서 아주 중요한 '상품'이다.

또 2부에서 더 자세히 이야기하겠지만, 위의 인용문에서 '미'를 '운동'과 연계시키고 있다는 점도 주목해볼 만하다. 육체를 균형적으로 발달시키기 위해서는, 아름다운 몸으로 가꾸기 위해서는 움직여야 한다. 무용이나 체조와 수영을 해야 하고, 산보나 소풍이라도 다녀야 한다. 그렇기 때문에 집 안에만 갇혀 있는 부녀자들보다 운동을 정기적으로 하는 여학생들이 아름답다고 말한다. 운동이 단순히 '건강'을 위해서뿐 아니라 '아름다움'을 위해서도 필요하다는 생각, 여기에 바로 몸에 대한 근대적 인식 방법이자 '자연적'인 몸이 아닌 '조형적'인 '몸 프로젝트'의 연원이 들어 있다.

지역별 여성 미모 품평

1920년대 유명 인사들에게 물은 것은 막연한 '이상형', '미인의 조건'만이 아니었다. 실제 당대에 '미인'이라 꼽히는 신여성, 기생, 배우들이나 각 지방별 여성의 미모를 설문으로 조사하여 신문, 잡지에 게재함으로써 구체적인 '여성 언 파레드'를 시도한 경우도 많았다. '언 파레드on parade'는 원래는 연극이 끝난 뒤 무대 인사를 위해 배우들이 무대 위에 일렬로 서는 행위를 뜻하는 말이다. 이 단어를 신문, 잡지에서는 영화인, 카페 여급, 여성, 음악가, 무용가 등 유명 인사들을 열거하며 품평하는 글의 제목으로 종종 사용했다.[91] 즉 여성들을(혹은 가끔 남성들까지도) 독자들 앞에 일렬로 세워 놓고 한 명 한 명을 평가, 코멘트하는 일을 거침없이

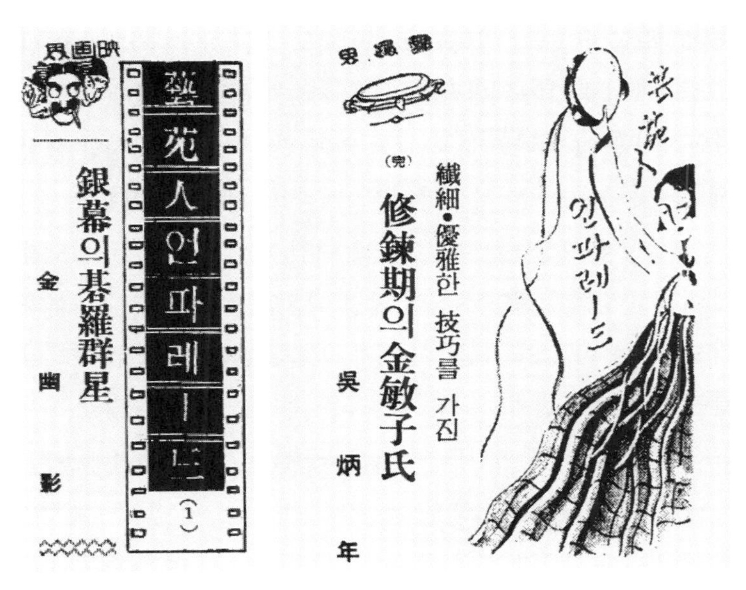

'언 파레드' 기사들
1920~30년대 언론에서는 여성, 영화인, 음악가 등 유명 인사들을 품평하는 기사의 제목으로 '언 파레드' 라는 말을 쓰기도 했다. 《동아일보》에서 1937년 7월 28일부터 9월 15일까지 연재했던 〈예원인藝苑人 「언파레-드」〉(왼쪽은 1937년 7월 28일, 오른쪽은 9월 15일).

행하던 것이 1920~30년대였다.

각 지역별 여성들의 미모에 대한 평가는 성급한 일반화나 선입견에 기초했을 가능성이 크지만, 대체로 서울(경성)과 평양 여성들 중에 가장 미인이 많다고 여긴 듯하다. 유의할 점은 서울 여성들이 아름답게 보인 이유가 얼굴이나 몸매에 대한 객관적 우위 때문이라기보다는 서울이라는 대도시 여성들의 세련된 옷차림이나 말투 등에 대한 선입견 때문일 가능성이 높다는 사실이다. 그래서 서울 여성들을 찬사한 표현에서도 얼굴, 몸매 자체가 아닌 그들에게서 풍기는 전반적인 분위기가 큰 몫을 차지한다. 오늘날에도 '서울 여자'라면 밑도 끝도 없이 판타지를 갖는 지방 출신 남성('촌놈')들이 얼마나 많은가? 그때라고 다르지 않았다.

한편 평양 여성들을 미인이라고 여긴 가장 큰 이유는 미모가 뛰어난 기생들이 평양 출신이 많던 때문인 듯하다. 뿐만 아니라 여러 남성들이 평양 여성들이 키가 크고 날씬하다고 언급하고 있는 것으로 보아 실제로 평양 여성들은 '몸짱'인 경우가 많았을 지도 모른다. 그 외에 함경도 여성들은 꾸미지 않은 천연미와 골격, 근육이 고르게 발달한 육체미를 가진 것으로, 황해도는 체격이 큰 편이면서 통통한 얼굴, 경상도는 키가 작고 허리도 짤막하고 검은 얼굴을 가져 미인은 아니지만 육감적인 매력이 있는 여성들이라고 생각했다.

몇몇 구체적 '지역 품평'들을 살펴보자. 먼저 사회주의 운동가이자 《동아일보》, 《조선중앙일보》에서 기자 생활을 한, 그리고 허정숙許貞淑(1908~1991)* 의 첫 남편이기도 한 임원근은 "실상 함경도나 평안도 혹은 경상도 방면의 여성을 대하다가 서울 여성을 대하면 거의 남성에서 여성으로 옮겨온 것 같은 느낌"이라며 지

* 북한 최고인민회의장을 지낸 허헌許憲의 장녀. 배화여고보를 졸업한 뒤 일본 간사이학원에서 유학. 항일여성운동단체였던 근우회의 서무부장으로 1929년 학생시위운동을 주도하기도 한 여성 사회주의 운동가였다. 임원근의 아내이기도 했으나 헤어졌으며, 중국 옌안延安의 항일운동 단체 조선독립동맹(연안파)의 부주석 최창익崔昌益과 결혼했다.

방 여성들에 비해 서울 여성들이 말솜씨, 몸맵시도 훨씬 세련되고 타고난 아름다움이 있다고 평가한다. 이러한 말을 하는 과정에서 자신이 개성 출신임을 밝히는데, 그렇다면 이런 평가에는 그가 지방 남성으로서 대도시 여성, 서울 여성에게 갖고 있는 판타지도 어느 정도는 작용한 것이 아닐까 싶다. 물론 그런 반면 서울 여성들이 눈물이 많고, 사치와 허영이 심한 면이 있다고 지적하기도 한다. 그럼에도 서울 여성들은 전반적으로 "침선과 요리며 대인 접객의 제반 범절은 결코 다른 지방 여성들의 추종을 허락하지 않습니다. 그리고 말솜씨가 곱고 깨끗한 데에다가 비단결같이 고운 그들의 마음씨"를 가졌기 때문에 자신의 총각 친구들에게는 서울 아가씨에게 장가들기를 권한다고 말한다.[92] 그의 아내였던 허정숙도 서울 여성이었다.

평양 출신인 김동인도 서울 여성들의 미모를 최고로 꼽았다. 자신의 고향인 평양에 미인이 많다는 속설이 있지만 자기가 보기엔 그렇지 않다고 한다. "다만 체격이 후리후리하게 잘 발육된 것과 서도西道 산수山水의 관계로 살결이 흰 것과 콧날이 서고 눈썹과 눈이 뚜렷하며 그 위에 수건을 쳐 놓으니까 윤곽이 뚜렷해서, 눈과 코가 올망졸망하게 붙은 남도 여인을 보던 사람들이 평양 여성을 미인이라고 하는 듯"하다고 말한다. 그러나 진짜 미인은 서울에 있다면서 "서울 여자의 얼굴은 생물학상으로 원숭이에 가깝지만 원숭이같이 코만 죽지 않으면 서울 여자들이 대개 미인"이라고 한다. 덧붙여 평양 기생을 미인이라고 하지만 "명기名妓라는 박춘심朴春心, 김옥란金玉蘭의 얼굴도 분 안 바르고 화장하기 전의 소안素顔(민낯)을 보면 누구나 환멸을 느낄 터"라고 말하기도 한다.[93]

반면 박형관朴亨寬은 평안도에 충청도, 전라도, 경상도, 함경도보다 미인이 많은 편이라면서, "이것은 용모나 체격으로 보아서 부정할 수 없는 사실"이라고 말한다. 다만 그들의 기질은 꼭 다른 지방 여성들보다 우수하다고 보기 어렵다고 평한다. 우수하지 않은 정도가 아니라 여성스럽지 못하고, 예절을 잘 모르며, 강포强暴하다고 폄하한다. 그 구체적 내용으로 성대가 높아서 말씨가 부드럽지 못하고, 다른 지방 여성들과 달리 치마를 제대로 갖춰 입지 않고 벗은 채로 다니는 일이 흔하며, 자녀들에게 욕이나 매질을 일삼는 모습들을 들고 있다. 반면 근검한 점, 활동적인 점, 강직한 성품은 장점으로 꼽는다. 그래서 "평안도 여자는 달콤한 가정에 정다운 아내로는 적당치 못할는지 모르지만, 일가一家를 지지하여 갈 주부로서는 조선 여성 중에 제일"이라는 이중적인 평가로 마무리 짓고 있다.[94]

그런가 하면 안석영은 함경도 여성은 튤립 같은 고아한 맛은 있지만 아기자기한 매력은 없고, 영남 여성은 모란과 같이 육감적이며, 평안도 여성은 해당화처럼 아담스럽고 섬세한 미를 가졌다고 평함으로써 각 지역별로 나름의 매력이 있다고 여겼다.[95]

또한 '한 기자'라고만 밝힌 익명의 기자는 〈내가 본 경상남도의 여자〉라는 글에서 경상남도 여성들이 "여자다운 보드랍고 옹용雍容한 특성이 없어 보이"고 "인물로 말하면 전체로 잘생기지

못한 편"이라며 혹평을 하기도 했다.[96]

5대 도시 미인 평판기

한편 《별건곤》 제19호에는 '풍류랑'이라는 필명의 기고가가 경성, 평양, 해주, 대구, 함흥의 미인들을 좀 더 종합적이고 자세하게 비교한 〈5대 도시 미인 평판기〉라는 글이 실려 있다.[97] 그는 서울 여자의 얼굴이 별로 곱지 않다는 어떤 '시골 사람'의 말에 동의한다면서도, "그러나 여자의 미라 하는 것은 다만 얼굴 한 가지만 보는 것은 아니다. 얼굴도 물론 고와야 미인이 될 것은 사실이지만은 그보다도 몸 전체의 미, 즉 육색肉色, 자세, 행동, 언어 등이 모두 미를 구비하여야만 미인이 될 것"이기 때문에, 그러한 점에서 서울 여성은 다른 지방 여성들과는 비교할 수도 없을 만한 미인, '월궁에서 내려온 선녀'라고 평한다.

평안도는 '조선의 색향色鄕'으로서 평안도 아무 지역에나 미인이 많다고 말한다. 그중에서도 평양은 도회지라서 미인들이 모여 있는데, 과거에 유명했던 기생들, 각 여학교의 말쑥말쑥한 여자들, 서울에 소위 세력 있는 가정의 첩들도 대개가 평양 출신이라고 한다. 평양에 미인이 많은 것은 그녀들이 본래 수단과 교제가 능하기도 하고, 요염한 자태와 행동으로 사람을 매혹시키는 것도 잘하기 때문이라 말하기도 한다. "가을 물에 씻어낸 배추 대 모양

五大都市美人評判記

風流郎

경기 여자(서울 미인)

평양 여자(평안도 미인)

해서 여자(해주 미인)

관북 여자(함흥 미인)

영남 여자(대구 미인)

으로 허여말쑥한 그 얼굴과 삼단같이 좋은 머리를 곱게 빗어 틀어 얹고 백색의 비단 수건을 멋있게 둘러 쓴 다음에 소복단장으로 능라도 수양버들처럼 날씬날씬한 허리를 흔들며 다니는 태도"를 보면 그 누구도 유혹되지 않을 수 없다는 것이다.

해주 미인은 비교적 큰 체격과 하얀 얼굴, 통통한 볼이 매력이라고 한다. 평양의 미인을 반쯤 핀 모란에 비한다면, 해주의 미인은 활짝 핀 연꽃과 같이 탐스럽다. 그래서 해주의 미인은 요염묘려妖艶妙麗하다기보다는 우아청한優雅淸閒하다고 보았다.

평양 미인의 얼굴이 오이씨 모양으로 희고 긴 반면에 대구 미인의 얼굴은 눈 속의 달과 같이 둥글고 약간 검은 빛이 있다고 한다. 또한 평양 미인이 키가 크고 허리가 버들처럼 날씬한데 비해 대구 미인은 키가 앙바틈하고 허리도 짤막하며 화장이나 의복도 평양 여성들보다 짙고 강한 색을 즐긴다. 대구 미인들이 좀 다정스럽지 못하고 불친절해 보이지만 속으로 은근하고 귀염성이 있다고 한다. 도저히 평양 미인으로서는 따르지 못할 것이라고 덧붙인다.

함흥의 미인은 "천연미가 풍부해서 복숭아꽃 같은 혈색과 사지의 골격과 근육이 고르게 발달한 육체의 미"가 다른 지방의 미인들과 비교가 안 될 정도로 훌륭하다고 고평한다. 또한 정조 관념이 강하고, 무뚝뚝하고 사교성이 적어 보이긴 해도 친해지다 보면 천연스럽고 귀염성이 있어서 점점 친하고 싶은 생각이 든다고 한다. 이러한 산발적인 평가들을 정리해보면 다음과 같다.

〈표 1〉 5대 도시 미인 품평

	서울 (경기도)	평양 (평안도)	함흥 (함경도)	해주 (황해도)	대구, 경남 (경상도)
임원근	지방 여성들보다 말솜씨, 몸맵시 세련, 타고난 아름다움				
김동인	생물학상 원숭이에 가깝지만 코만 낮지 않으면 대개 미인	체격이 후리후리하게 잘 발육, 살결이 희고 콧날이 서고 눈썹과 눈이 뚜렷			
박형관		용모, 체격으로 보아 타지역보다 미인이 많음			
안석영		해당화처럼 아담스럽고 섬세한 미	튤립같이 고아하나 아기자기한 매력은 없음		모란과 같이 육감적
한 기자					전체적으로 잘생기지 못한 편, 여성스럽지 못함
풍류랑	얼굴은 별로 곱지 않지만 몸 전체의 미 즉 육색, 자세, 행동, 언어 등이 아름다움	조선의 색향色鄕, 오이씨처럼 희고 긴 얼굴, 큰 키, 날씬한 허리	천연미가 풍부, 복숭아꽃 같은 혈색, 사지의 골격과 근육이 고르게 발달한 육체미	비교적 큰 체격과 얼굴이 하얗고 통통한 볼이 매력, 활짝 핀 연꽃과 같이 탐스러움, 우아청한	키가 앙바틈하고 허리도 짤막, 둥글고 약간 검은 빛 얼굴

실존 여성 인물 미모 평판기

심훈의 〈조선영화인朝鮮映畫人 언파레드〉

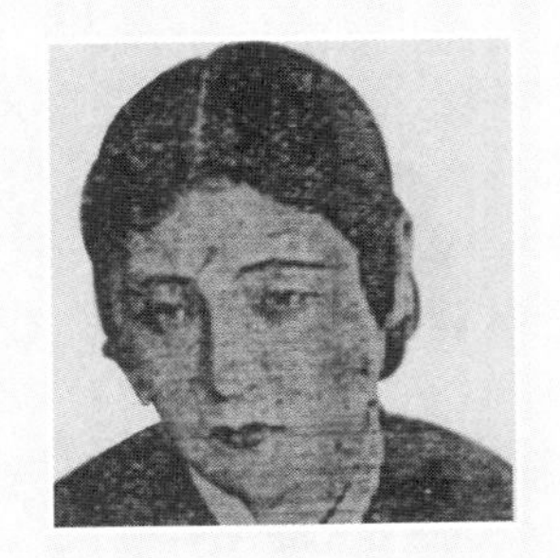

김연실

좀 더 본격적인 '여성 언 파레드'는 당대의 실존 인물들을 거론하며 평가한 글들에서 찾아볼 수 있다. 심훈이 쓴 〈조선영화인 언파레드〉는 총지휘자, 촬영감독, 시나리오 작가, 촬영기사, 남자 배우, 여자 배우 등 조선 영화계의 인사들에 대한 소개, 동정, 평가 등을 나열한 글인데, 여기에서도 여배우들에 대한 평가에는 출연한 작품이나 연기력, 근황 소개에 외모 품평이 곁들여지곤 했다. 남자 배우의 경우에는 강홍식姜弘植, 손효웅孫孝雄만, 그것도 매우 막연하게 "남성미의 권화權化인 듯한 당당한 체구", "6척 장신의 늠름"하다는 정도로만 외모를 언급한 반면, 여배우들의 경우에는 외모에 대한 한층 구체적인 평가가 들어 있다.

김연실金蓮實이 "곡선, 더구나 각선미가 없는 것은 모던걸로서 아까운 일"이라며 아쉬워하고, 이월화李月華는 한때 토월회의 명배우로 이름을 날렸으나 지금은 상해 어느 카페에서 댄서로 일하면서 "뚱뚱한 몸이 아주 절구통같이 팽대해졌다"고 말하며, 여배우 중 가장 미모를 자랑하고 팬도 많던 신일선申一仙은 "얼굴의 윤곽은 선명하나 밀 동자童子와 같이 무표정"이라고 평한다. 또한 김옥균을 다룬 사극 영화 〈개화당 이문異聞〉(1932)에 출연해 이름을 알린 배우 하소양河小楊은 "미끈한 지체肢體"를, 동덕여자고보를 중퇴한 '인텔리' 출신 여배우 조경희趙敬姬는 "애련한 얼굴"을 가졌다고 평가하고 있다.[98]

화가인 안석영은 아름다움에 관한 한 '전문가' 인 만큼 여배우들의 미모를 평할 때는 인색하고 엄격한 편이었다. 그래서 〈미인을 찾아, 서울의 어디 어디에 계신가〉를 통해 그는 "조선에는 아직 영화나 극계劇界에서 미인을 찾아내기 어렵"다며, 기껏해

이월화

신일선

하소양

조경희

문예봉

김소영

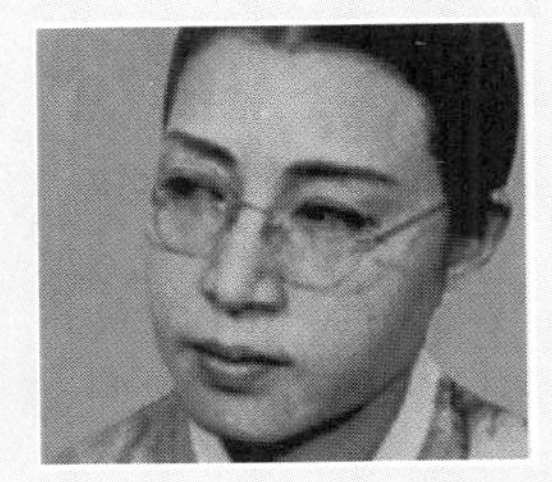

한은진

남궁선

야 문예봉文藝峯, 지경순池京順, 김소영金素英, 한은진韓銀珍, 남궁선南宮仙 정도가 있을 뿐이고, 이들 중에도 정말 아름다운 이는 아직 없다고 말한다. 여기에서 '정말 아름다운 이'는 "아무 나라 아무에게나 칭송을 받을 미인"을 지칭했다. 즉 동서양 아무데서나 미인으로 꼽힐 만한 미모를 가진 여성, 〈꿈꾸는 입술〉의 여주인공(엘리자베스 베르그너Elisabeth Bergner), 〈대지〉의 여주인공(루이제 라이너Luise Rainer) 정도의 여배우가 바로 '정말 아름다운 이'인데 조선에는 아직 없다는 것이다.

이어서 그는 남궁선이 무대 위에서 자신(의 개성)을 살릴 줄 아는 여성이고, 한은진은 희랍의 조각 같기는 하나 "몇 겹의 옷 사이를 새어 나올 향기가 적"다고 말한다. 김소영은 명쾌한 것을 좋아하지만 많이 움직이지 않을 때가 낫고, 문예봉은 나이를 좀 더 먹은 뒤에 〈남국의 애수〉의

엘리자베스 베르그너

루이제 라이너

여주인공 같은 역을 맡는 것이 어울리며, 지경순은 입과 눈이 매우 아름다우나 무대에서가 (실제보다) 더 예뻐 보이는 배우라고 평한다.[99]

그런가 하면 《동아일보》, 《조선일보》 기자 생활을 하고 토월회의 창립 멤버이기도 한 이서구李瑞求(1899~1981), '대모' 스타일의 여걸이던 입담 좋은 배우 복혜숙卜惠淑(1904~1982), 그리고 《삼천리》의 기자 백악선인白樂仙人이 모인 〈현대 '장안호걸' 찾는 좌담회〉에서는 '서울서 한다 하는 미인들은 누구누구일까?'에 대한 의견을 나누었다. 이 글에서 백악선인과 복혜숙은 이야기의 방향을 조절하거나 약간의 장단을 맞춰주는 정도로만 코멘트를 하고 여성들의 미모 평가는 주로 이서구가 내놓는다. 그래서 이 글은 문필가이자 연극인이었던 이서구의 미인관을 보여준다.

여기서 이서구는 독립운동을 한 의사 한위건韓偉健의 처이자 본인도 의사이던 이덕요李德耀를 '장안 일등미인'으로 꼽는다. 최서해를 문병하러 간 병원에서 우연히 보게 된 그녀에 대해 이서구는 "호박색琥珀色 윤이 흐르는 그 흰 살결, 불그레 타오르는 입술, 어디까지든지 정열적인 그 눈, 먹장 같은 머리, 어디로 보아도 참 절색이데. 양귀비와 클레오파트라와 디트리히를 한데 묶어서, 한데 삶아서 미운 점 다 골라 빼 버리고 새로 만든 듯하더구만. 희랍의 비너스 여신女神이야"라며 극찬을 아끼지 않는다. 그러자 백악선인이 윤백남尹白南도 이덕요를 최고 미인으로 꼽았다는 말을 덧붙인다.

또 그는 죽은 기생 송계월宋桂月도 "키 후리후리 크고 눈이 이글이글하고, 바로 명사십리 해당화 꽃같이 시원하고 와자자하게 생긴 묘령 여성"으로 얼굴뿐 아니라 "학두루미 다리같이 간듯한 두 다리의 각선미脚線美는 참으로 큰 예술품"이었다고 회고한다. 복혜숙은 이서구가 송계월을 이렇게 평가하자 그녀가 함경도 여자라서 "발과 손이 멋없이 커서 흠"이긴 하지만, 자신이 보기에도 매력적이었다며 동의한다.

사회주의 여성 중에는 사회주의 운동가 양명梁明의 처인 조원숙趙元淑이 미인이었는데 조금 육감적이어서 '노블'한 맛은 없었다고 하고, 강아그니아(강정희姜貞熙)가 "우유와 계란으로 만든 듯이 얼굴이고 팔과 다리가 그냥 투명체로 보일 듯이 윤택"하고 "육체미"가 있었다고 한다. 강아그니아는 "러시아에서 태어나고 자라서인지 양풍洋風"의 느낌도 있었던 모양이다. 그 외 사회주의 운동가이던 정칠성丁七星, 허정숙, 심은숙沈恩淑, 황신덕黃信德은 미인은 아니었고, 부분적으로만 예쁜, 미인 '될 뻔한' 정도였다고 평가한다.

또한 근우회 초기 멤버들, 동경 유학생들 속에도 미인이 많았다고 평한다. 그래서 독립협회를 조직하고 신간회의 초대 회장을 역임한 이상재李商在(1850~1927)의 사회장에 모였던 수만 군중 가운데 얼굴 예쁜 여성은 모두 근우회 패들이었다는 말까지 나온다. 그러나 모두 '화무십일홍花無十日紅'으로 나이를 먹으면서 미모가 사라졌다고 아쉬워한다. 초기 동경 유학생 여성인 허영숙許英肅, 나혜석羅

허정숙

황신덕(왼쪽), 유영준(오른쪽)

허영숙

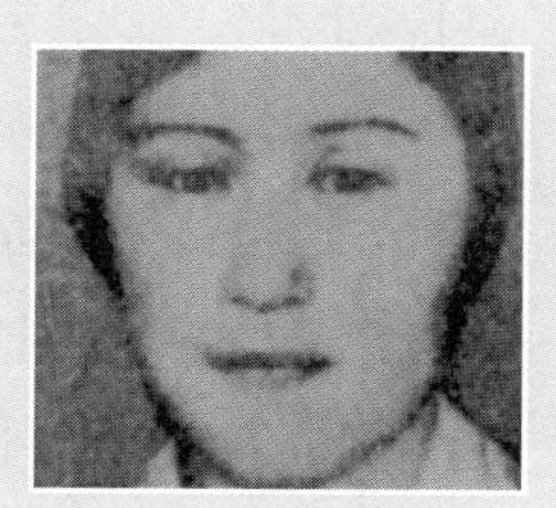

김명순

惠錫, 김명순金明淳, 유영준劉英俊에 대해서는 솔직히 "그들 가운데 양귀비 사촌도 없었"지만 당시로서는 "스타일이 참신하니까, 좋은 의미로 '모던걸' 이라 하여" 실제 미모보다 높게 평가되었다고 냉정하게 말한다. 그러자 복혜숙이 개중 그나마 나은 이는 김명순 정도였다고 덧붙인다.

미국 유학생 중에는 박인덕朴仁德이 지금은 늙었지만 십 년만 더 젊어지게 한다면 장안의 미인 노릇할 것이라고 이서구와 복혜숙이 입을 모아 호평하고, 김활란金活蘭은 키가 작고 이마가 좁아서 미인은 아니라 말한다. 여기에 이서구는 "키 작은 보충을 가슴으로 하려는지 가슴을 쑥 내밀고 다니데"라는 '성희롱적' 발언도 덧붙인다.

그 외에도, '레코드계' 의 미인으로는 나선교羅仙嬌, 전옥全玉, 최향화崔香花, 선우일선鮮于一扇을 꼽고, 여배우로는 문예봉을 꼽는다. 기생 중

나혜석

박인덕

김활란

전옥

에는 윤곽이 뚜렷한 서도 미인 김산호주金珊瑚珠, 키가 너무 크긴 해도 학두루미 같은 신선미 있는 박옥화朴玉花, 얼굴 전체가 구수하게 좋은 김금도金錦桃, 그리고 이화선李花仙, 신명주申明珠, 방월선方月仙, 유금도柳錦桃, 최옥희崔玉嬉, 송연화宋蓮花를 거론한다.[100]

그런데 심훈이나 안석영, 이서구처럼 본인의 이름을 내걸고 쓰는 글에서는 당대의 여성 유명 인사들에 대해 말할 수 있는 범위에 분명 한계가 있었을 것이다. 교류하는 사회가 협소한 만큼 서로 마주칠 가능성도 있는데 이러한 글 때문에 척을 지는 것도 부담스러울 수 있고, 본인들의 '인격'을 위해서도 지나치게 선정적인 표현이나 노골적인 비난은 자제한 듯하다.

그러나 입담 좋고, 파란만장한 인생 역정 탓에 이제는 세상에 무서울 것 없어진 여배우 복혜숙은 다른 대담 자리에서 훨씬 강도 높은 품평을 내놓기도 했다. 〈장안 신사숙녀 스타일 만평〉에서는 복혜숙과 '복면객'(필명)이 《동아일보》, 《조선일보》, 《중앙일보》, 《매일신보》, 화신(화신백화점), 동양극장의 각 구성원들과 남녀 가수들, 은행 회사 중역들의 얼굴, 몸매, 패션, 스타일을 품평하고 있다. 이 글은 품평자가 여성인지라 여성보다는 남성 유명 인사들에 대한 스타일 평가가 주를 이룬다. 하지만 각 단체에 속해 있던 여성 구성원들에 대해서도 한두 마디씩 코멘트를 하고 있다.

먼저 《동아일보》 여기자들에 대해서는, 황신덕은 양장을 입지 않는 편이 낫고, 반면 김자혜金慈惠는 "차라리 날씬한 몸에 유선형 소질이 있은즉 아무쪼록 양장할 일"이라고 권한다. 그리고 최의순

崔義順은 "원체 바탕이 미인인데다가 걸음걸이 곱고 뒷맵시 고와서 양장도 어울리고 검정치마 흰 저고리 받쳐 입으면 여학생 풍으로도 어울리고 머리 쪽찌고 긴 치마 발뒤꿈치에 질질 흘리며 노랑 가죽신 받쳐 신은 고전적 아씨 되어도 어울리고, 아마 역대 부인 기자 중 넘버원"이라고 높게 평가한다.

《조선일보》 기자인 최정희崔貞熙는 지금은 나이가 들어 보이지만 몇 해 전만 해도 드물게 보는 미인에 스타일도 좋다며 칭찬한다. 한편 《중앙일보》 기자인 김말봉金末峰은 최근 몸이 비대해져서 '중년 부인'이 되었고, 박화성朴花城도 늙고 몸이 비대해 보이게 변했다며 혹평한다.

여배우 중에서는 "지경순池京順이나 차홍녀車紅女나 김선초金仙草나 모두 미인들인데다가 여학교에서 체조 교육까지 받고 나온 모던걸이니만치 곡선미도 있고 각선미도 있고, 한다 하는 파리나 런던에 갖다 세워도 일류"일 것이라고 말하고, 노재신盧載信은 얼굴선이 분명하고 눈이 크고 포즈로는 80점이라고 평가했다.

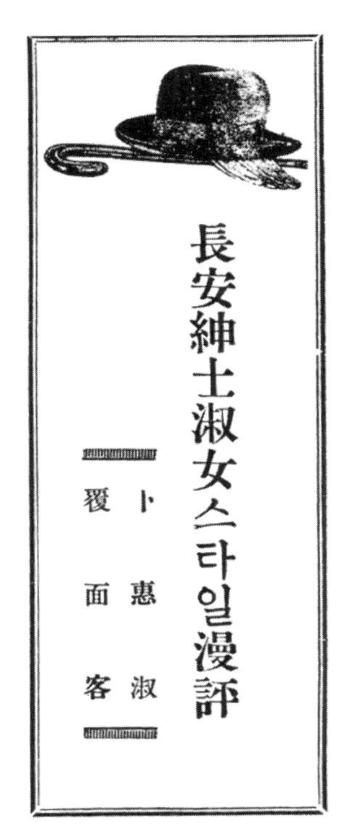

〈장안 신사숙녀 스타일 만평〉
복혜숙과 '복면객'(필명)이 언론사 기자, 가수, 배우 등의 얼굴, 몸매, 패션, 스타일을 풍평한 글. 《삼천리》 1937년 1월호.

가수 중에서 왕수복王壽福은 목이 짧고 몸이

아래 위를 잘라낸 듯 '바틈바틈' 하게 생겼고, 선우일선은 날씬하고 가늘어서 강남 제비처럼 청신하고, 김복희金福姬는 얼굴이 미인은 아니지만 "후리후리한 키와 균제된 육체의 포즈가 좋"다고 평했다.

그 외에 윤성상尹聖相은 양장을 하면 가는 허리와 긴 다리의 각선미가 뛰어남에도 늘 조선 옷만 입는 걸 보면 자기 몸을 잘 모르는 듯하다며 한탄하고, 유각경兪珏卿은 키가 작은 데다 큰 핸드백을 땅에 끌 듯 메고 다녀서 '숙녀의 도'를 모르며, 정칠성은 눈에 영채가 돌고 말씨 곱고 키도 커서 동양 고전적 미인이나 걸음걸이가 안 좋다고 평한다.[101]

좀 더 수위가 높은 미모 품평은 아예 본인의 이름을 감춘 채 발표되었다. 〈각계명남명녀, 뒤로 본 인물학〉에서는 '관상자觀相者'라는 필명의 인물이 남녀의 몸에 대해 뒷모습을 중심으로 '인물학'을 펼친다. 그중 여

최정희

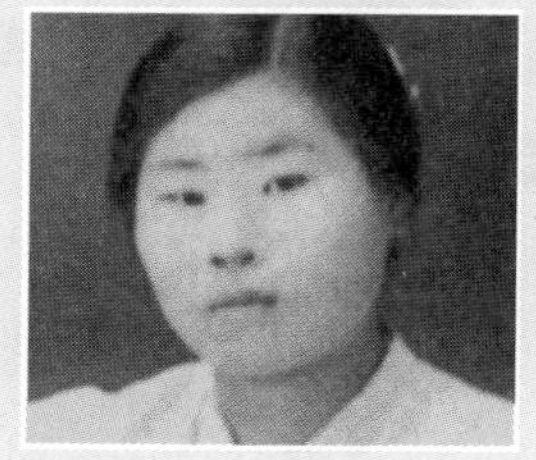
박화성

차홍녀

김선초

노재신

왕수복

김복희

유각경

성편에서는 주로 지식인으로 당대에 종교 활동이나 사회주의 운동, 기자 생활을 하고 있던 여성들의 미모를 평가한다. 그 글에 따르면, 여성운동가이자 종교인으로, 근우회를 조직하고 조선 YWCA 창설의 기초를 다진 유각경은 키가 작아서 얼굴은 나이 들어 보이지만 뒷모습은 15~6세 여학생처럼 보인다고 한다. 미국 보스턴 대학으로 유학까지 다녀오고, 훗날 이화여자대학교 이사장과 총장을 역임한 지식인 신여성 김활란은 "앙바틈한 키라든지, 토실토실한 몸집, 발달한 XX 등의 뒷모양은 누가 보든지 실례의 말씀이지만 담뿍 끌어안고 싶을 만큼 호감"을 준다. 김찬성의 처인 강정임姜貞妊은 "하체를 너무 흔들고 다니는 까닭에 그의 동무들이 별명 짓기를 오리궁뎅이"라고 했다 한다. 사회주의 여성운동가이던 정칠성은 호리호리한 키에 걸어 다니는 살아 있는 연꽃[步步生蓮]이라

할 만큼 아름다운 '중국식 미인'이라 평한다. 《조선일보》, 《조선중앙일보》에서 기자 생활을 한 윤성상은 "후리후리한 키, 품염한 체격, 수죽한 각선미 등등 모든 점이 조선 여기자계에서 만일 미인 투표를 한다면 당연 우수한 점수를 들어둘 분"이고, 《동아일보》 기자이던 최의순은 키가 작으면서도 아담한 모습이 "마치 7~8월의 살찐 씨암탉 같다"고 한다. 사회주의 운동을 한 여성들에 대한 미모 품평도 이어지는데, 강정희(강아그니아)는 "몸집이 퉁퉁"하고, 사회주의 운동가로 1927년 항일여성운동 단체인 근우회를 조직하고 간호부, 조산부 일을 하기도 한 정종명鄭鍾鳴은 "양곰보지만 뒷모양은 남에게 지지 않게 얌전"하다고 평가하고 있다.[102]

한편 1920~30년대 잡지에는 유명 인사들의 사생활을 폭로하는 〈은파리〉(《개벽》), 〈색상자〉(《신여성》)와 같은 코너들도 유행했다. '가의사假醫師'라는 필명의 인사가 《별건곤》 52~53호에 걸쳐 연재한 〈경성 명인물 신체대검사, 남녀신변비밀폭로〉라는 글에서는 남녀 유명 인물들의 신체적인 비밀, 결함, 장점이 별난 수준으로 폭로되기도 했다. 이 연재글의 1회에서는 주로 남성 인물들의 신체상의 비밀, 예를 들면 시인 한용운은 목과 다리에 상처가 많고 목이 왼쪽으로 비뚤어져 있으며, 이광수가 머리를 기르는 것이 '하이칼라'가 되려고 하는 것이 아니라 정수리에 구멍이 있어서이고 오른손 엄지와 식지의 손톱이 반밖에 없다는 것 등을 폭로하고 있다. 1회에서 언급된 여성은 두 명뿐인데, 덕성여대 창

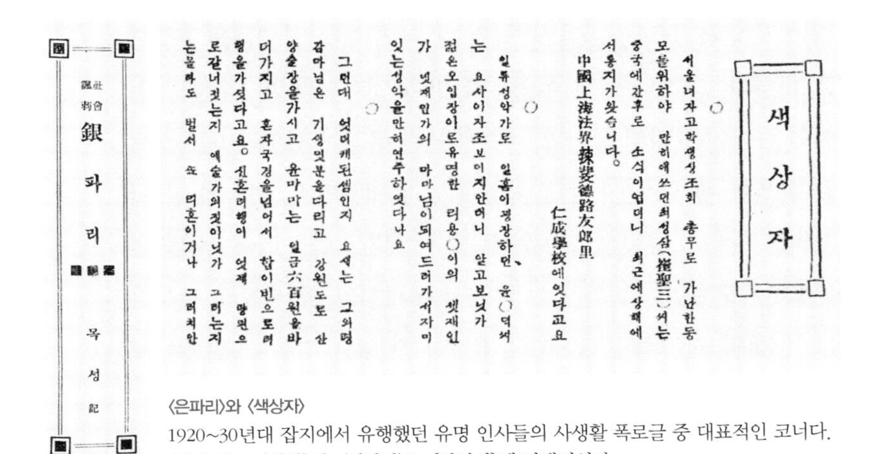
社會諷刺
銀파리
목성 記

색상자

○ 서울녀자고학생상조회 총무로 가난한동모를위하야 만히애쓰면최성삼(崔聖三)씨는 중국에간후로 소식이업더니 최근에상해에서통지가왓슴니다。中國上海法界辣斐德路友郞里 仁成學校에잇다고요

○ 일류성악가로 일홈이쟁쟁하면、윤○덕씨는 요사이자조보이지안터니 알고보닛가 젊은오입장이로유명한 리용○이의 셋재인가 넷재인가의 마마님이되여드러가서자미잇는성악을만히연주하엿다나요

○ 그런대 엇더케된셈인지 요새는 그외명감마님은 기생엇분을다리고 강원도로 산양술장을가시고 윤마마는 일금六百원을바더가지고 혼자국경을넘어서 합이빈으로려행을가셧다고요。신혼려행이 엇재 망명으로갈녀것는지 예술가의것이닛가 그러는지 는몰라도 벌서 또 리혼이거나 그려치안

〈은파리〉와 〈색상자〉
1920~30년대 잡지에서 유행했던 유명 인사들의 사생활 폭로글 중 대표적인 코너다. 〈은파리〉는 《개벽》에, 〈색상자〉는 《신여성》에 연재되었다.

립자인 김미리사(차미리사)가 귀가 잘 안 들리고 남편을 위해 단지斷指를 한 적이 있어서 오른손 무명지를 항상 감춘다는 것과 정종명이 자신의 주변 사람들에게 자랑하기를, 자신이 얼굴 피부는 "고석매*같이 요렇게 빡빡 얽었어도 속살은 빙어氷魚보다 더 희고 깨끗하다"고 했다는 사실을 알려주고 있다.[103]

반면 2회에서는 "주로 남자의 신체검사만 하려 했더니 여자 측에서 남녀 차별을 한다고 하도 불평을 부르짖고 나로 보더라도 땀내 술내가 흑흑 나는 남자의 신체검사만 하는 것보다는 향내가 물씬물씬 나고 육체미도 아리따운 여자의 신체도 겸하여 (검사)

* 화산의 용암이 갑자기 식어서 생긴, 구멍이 많고 가벼운 돌로 만든 맷돌.

하는 것이 더 좋고 재미가 있을 것 같"다며 여성 인사들을 중심으로 다룬다. 그러나 어떤 여성은 유방이 넷이더라, 또 다른 어떤 여인은 아이를 많이 낳아 뱃가죽에 물결 무늬가 있더라라는 식으로 은밀한 신체상의 비밀들을 폭로했기 때문인지, 이름의 한 글자씩은 지우고 공란으로 비워 두거나 가명을 씀으로써 '후환'을 예방하기도 했다. 그래서 이 글에서 폭로하고 있는 몸의 당사자는, 당대의 사람들이라면 대략 짐작할 수 있는 경우도 있었을 테지만 지금은 정확히 누구인지 알 수 없는 경우도 많다.

여성들의 신체 비밀 폭로는 대체로 그들의 사생활이나 외모의 미추와 관련된 것들이 많았다. 이를테면 '최O희'의 오른편 어깨 위에 있는 검은 점은 아버지를 여럿 둔 그녀가 친부를 찾는 중요한 증거가 되었다는 것, '허O숙'의 양 미간에 있는 상처가 전남편과 결별할 당시 "최후 담판을 할 때에 서로 권투 시합을 하다가" 남편의 주먹에 맞아 생긴 상처라는 것, '황복실'(가명)은 왼쪽 젖꼭지 위에 검은 점과 털이 달려 있다는 것, '송정규'(가명)는 얼굴은 박색이지만 속살은 비단결같이 고우며 혼기를 놓친 노처녀라서 유방의 발육이 나이에 비해 불충분하다는 것, '전수영'(가명)은 키가 후리후리하고 체격이 좋지만 척추가 휜 탓에 등이 굽고 따라서 흉부의 발육이 양호하지 못하다는 등이 그것이다.[104]

그러나 당시 남성 지식인들이 이처럼 다소 '폭력적'인 방식으로 여성의 몸이 어떠하다거나, 어떠해야 한다고 말했다고 해서 그들을 '남성우월주의자'라고 단정짓는 태도는 곤란하다. 물론 그 과정에서 여성들의 사생활을 폭로하거나 비판적인 목소리로 여성들의 연애사, 결혼사에 대해 언급한 점은 별도로 신중하게 논의해야 할 문제다(이 부분에 대해서는 이 책의 3부에서 다시 상세히 살펴볼 것이다). 그러나 여성인 복혜숙도 당대 유명 인사들의 외모, 몸매, 스타일을 품평한 것에서 확인할 수 있듯, 1920~30년대가 남녀 모두 다른 사람들의 몸의 아름다움과 추함을 평가하러 나선 시대였던 것만은 분명하다. 왜, 어떻게 그러했을까?

문명화 정도를 진단할 수 있는 여성의 몸

그 시대의 어여쁜 여자를 보아 그 시대의 문명의 형편을 짐작할 수가 있다 합니다 …… 어여쁜 여자란 그가 몸에 감은 옷에서나 몸짓 눈짓에서나 또는 그의 얼굴이며 온몸의 피부와 골격에서나 그 때의 여러 가지 형편이며 조화하는 바를 그대로 가지고 있는 까닭이외다. 여자란 귀한 것이외다. 그 시대의 문명을 누구보다도 온전히 가지고 있는 그 점에서 별로 귀한 것이외다. 그러므로 오늘 우리가 어떠한 옛날의 문명을 알고자 하면 사진으로나 혹은 그림으로 나타난 그 때의 미인을 보면 그만이외다. _한기자, 〈현대문명이 요구하는 미인〉, 《부인》 1922년 11월호

위의 대목을 참조하면 앞서 등장한 여성의 외모 관련 '폭언'을 조금은 이해할 수 있다. '시대의 문명의 형편'을 '그 시대의 어여쁜

여자' 를 통해 짐작할 수 있다고 믿었고, 그렇기 때문에 현재의 문명화 정도는 현재의 미인을 통해 진단할 수 있다고 생각한 것이다.

문명화는 개항 후 오랜 시간 지속된 조선의 열망이었다. 당시 조선은 사회, 정치, 교육, 제도, 풍속, 예술 등 어느 하나 열등감을 갖지 않은 분야가 없었고, 어느 하나 '개조' 가 필요 하지 않은 분야가 없었다. 그래서 근대의 조선 지식인들은 문명 국가, 문명 인종이 되기 위해 끊임없이 내부의 문제점들을 찾아내고, 외부 세계의 우월한 점들을 모방하려 노력해왔다. 그들이 모방하려 애썼던 외부 세계의 우월한 것들 가운데 오리엔탈리즘과 함께 흘러 들어온 '인종주의' 는 인간의 몸에 대한 관심을 강조했다. 아름다운 여성의 몸에 대한 당시 지식인들의 집착은 바로 이러한 맥락에서 이해 가능하다. 아름다운 여성은 우리가 성취해야 할 문명화의 한 부분으로 간주되었던 것이다.

> **우리 조선 사람들은 일반적으로 지식이 충분히 보급되지 못함을 따라서 미에 대한 상식이 그만큼 박약하고, 또 체육이 충분히 보급되지 못함을 따라서 육체미라고는, 도무지 보잘 것이 없다.** 더욱이 일반 여자들의 미에 대한 상식, 육체미에 이르러서는 남자들의 그것에 비하야, 훨씬 저열한 것이 사실이다 …… 부자연스러운 인공적 외식外飾으로 그 본질의 추악을 덮으려 하지 말고, 그에다 소비하는 정력과 시간을 다른 방면에다 이용하여 그 실질적 미를 돕는, 체육에 유의하고 운동에 열심하라. 외식에다 소비하는 정력으로 보다 자양이 많은 음식을

먹고 보다 위생적인 의복을 입으라. 더욱 정신방면의 수양에 힘써서 근본질을 개량하는 근본적 수단에 돌아가라. 그리하여 보다 훌륭한 체격, 보다 윤택한 육질, 보다 아름다운 자태를, 만들기에 힘쓰라. _배성룡裵成龍, 〈젊은 여성女性의 육체미肉體美·실질미實質美; 생활개선生活改善의 중요重要한 한가지 나는 이렇게 권고勸告하고 싶다〉, 《신여성》 1925년 2월호

여성, 남성의 시선으로 자신의 몸을 응시하다

이것은 1920년대에 유난히 강했던 예술가, 문학가 등 지식인들의 '미美' 추구 풍조와도 관련되어 있다. 1920년대에는 1919년 《창조》 창간을 계기로 김동인, 전영택, 주요한, 김환, 현진건, 이익상 등 일본 유학생 출신 문화예술가들이 등장하기 시작했다. 그에 따라 이른바 예술지상주의, 유미주의적 경향이 문화계에 확산되고 있었다. 예술, 미美의 추구를 지상 과제로 삼는 1920년대의 문예사조는 사회개조론과 결합하여 "개조의 정신의 토대로서 미를 파악"하고, 그러한 "미의 담지자로서 예술의 가치에 주목"했다.[105] 그래서 위의 글에서와 같이 '미의 상식'이 '지식'과 같은 위치에 놓이게 된 것이다.

1920년대의 남성 유명 인사들은 몸을 '건강'보다는 '미美' 쪽에 좀 더 중점을 두고 생각했다. 미인에 대한 선호와 관심의 증폭은 이 같은 인식의 자연스러운 반영이었다. '미美'의 근대적 표준

을 따름으로써 여성의 몸이 하나의 '예술품'으로서 그리고 하나의 근대적인 '미학'의 실천 과제로서 대두되기 시작한 것이다.

이러한 변화는 아름다움을 인간의 몸을 평가하는 중요한 근거로 삼게 만들었다. 나아가 이 아름다움을 판단할 수 있는 예술적 안목을 가져야만 '근대인'이라는 사고방식까지 낳았다. 그들은 몸이 하나의 예술품이어야 한다고 생각했다. 나아가 그런 만큼 '아름다운 몸'의 기준을 최대한 자세하게 말할 수 있어야 한다고 여겼다. 자신의 미적 취향, 예술적 심미안을 과시하기 위해서였다.

이와 같은 사회적 분위기 속에서 여성들은 자신의 몸을 어떻게 바라보고 관리해야 했을까? 외모 꾸미기 영역에서 미의 기준을 만들고, 그것을 즐기며 판정을 내리는 자는 일차적으로 남성이다.[106] 따라서 여성들은 일상적으로 자신의 몸을 '대상'으로 전환하여 바라본다. 오늘날의 여성들도 그러하듯, 어릴 때부터 여성들은 사회 문화 속에서 자기 자신을 남성의 시선으로 응시하는 법을 배우고, 그것이 '정답'이라고 세뇌당해왔기 때문이다.[107] 그 사회적 기준에 자신의 몸을 맞추지 않는 여성은 '루저'가 된다. 그것이 여성들이 대부분 계급과 가문에 따라 자신의 장래가 결정되던 전통 시대와 근대의 차이점이다. 여성들은 지식인이 되기 위해, 예술가가 되기 위해, 직업부인이 되기 위해, 훌륭한 남편감을 만나기 위해 '미인'이 되어야 했다. 그것은 생존의 문제였다. 그렇게 여성들은 'S라인'이 미인이라고 말하는 남성들의 시선에 맞는 몸이 되기 위해, 자신의 몸을 가꾸기 시작했다.

〈표 2〉 당대 여성 유명 인사들에 대한 품평

이름(가나다순)	직업 및 신분	미모
강정임姜貞妊	김찬성의 처	하체를 너무 흔듦, 오리궁뎅이(관상자)
강정희姜貞熙(강아그니아)	사회주의 운동가, 러시아 출생	몸집 퉁퉁(관상자), 얼굴, 팔 다리가 투명하고 윤택, 육체미, 양풍(이서구)
김금도金錦桃	기생	얼굴 전체가 구수하게 좋음(이서구)
김말봉金末峰(1901~1962)	소설가, 《조선일보》 기자	최근 몸이 비대, 중년부인(복혜숙)
김명순金明淳	동경유학파, 문인, 배우	양귀비 사촌도 아니었으나, 스타일 참신, 모던걸로 고평(이서구). 동경 유학생 출신 중 가장 미모가 나음(복혜숙)
김복희金福姬	가수	얼굴은 미인은 아니지만 후리후리한 키, 균제된 육체의 포즈(복혜숙)
김산호주金珊瑚珠	서도 기생	윤곽 뚜렷한 서도 미인 기생(이서구)
김선초金仙草	배우	미인, 체조 교육 받은 모던걸이라 곡선미, 각선미(복혜숙)
김소영金素英	배우	명쾌한 것을 좋아하지만 많이 움직이지 않을 때가 나음(안석영)
김연실金蓮實	배우	곡선, 더구나 각선미가 없는 것은 모던걸로서 아까운 일(심훈)
김옥란金玉蘭	평양 출신 기생	민낯 환멸(김동인)
김자혜金慈惠	《동아일보》 기자	날씬한 몸, 유선형 소질, 양장이 어울림(복혜숙)
김활란金活蘭(1899~1970)	미국 보스턴 대학 유학, 훗날 이화여자대학교 이사장 및 총장 역임	작은 키, 토실토실 몸집, 발달된 가슴(관상자), 키 작고 이마 좁아 미인은 아님. 키 작은 것을 가슴으로 보충(이서구)
나선교羅仙嬌	가수	레코드계 미인(이서구)
나혜석羅蕙錫(1896~1949)	동경유학생 출신, 서양화가, 소설가	양귀비 사촌도 아니었으나 스타일 참신, 모던걸로 고평(이서구)
남궁선南宮仙	배우	무대 위에서 자신(의 개성)을 살릴 줄 아는 여성(안석영)

이름(가나다순)	직업 및 신분	미모
노재신盧載信	배우	얼굴선 분명, 눈 큼(복혜숙)
문예봉文藝峰 (1917~1999)	배우, 〈임자 없는 나룻배〉로 데뷔, 남편은 극작가 임선규	나이를 좀 더 먹은 뒤에 〈남국의 애수〉의 여주인공 역이 어울림(안석영), 여배우 미인(이서구)
박옥화朴玉花	기생	키 너무 크지만 학두루미 같은 신선미(이서구)
박인덕朴仁德 (1896~1980)	미국 웨슬리안 대학교 학사, 콜롬비아 대학교 석사, 인덕대학 설립자	지금은 늙었지만 과거에는 미인(이서구)
박춘심朴春心	평양 출신 기생	민낯 환멸(김동인)
박화성朴花城 (1904~1988)	본명 박경순, 소설가, 《조선일보》 기자	늙고 몸이 비대(복혜숙) 윤곽 뚜렷한 서도 미인 기생(이서구)
선우일선鮮于一扇 (1919~ 1990)	평양기생학교 출신 가수	날씬, 가늘, 강남제비처럼 청신(복혜숙), 레코드계 미인(이서구)
송계월宋桂月	기생	키 후리후리, 눈이 이글이글, 시원하고 와자자한 여성, 긴 각선미(이서구)
송연화宋蓮花	기생	미인 기생(이서구)
송정규(가명)		박색 얼굴, 속살은 비단결, 혼기 놓친 노처녀라 유방 발육이 불충분(가의사)
신명주申明珠	기생	미인 기생(이서구)
신일선申一仙 (1912~1990)	배우	얼굴은 흠잡을 것이 없다 할지라도 키가 작아서 안타까움(김동인), 얼굴의 윤곽은 선명하나 밀 동자童子와 같이 무표정(심훈)
심은숙沈恩淑	사회주의 운동가	미인은 아니고 부분 미인(이서구)
왕수복王壽福 (1917~2003)	기생 출신 가수, 이효석 및 김광진의 연인	목 짧고 몸이 아래 위 잘라낸 듯 바틈바틈(복혜숙)
유각경俞珏卿 (1892~1966)	여성운동가, 종교인으로 근우회를 조직하고, 조선 YWCA 창설 기초를 다짐	키 작음, 나이 들어 보이는 얼굴, 뒷모습은 어려보임(관상자), 키 작은 데다 큰 핸드백, 숙녀의 도를 모름(복혜숙)

이름(가나다순)	직업 및 신분	미모
유금도柳錦桃	기생	미인 기생(이서구)
유영준劉英俊 (1890~?)	동경유학생 출신, 사회주의 운동가, 근우회 조직	양귀비 사촌도 아니었으나 스타일 참신, 모던걸로 고평(이서구)
윤성상尹聖相	《조선일보》, 《조선중앙일보》 기자	가는 허리, 긴 다리의 각선미, 양장을 하면 좋을텐데 조선옷만 입는 게 아쉬움(복혜숙), 후리후리한 키, 품염한 체격, 수죽한 각선미(관상자)
이덕요李德耀	동경유학생 출신 의사, 한위건의 처	장안 일등미인, 흰 살결, 붉은 입술, 정열적인 눈, 검은 머리, 비너스 여신(이서구)
이월화李月華	배우, 상해에서 카페 댄서	한때는 토월회 배우로 유명, 상해에서 카페 댄서로 있으면서 뚱뚱한 몸이 아주 절구통같이 팽대해짐(심훈)
이화선李花仙	기생	미인 기생(이서구)
전수영(가명)	미상	키 크고 체격 좋지만 척추가 휜 탓에 등이 굽고 흉부 발육이 양호하지 못함(가의사)
전옥全玉 (1911~1969)	본명 전덕례, 배우 겸 가수	레코드계 미인(이서구)
정종명鄭鍾鳴 (1896~?)	사회주의 운동가, 항일여성운동 단체인 근우회를 조직, 간호부, 조산부 일을 하기도 함	양곰보, 뒷모습은 얌전(관상자), 피부는 얽음. 속살은 희고 깨끗(가의사)
정칠성丁七星 (1897~1958)	사회주의 운동가	미인은 아니고 부분 미인(이서구), 눈에 영채가 돌고 말씨 곱고 키도 커서 동양 고전적 미인. 걸음걸이는 안 좋음(복혜숙), 호리호리한 키, 아름다운 중국식 미인(관상자)
조경희趙敬姬		애련한 얼굴(심훈)
조원숙趙元淑	사회주의 운동가, 양명梁明의 처	미인이지만 육감적이어서 노블한 맛은 없음(이서구)

이름(가나다순)	직업 및 신분	미모
지경순池京順	배우	미인, 체조 교육 받은 모던걸이라 곡선미, 각선미(복혜숙), 입과 눈이 매우 아름다우나 무대에서가 실제보다 더 예뻐 보이는 배우(안석영)
차미리사車美理士 (김미리사, 1879~1955)	한국의 여성 교육가이자 독립운동가로 근화여학교(현 덕성여대) 설립자	귀가 잘 안들림, 무명지 없음(가의사)
차홍녀車紅女	배우	미인, 체조 교육 받은 모던걸이라 곡선미, 각선미(복혜숙)
최의순崔義順	《동아일보》 기자	미인인데다 걸음걸이 곱고 뒷맵시 고와서 양장 한복 다 잘 어울림 역대 부인기자 중 넘버원(복혜숙), 키 작음, 아담, 살찐 씨암탉(관상자)
최옥희崔玉嬉	기생	미인 기생(이서구)
최정희崔貞熙 (1912~1990)	《조선일보》 기자, 소설가	오른편 어깨에 검은 점(가의사), 지금은 나이 들어 보이지만 예전엔 미인에 스타일도 좋았음(복혜숙)
최향화崔香花	가수	레코드계 미인(이서구)
하소양河小楊	배우	미끈한 지체肢體(심훈)
한은진韓銀珍	배우	희랍의 조각 같기는 하나 몇 겹의 옷 사이를 새어 나올 향기가 적음(안석영)
허정숙許貞淑	사회주의 운동가	양미간에 전남편과의 싸움의 상처(가의사), 미인은 아니고 부분 미인(이서구)
허영숙許英肅	동경유학생 출신, 의사	양귀비 사촌도 아니었으나 스타일 참신, 모던걸로 고평(이서구)
황복실(가명)	미상	왼쪽 젖꼭지 위에 검은 점과 털(이서구)
황신덕黃信德	《동아일보》 기자, 사회주의 운동가	양장 하지 말 것(복혜숙), 미인은 아니고 부분 미인(이서구)

2
예쁜 여자 되기

1장
'예쁜 여자 만들기' Before

근대, 몸이 중요해지다

지금까지 살펴본 바와 같이 여성의 'S라인' 몸매에 대한 관심은 대략 1920년대 중반부터 생겨났고, 그로 인해 여성들이 몸을 가꾸는 방법에 대한 글들도 등장했다. 그런데 사실 몸 자체에 대한 관심은 이미 1900년대 즈음부터 시작되었다. 다만 1900~10년대까지는 여성의 몸에 대한 별도의 관심보다는 인간의 육체 전반에 대한 연구와 관련 학설을 소개하는 글들이 많았다는 차이점이 있다.

1900년경부터 '몸'은 유교적 이데올로기를 실천하기 위한 '수단'이라는 의미에서 벗어나기 시작했다.[108] 효를 위해 머리카락 한 올도 함부로 잘라선 안 된다던 유교의 '전신全身'* 개념은 1895년 단발령 공포 이후 '위생'과 '편리'라는 명분 앞에 스러졌고,[109]

단발령
1895년 12월 김홍집 내각의 단발령 공포 이후 신체는 부모에게서 물려받은 것이므로 손상시켜서는 안 된다던 유교의 '전신全身' 이데올로기는 서서히 무너진다.

절개를 위해 평생 한 명의 지아비만을 섬길 것을 강요받던 여성들은 재혼을 해서라도 국가를 위해 우등한 국민을 많이 생산할 것을 요구받았다. 그 과정에서 몸의 위생, 건강의 중요성이 강조되었다. 그리하여 몸이 마음을 위해 존재하는 것이 아니라 나름의 존재 가치가 있다는 인식이 대두·확산되었다. 더 나아가 몸의 편리, 효용성을 위해 마음의 유교윤리를 거스르는 일도 가능해졌다. 즉 이제는 마음, 정신만큼이나 몸, 육체도 인간과 사회 그리고 국가에 매우 중요한 물적 토대라는 사실을 자각하게 된 것이다.

몸이 중요하다는 사실에 대한 이 같은 깨달음은 몸을 '개발' 해야 한다는 생각으로 이어졌다. 몸이 중요한 만큼 그것을 관리하고 단련하는 방법이 사회적 관심사가 되기 시작한 것이다. 그 실행은 먼저 학술, 교육 부문에서 이루어졌다. 이 시기 설립되기 시작한 근대적 학교는 물론이고 학술지에 실린 위생, 교육 관련 글들에서도 학생, 청소년들의 몸을 '개발' 하는 문제에 큰 관심을 보

* 몸을 온전하게 보존하는 것.

였다.

학술지에는 서구 학문을 바탕으로 한 몸과 관련된 지식들이 자주 소개되었다. 위생, 교육에 관한 글들에 몸의 각 부위별 기능이라든가 생로병사에 따른 몸의 변화[110] 등 의학 상식과 건강한 생활을 위해 필요한 식생활 개선책, 운동 방법, 청결한 환경 만들기 등 위생에 관한 수칙[111]들이 설명되어 있었다. 그리고 학교에서는 '박물학博物學'*이라는 교과목을 통해 광물학, 식물학, 동물학을 학생들에게 강의했다.[112] 그중 동물학의 하위 범주에 인체생리학이 포함되어 있었는데, 인체생리학은 몸의 해부학적 지식까지 포함하여 인간의 생리작용 전반을 가르쳤을 뿐 아니라 이를 '위생학'으로까지 확대해 교육했다.

여기서 한 가지 덧붙여 짚고 넘어갈 것은, 당시의 '위생'이 오늘날 흔히 생각하는 바와 같은 '청결'이 아니라, '병이 발생하기 전에 예방하는' 제반 조치를 모두 포괄하는 의미였다는 사실이다.[113] '위생'은 일본을 통해 조선에 들어왔다. 메이지 정부의 내무성 초대 위생국장을 지낸 나가요 센사이長與專齋가 독일에서

* 물리 · 화학의 이화학과 함께 이과의 한 부분을 이루는 것으로, 인간 생활의 필수 세 요소인 의식주 세 가지의 원료이자 지구 표면의 만물을 이루는 식물, 동물, 광물에 대해 연구하는 분야다. 당시 고등학교령 시행규칙 제2장 '학과목급요지' 제5조에서는 박물학에 대해 "동물과 식물의 상호관계 및 인간에 대한 관계를 깊이 관찰하며, 또 인체의 생성과 생리 및 위생의 대요를 알게 하고, 일상생활 및 생업 상에 자료로 이용하기 적당하게 함을 꾀하고, 실물표본 등을 취하여 확실한 지식을 얻게 함을 요한다"고 규정하고 있었다(김봉희, 《개화기 서적문화 연구》, 이화여대출판부, 1999).

'Gesundheitpflege' 라는 개념을 접한 후 귀국해서 1873년 문부성에 위생 관련 부서를 설치할 때 그것을 일본어인 '위생衛生えいせい' 으로 번역했다고 한다.[114] 문자 그대로 '생명을 지킨다policing health' 는 뜻이었다. 그래서 이 '위생' 이라는 개념을 수입한 조선에서도 처음에는 건강과 삶을 지키기 위한 모든 행위를 위생의 범주에 포함시켰다. 이러한 점에서 초기의 '위생' 은 조선의 전통적인 '양생養生' 개념에 가까웠다고 할 수 있다(물론 양생과 위생은 방법 면에서 차이가 있다. 이에 대해서는 이 책 139쪽 참조). 그러던 것이 이후에 의미가 축소되어 오늘날과 같이 '청결한 상태를 조성하거나 유지하는 일' 이라는 의미에 가까워지게 된 것이다.

공중 위생
조선총독부에서 발간한 보통학교 5학년 수신 교과서 중 '공중위생' 편의 삽화. 전염병을 숨긴 농가를 검시하는 모습이다. 1900년대 초 조선에서 '위생' 개념은 '생명을 지킨다' 는 뜻으로 쓰이던 일본의 '위생' 개념을 그대로 수입한 탓에 '건강을 지키기 위한 모든 행위' 를 의미했다.

몸과 마음의 관계가 역전되다

몸에 관한 정보나 학문뿐 아니라 학생들의 몸을 직접 관리하는 교육 방법론도 학술지와 일선 교육 현장에서 소개하기 시작했다. 학생들의 학습과 발달에 효과적인 교육법을 찾고[115] 학생들을 훈육하는 방침을 세우기 위해서는 인체의 성장 과정과 그 특성들을 알아야 했기 때문이다.[116] 그래서 교육에, 몸과 마음에 관한 서구적 학문 체계인 생리학이나 심리학[117]을 적용하기도 하고, 문제가 있는 학생들의 관리를 위해 병리학[118]을 접목하기도 했다. 이러한 교육학 이론들에서는 학교와 일상생활에서 시간 규율을 지키고 근면할 것을 강조하며,[119] 학생들에게 운동을 권유했다. 특히 동경의 '뇌병원' 원장의 말을 인용하여 학생들이 규칙적이고 부지런하게 생활하는 것은 그들의 몸뿐 아니라 정신의 건강을 위해서도 필요하다고 주장한 글이 흥미롭다.

> 이는 즉 동경 뇌병원장 후등성오後藤省吾씨가 어떤 연단에서 진술한 바 일반 학생계에 참고가 될 듯한 고로 이에 그 대요를 번역해 따와서 학생 제군에게 소개하노라.
> 대저 학생의 위생법에 관하여 주의할 것이 파다하되 그중 가장 중요하고 가장 필요한 것은 소위 정신의 건전이라. 그러므로 정신의 과로를 피해야 하니 이를 얻고자 할진대 반드시 정신의 작용과 휴식 및 수면 간에 적당한 시간을 일정하게 정하여 이것을 엄수하는 것이 필요

규칙적인 생활 권장
조선총독부에서 발간한 보통학교 수신 교과서(1922)의 삽화. 아침 일찍 일어나 심호흡하는 모습이다. 조선총독부는 학생들의 규칙적이고 부지런한 생활이 건강과 위생에 도움이 된다며 적극 권장했다.

한지라. 그러므로 숙면의 시간은 하루에 적어도 7시간을 넘도록 하고 휴식, 운동 및 식사의 시간도 하루에 적어도 6시간을 필요로 할지니 이와 같이 하고 그 나머지 11시간만 학문에 쓸진대 결코 그 피로한 증세와 뇌의 병에 대한 걱정이 없을지라. 그러므로 다음에 그 적당한 시간을 표기하노니

오전 6시 기상, 냉수마찰 및 운동,

오전 7시 반 식사,

오전 8시 학과,

정오 12시로 약 1시간 식사 및 운동,

오후 1시 반 학과,

오후 5시 산보,

오후 6시 반 식사,

오후 7시~10시 반 복습 기타……,

오후 11시 취침

하고 기타 필요한 일에 따라 친구의 상호 방문 등 시간은 모쪼록 운동 시간을 조종 이용하면 가능하고 시간의 경제성이 스스로 생길지며 또한 일요일에는 교외나 혹 해안에 여행하여 배를 타거나 혹 등산하면 마음이 상쾌하고 기운에 활력이 생겨 정신을 피로할 걱정이 없을 뿐 아니라 막대한 영향이 뇌 및 신경에 미치어 기억력 증진의 효과를 크게 불러일으킬 것은 생리학상으로 증명된 바라. _최명환崔鳴煥, 〈학생의 면학시간勉學時間〉, 《대한학회월보》 1908년 4월호

이 글이 흥미로운 이유는, 첫째로 몸과 마음의 건강을 위해 규칙적인 생활을 강조하는 점을 꼽을 수 있다. 매일 시간표에 따라 하루 일과를 다 하는 것이 육체와 정신의 건강을 위한 길이라는 생각은 몇 년 전 한국을 강타한 '아침형 인간' 열풍에까지 이어지는 '규율화된 삶 예찬론'의 초기 모습이다. 《아침형 인간》이라는 책이 유행하고 너도 나도 일찍 일어나자며 서로를 '압박' 하기 시작했을 때, 그동안 '저녁형 인간'으로 살아온 수많은 사람들은 열등감과 불안감에 시달려야만 했다. 오죽하면 《아침형 인간》이 발간되어 히트를 친 지 단 6개월 만에 《아침형 인간, 강요하지 마라》라는 책까지 나왔겠는가.

물론 '아침형 인간'의 삶이 실제 건강에 좋다는 말 자체에 근거

가 전혀 없지는 않을 것이다. 문제는 그러한 논리가 궁극적으로 누구에게 이로운가에 있다. 결국 규칙적인 생활을 하는 개인을 통해 가장 큰 이득을 보는 것은 국가나 자본과 같은 '권력'이기 때문이다. 푸코가 말했듯이, 규율화된 개인의 몸은 국가, 자본 속의 하나의 부품이 되어 그들의 요구에 따라 효율적으로 움직인다.[120] 이처럼 우리들을 훗날 권력에 유용하면서도 순종적인 몸으로 만들기 위해 시간표에 따라 생활하는 법을 처음 가르치는 공간이 바로 학교다. 즉 권력은 궁극적으로는 자신들을 위한 일이면서도, 우리의 건강을 위해서라는 명분을 내세워 우리에게 규율적인 생활을 강요해온 것이다.

그리고 둘째로, 몸을 규칙적으로 움직이고 운동을 수시로 해주는 것이 몸뿐 아니라 정신에도 이롭다고 말하고 있다는 점이다. 마음의 수양을 잘하면 몸이 건강해진다고 믿은 옛 성현들의 몸 수련법 대신, 몸을 잘 단련하면 정신, 신경, 뇌까지 건강해진다는 일본인 의사의 말을 소개한 것이다. 이는 몸과 마음의 관계가 역전되었음을 보여주는 언설이다. 또한 이제는 그냥 내버려 두는 것이 아니라 '단련'이라는 인위적인 과정이 있어야만 건강해질 수 있다는 생각이 싹텄음을 드러내는 발언이다.

운동이라는 것은 체조나 유희로부터 시작하여 정신을 즐겁게 하며, 신체를 민첩하게 함을 위한 것이다. 이것의 효과는 혈액의 순환을 빠르게 하며 신체의 발육과 영양을 돕고 또한 뼈와 근육을 강하게 만들고,

뇌를 확장시키고, 관절을 부드럽게 만들고, 또한 습관과 직업으로 인해 생긴 질병을 예방하나니. _〈위생설衛生說 — 운동運動 및 수면睡眠〉, 《소년한반도少年韓半島》 1907년 3월호[121]

현대에는 '상식'이 되어버린 "운동을 해야 건강해진다"는 논리는 이전까지의 몸에 대한 관념과는 매우 다른 것이었다. 이를 잘 보여주는 예가 〈사제의 언론〉이라는 풍자적인 글에서 서동과 서당 선생이 대화하는 장면이다. 근대식 학교에서 체조하는 모습을 구경하고 온 서동書童이 그것에 대해 이야기하자, 구세대인 서당 선생은 "체조인지 무엇인지 앞장서기는 그만두고 골병들지니!"라

기계체조
이화학당 학생들의 기계체조 모습(1927). 마음 수련을 몸의 양생법이라 생각했던 조선 시대와 달리 근대식 학교에서는 '운동을 해야 건강해진다'는 생각 하에 학생들에게 체조 등을 가르쳤다.

며 운동으로 건강을 관리하는 행위를 부정한다. 이에 서동이 다시 "체조라 하는 것은 위생상에 크게 효익效益이 있다는데 골병들 수가 있습니까?"라고 묻자, 선생은 "이놈아, 너희 집에서 기르는 소를 보지 못하느냐. 추수를 다 마치고 마구간 안에서 한가롭게 누워 여물만 씹을 때는 몸도 살이 찌고 강하다가 봄 경작 때가 오면 도로 수척해지니 사람이든지 짐승이든지 동물은 일반이라. 한가롭게 누워 포식하는 것 외에 위생하는 방법이 다시 있다더냐. 또 설혹 효익이 있을지라도 몸과 팔다리는 정중히 하는 것이 좋으니라"라고 대답한다.[122]

이 장면은 몸 관리의 새로운 패러다임이 당대에는 얼마나 '낯선' 것이었는지를 보여준다. 전통 사회라고 해서 건강한 삶이 중요하지 않았던 것이 아니다. 동서고금을 막론하고 어떤 인간이 무병장수를 마다했겠는가? 다만 오늘날의 '상식'과는 달리 몸이 건강하려면 '한가롭게 누워 여물만 씹'는 추수 후의 소처럼 가만히 앉아 많이 먹고 편안히 지내야 한다고 여겼고, '살이 찌고 강'한 것이 곧 '위생'이라 생각했을 뿐이다.

그래서 조선 사회에서는 신체 자체에 대한 과학적 탐구와 신체 운동을 위주로 한 교육을 등한시했다.[123] 《대학大學》, 《맹자孟子》[124]에는 마음의 수련과 절제를 통해 몸을 단련해야 한다고 적혀 있다. 그래서 이황, 이이도 마음의 수양인 '치심治心'을 강조하고 호연지기를 기르는 것이 곧 몸의 양생법이라고 말했다. 조선 시대 4대 양생서 중 하나로 꼽히는 조탁曺倬의 《이양편二養編》에서도 동양적 신체관인 심신일체心身一體론에 근거하여 몸을 기른다는 의미의 '양생養生' 과 마음을 기른다는 의미의 '양심養心' 을 둘이 아니라 하나, 즉 '일양一養' 으로 파악했다.[125]

이러한 마음의 수련을 통한, 바꿔 말해 몸을 과격하게 움직이지 않는 것을 통한 '양생' 의 방법은 부모에게 물려받은 몸을 상하게 하지 않는다는 점에서 '효' 라는 명분도 지니고 있었다. 그래서 조선 사회의 교육 기관인 성균관이나 향교에서 체육과 관련하여 행한 교과목은 활쏘기 정도가 전부였다. 즉 전통 유학자들에게 육체의 단련은 정신의 수양으로 충분했던 것이다. 그만큼 조선 시대까지는 교육에서 체육 과목에 대한 관심이 매우 적었다.[126]

그런데 근대에 들어 새로운 건강론, 운동의 중요성이 대두하면서 몸을 관리하는 방법에도 변화가 필요해졌다. 위에 언급한 '사제의 대화' 말미에 그들의 대화를 지켜보던 제3의 관찰자(글쓴이)가 "허허 가소롭도다. 이리하고서야 나라가 어찌!!" 라고 중얼거린 말은 이 시기 새로운 변화에 대한 '반동' 현상을 개탄하는 진보적 지식인의 생각을 대변한다. 교육과 운동에 대한 관점이 달라지지 않으면 '나라가 어찌' 될지 모른다, 즉 국가를 위해서는 몸에 대한 사고의 전환이 필요하다는 것이 '개화' 를 주장하는 이들의 생각이었다.

이것은 전통적인 '몸<마음' 의 관계가 이제는 '몸>마음' 으로 역전했음을 보여주는 대목이다. 이러한 '변화' 의 지점들을 지나 조선 사회 전반에서 운동의 중요성을 의식하기 시작한다. 그래야

만 우리 민족도 잘 발육하고 건강한 몸을 갖게 되고, 우등한 문명 인종이 된다고 믿었기 때문이다.[127]

체육을 배워야 살아남는다

1900년대의 문학, 이른바 신소설에서도 학교에서 체육을 배운 주인공들만이 육체적 위기를 능숙하게 모면하는 모습을 보여준다. 체육을 배우지 못한 인물들은 육체적 위협의 순간에 적절한 대처를 하지 못해 곤경에 처하게 된다. 《명월정》에서 상순은 학교에서 배운 수영으로 물에서 빠져나와 목숨을 건진 반면 그의 부모는 그대로 물에 빠져 죽고 만다. 《목단화》에서도 "학교에서 체조를 배운" 정숙은 혼자서 도망쳤으면 훨씬 쉽게, 멀리까지 달아날 수 있었지만 함께 가는 노파의 기력이 딸려 멈춰서야 했다. 《혈의 누》, 《치악산》, 《빈상설》, 《마상루》, 《박연폭포》, 《완월루》 등 규중에만 있던 여주인공들의 경우 제대로 걷지 못해 길에 앉아 쉬다가 위험을 겪는 일이 많았다. "규중에 가만히 앉아서 손톱에 물을 튀기고 문밖만 나가도 장도교나 세보교라도 타고 다니던 부인이라, 자기의 발로 출입하던 곳은 가까우면 부엌이오 멀면 뒷간이라. 이렇게 곱게 지내던 부인이 어찌 먼 길을 가리오"[128]라는 묘사는 이를 잘 보여준다.

반면 《고목화》에서 갑동이의 운동회 장면이나 《목단화》의 정숙,

고목화

명월정

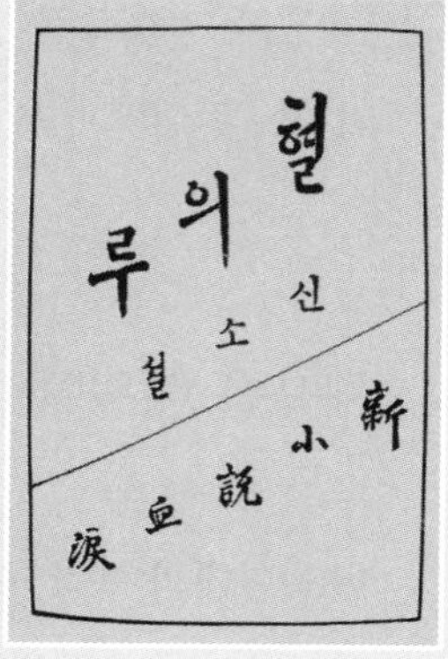

혈의누

신소설의 체육 강조

1900년대 신소설 역시 마음보다 몸의 수련을 강조하는 근대의 새로운 건강론을 반영하여 체육의 중요성을 일깨운다. 학교에서 체육을 배운 주인공들만이 육체적 위기를 벗어나고, 그렇지 못한 주인공은 육체적 위기의 순간에 적절하게 대응하지 못해 곤경에 처하게 되는 모습을 그린 것이다. 이 같은 모습은 '체육을 배워야 살아남는다' 는 당시의 분위기를 잘 보여준다.

치악산

빈상설

마상루

《명월정》의 상순, 《화상설》의 권영칠이 학교에서 배운 체조, 수영, 인공호흡으로 위기를 모면하는 모습은 체육의 긍정성을 드러내기 위한 장치들이다. 학교에서 배운 체육 관련 지식과 단련된 육체는 이들에게 닥친 위기를 헤쳐 나갈 수 있게 해주는 중요한 열쇠였다. 그들은 위급한 상황에서 민첩하게 움직일 수 있는 건강한 신체를 소유한 덕분에 위기를 잘 극복할 수 있었던 것이다.

이러한 시대적 요구를 반영하여 고종은 〈교육입국조서敎育立國詔書〉(1895)를 공표했다. 그는 여기서 교육을 국가 보존의 근본이라고 하면서, 경서經書 중심의 전통적 유교 교육 대신 신학문에 의한 '공公·실實'의 근대 교육으로 전환할 것을 명시했다.[129] 그리고 각급 학교의 관제와 규칙을 통해 일선 학교에서 '보통체조와 병식체조'를 실시하도록 했다. 체조의 목적은 "신체의 성장을 균일하고 건강하게 하며 정신을 쾌활하고 강하게 하고 겸하여 규율을 지키는 습관을 기름을 요지로 함"이었다. 이에 부응하여 초, 중학교에서는 체육 과목으로 유희와 보통체조, 병식체조, 야외 운동을 채택했고, 관립외국어학교에서는 병식체조나 기계체조뿐 아니라 경주, 공 던지기, 투포환, 멀리뛰기, 높이뛰기 등 육상 종목을 중심으로 한 여러 가지 근대 스포츠 활동까지도 활발하게 전개했다.[130]

이 같은 변화는 일선 학교의 교육 차원에만 머물지 않았다. 선교사들이나 서구에서 교육을 받은 지식인들은 다양한 근대적 스포츠와 국민 전체의 신체 능력을 향상시키기 위한 체력 증강 방법을 국민들에게 확산시키려 했다. 왜냐하면 학교체육만으로는 '국

근대 스포츠 활동의 활성화
1900년대 체육의 중요성 부각은 고종의 〈교육입국조서〉 공표로 이어진다. 이에 따라 일선 학교에서 보통체조와 병식체조를 실시하기 시작했고, 관립외국어학교에서는 여러 근대 스포츠 활동까지 활발하게 전개했다. 사진은 1927년 전조선여자연식정구대회.

민건강 프로젝트'가 성공할 수 없기 때문이다. 그래서 학생들의 '체육'을 넘어서는 국민 전체의 '운동'이 필요했다. 운동은 "병식체조, 기계체조, 격검, 유술, 궁술, 승마, 자전거와 아령, 야외 산보, 노래 부르기 등과 같이 그 방법이 아주 다양"했다. 또한 모두에게 동일하게 적용되는 것이 아니라 "개인의 체질과 연령, 남녀와 직업에 따라 구별하여 운동의 종류와 방법을 정할 수 있다".[131]

유희遊戱는 "아동에게 제시해서 교육을 즐겁게" 하는 행위다. 그리고 유희보다 한 단계 직접적인 운동이 체조인데, "신체 조직의 원리에 비추어볼 때 심성 훈련의 목적을 달성하려면 체조가 항상 필요하다. 몸을 건장하게 하며, 질서를 중요시하고 명령에 복종하여 강한 인내심과 엄숙한 성질을 기르게 하는 목적이다. 체조의 목적이 이와 같으니 그 난이도를 반드시 연령에 따라 순서를 정해야" 한다.[132] 이 체조를 연령에 따라 나누면 쉽고 간단한 '보통체조' 부터 상무적 정신을 길러주는 '병식체조', 좀 더 고난도의 '기계체조' 까지 다양한 형태가 있었다. 이와 더불어 기존의 '체육-체조' 라는 개념의 범위를 넘어서서, 전문 스포츠 종목인 격검, 유술, 궁술도 장성한 남성들에게는 '운동' 으로 도입되었다.

여기서 주목할 대목은 운동은 남녀노소를 막론하고 누구에게나 필요한 일이되, 자기에게 알맞은 운동을 함으로써 육체를 건강하게 만드는 것이 중요하다고 말한 부분이다. 장성한 남성들에게 적합한 병식체조에서부터 기계체조, 격검, 유술, 궁술, 마술, 자전거, 철아령 그리고 여성이나 아동의 호흡과 폐활량에 도움이 될 만한 야외산보나 창가에 이르기까지 운동의 층위는 다양하고 포괄적이었다.

요컨대 근대는 전 국민적 차원의 체력 육성 프로젝트로서 다양한 방식의 운동이 필요했다. 몸

무용하는 여학생
전 국민적 차원의 체력 육성을 위해서는 다양한 방식의 운동이 필요했다. 사진은 여학생들에게 적합한 운동으로 여겨지던 무용을 하고 있는 여학생의 모습. 〈최근 각 학교에 유행하고 있는 무용〉, 《신여성》 1926년 4월호.

을 '움직이기' 위해서는 아직 운동이라는 것을 해본 적이 없는 이들, 노인이나 여성들도 쉽게 할 수 있는 산보나 노래 부르기나 놀이(유희)라도 하는 것이 바람직하다. 그리고 젊은이들이 사회 속에서 '규칙'과 '질서'를 지키는 법을 알기 위해서는 정확한 '룰'이 있는 야구, 배구, 농구 같은 스포츠를 배우는 것도 좋다. 그래서 학교에서 배우는 체조 이상의 다양한 스포츠들과 자신의 취향, 여건, 연령에 따라 다채롭게 선택할 수 있는 운동 방법들이 끊임없이 개발되었다.

여성들이여, 건강해지려면 외출해라

이처럼 몸을 새롭게 '발견'하고, 그에 따라 몸을 '개발'하는 방법이 바뀌면서 여성의 몸을 보는 방식에도 변화가 생긴다. 1900년을 전후하여 한국 사회 내부에 근대화의 기운이 확산되면서 새로운 여성관이 대두되고 근대적인 여성 운동의 맹아가 싹텄다. 신문과 잡지 등 언론 매체가 등장하고 선교사나 민간인이 이화학당, 정신여학교, 배재학당, 숭의학교, 호수돈학교, 보성여학교, 숙명여학교, 덕성여학교, 신명여학교, 동덕여자의숙 등 여성 교육 기관을 설립하면서 여성의 사회적 지위, 여성 관련 제도들을 재고하게 되었다.[133]

이러한 '변화'는 여성들에게 집 밖으로의 외출을 허용, 권장하

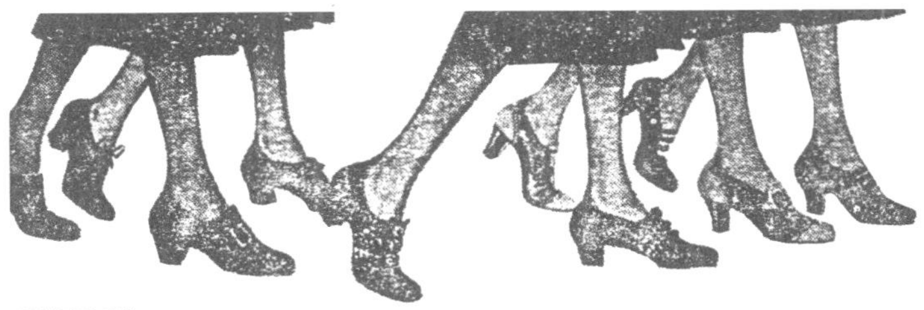

여성들의 외출
몸의 중요성이 부각되면서 여성의 외출도 건강을 위해, 건강한 자녀의 생산을 위해 필요하다는 생각 하에 권장되기 시작한다. 그림은 정순애가 쓴 〈발〉(《여성》 1937년 2월호)에 삽입된 삽화.

는 문제에서 먼저 부각되었다. 여성의 활동 무대를 규방閨房 내로 제한하는 내외 풍속은 남녀유별주의 윤리의 폐습이므로 이를 폐지해야 한다는 주장이 대두한 것이다. 물론 조선 사회에서 모든 여성이 집 밖으로 쉽게 외출할 수 없었던 것은 아니다. 광대, 기생, 무당 등 천민 여성들은 자유로이 거리를 활보하며 다닐 수 있었다. 하지만 양반 계층 여성들은 내외법에 따라 바깥출입을 제한받았다. 이런 점에서 개화기에 들어 여성들이 조선 시대의 전통을 깨고 집 밖으로 나와 혼자 힘으로 돌아다니고, 부인회에 참석하고, 교육을 받은 것은 혁명적인 일이었다.

이들에게 외출을 허용한 '명분'은 기독교와 학교였다. 선각한 부인들은 교회부인회, 찬양회 활동을 위해 외부 출입을 했고, 학교에 입학한 여학생들은 통학을 위해 거리로 나섰다.[134] 여성들이 남성과 동등해지기 위해 전통적인 내외의 경계를 허물고 외부 세계로 진입할 출구를 모색하기 시작한 것이다. 이러한 모습을 장려하는 글은 당시의 신문이나 소설 등에서 흔히 보인다. 1906년 7월 18일자 《만세보》에는 여성 두 명이 천도교 성화회에 가마도 타지 않고 스스로 참석한 사실을 두고 "여자 교육에 표준될 법"하다며 찬사를 보내는 기사가 실려 있다.[135] 이처럼 여성 외출을 권장하는 논의는 유길준의 《서유견문》(1895)에서도 포착되는데, 그 근거가 여성의 건강 문제와 관련이 있다는 점에서 특히 주목할 만하다.

여성의 외출 권장
두 명의 여성이 가마에 타지 않고 스스로 천도교 성화회에 참석한 일에 찬사를 보내는 《만세보》 1906년 7월 18일자 기사 〈부인청교婦人聽敎〉.

> (서양에서는) 여자는 인간 세계의 근원이요, 가정의 동량棟梁이라. 만약 그 기질이 유약하며 학식이 짧으면 이 두 가지의 직분을 감당하기 어렵다하여 내외의 예법을 허물고 또 어렸을 때 교육하는 법도 갖추니, (그들에게) 내외법이 없는 연유는 사람이 만약 한 곳에 오래 머물러 바깥 공기를 쐬지 않으면 질병이 쉽게 생기고 질병이 있으면 그 생산하는 여자의 기혈도 부실하여 요절하는 자가 많으며 설사 요절하는 경우를 피하더라도 평생의 병으로 그 몸을 다하는 자가 많으니……._유길준, 《서유견문》(영인판), 경인문화사, 1969, 407쪽 1907년 3월호[136]

유길준은 이 책에서 서양의 '여자를 대접하는 풍속'에 관해 서양에는 내외內外의 예법이 없다는 사실에 초점을 맞춰 설명했다. 그에 따르면, 서양 사회에서 남녀가 내외하지 않는 이유는, 자녀를 낳아 기르고 집안일을 주관해야 하는 여성들이 건강해지고 학식을 쌓으려면 여성들도 남성들처럼 바깥출입을 자유롭게 해야 하기 때문이다. 특히 유길준은 외출과 외부 활동을 건강과 연관 짓는다. 그는 여성이 방속에 갇혀 살며 바깥공기를 마시지 못하면 질병이 생기기 쉽고, 그런 병약한 산모가 자녀를 낳으면 그들의 체질도 약하고 부실해서 단명하거나 평생 허약 체질로 고생한다고 경고한다. 또한 그는 이것을 한국 사회의 부귀한 집안의 자녀들이 천민이나 농민의 자녀들에 비해 허약한 체질을 가지게 된 원인으로 제시한다.

이러한 유길준의 논리에서 중요한 대목은 두 가지다. 하나는 여성의 외출이 건강을 위해 필요하다는 사실이고, 다른 하나는 여성이 건강해야 하는 이유가 여성에게 건강한 자녀를 생산할 의무가 있기 때문이라는 사실이다. 즉 여성들이 집 밖으로 나가야 하는 이유가 남녀평등을 위해서만이 아니라 여성의 몸, 특히 건강한 자녀의 생산을 위해서이기도 했던 것이다.

여성들이여, 건강하다면 출산해라

또 한 가지 개화기 여성이 갖게 된 새로운 '권리'는 재혼에 관한 것이었다. 1894년 동학농민운동 지도자인 전봉준이 제시한 〈폐정 개혁안〉[137]에는 청춘과부의 개가를 허용하는 내용이 포함되어 있었다. 동학농민운동이 실패로 끝나 개혁안이 실행되지 못하긴 했지만, 바로 같은 해에 단행된 갑오경장에 '과부의 재가再嫁는 귀천貴賤을 무론하고 그 자유에 맡긴다'는 조항으로 반영되었다. 갑오경장은 동학농민운동이 요구한 조건들을 기초로 정치, 경제와 사회 제도 전반을 개혁하는 것이 목적이었다. 특히 사회 제도 개혁 조항에 계급 타파와 신분 제도의 철폐를 위시하여 과부의 재혼 허용과 남녀 조혼 금지 조항을 첨가했다.[138]

개가 허용론[139]과 조혼 폐지론[140]은 담론 차원에서도 활발히 전개되었다. 소설에 개가하는 여성이 주인공으로 등장하는 경우도

개가하는 여성을 주인공으로 등장시킨 신소설
개가하는 여성이 주인공으로 등장하는 신소설 《한월》의 표지 삽화. 이러한 소설의 등장은 1900년대에 개가 허용론이 담론 차원에서도 활발히 전개되었음을 보여준다.

여럿 있었다.[141] 그러나 당대 사회가 여성의 개가에 대해 완전히 개방적인 태도를 취한 것은 아니었다. 신문에서도 개가 허용을 주장하는 논설의 다른 한편에 청상과부가 된 여성이 남편을 따라 죽는다거나 정조를 지킨 일을 칭송하는 기사가 계속해서 실리는 '이중적인 포즈'가 공존하고 있었다.[142]

그래서 이 시기의 개가 허용론은 조혼으로 청상이 된 여성들에게(만) 개가가 필요하다는 주장의 성격이 강했다. 개가 허용의 방안을 두고 논자들은 나이에 따라 20세 이전에 과부가 된 경우는 초취로도 개가가 가능하고, 30세까지는 재취, 40세 이후는 각자 알아서 할 것을 제안한다.[143] 즉 20세 이전에 조혼으로 청상과부가 된 여성에게만 진정한 의미의 개가를 허용하고, 굳이 일부종사하겠다는 여성의 고귀한 뜻은 지켜주자는 유보조항을 달아, 여성의 정조 관념에 대한 엄격성을 일부 유지한 것이다. 다시 말해 조혼에 폐해가 있기 때문에 조혼의 희생자인 여성에게 개가의 기회를 주자는 것이 개가 허용 논의의 본의였다. 그만큼 이 시기가 개방한 '절節' 의식에는 한계가 분명했다.

요컨대 1900~10년대에는 '몸의 발견과 개발'을 추구하던 시대답게 여성들의 몸 역시 몇 가지 항목에서 사회의 관심을 끌었다. 첫째로 내외의 풍습을 폐지함으로써 여성들의 외출과 운동과 교육을 권장했고, 둘째로 여성들의 개가를 허용함으로써 전통적인 열烈, 절節 의식에서 자유롭게 만들어 주었다. 그러나 여기에는 단서 조항이 있었다. 여성들의 외출은 학교에 다니기 위해서 그리고 건강한 몸이 되어 자녀를 건강하게 낳고 기르기 위해서였다. 여성들의 개가 역시 자녀를 생산하기 위해서이지 자유로운 연애나 결혼, 성 생활을 위해서가 아니었다.

그동안 여성주의 연구자들 대부분은 이것을 근대적인 변화인가/전근대적인 잔재인가의 이분법으로만 설명하려 했다. 그러다 보니 결국 개화기 근대 의식의 '한계'라며 비판하는 쪽으로만 시선을 돌리게 되었다.[144] 그러나 이러한 개화기 여성 관련 담론들의 양가성을 단순히 '봉건적인' 여성상의 답습이나 근대적인 면모와 전근대적 전통의 혼재 상태로 보는 것은 근본적인 해결책이라 할 수 없다. 이제는 근대와 전근대의 '과도기'로 이 시기를 명명하는 태도에서 한 걸음 더 나아가 이러한 담론들의 '당대적 특수성'을 규정하는 작업이 필요하다.

그렇다면 왜 이러한 '유보조항'들이 필요했을까, 이러한 '제한적' 여성 '해방' 논의가 목적하던 바가 무엇일까를 숙고해야 한다. 그 해답의 실마리는 앞서 살펴본 여성의 건강과 자녀 생산 사이의 상관관계에서 찾을 수 있다. 여성의 몸은 '국민'의 몸 중에서 특히 재생산과 관련된 몸이다. 남성의 몸과 구별하여 여성의 몸을 특별하게 관리해야 하는 이유도 이 때문이다. 자녀를 생산해야 하기 때문에 건강해야 한다는 것은 여성의 몸이 해야 할 일차적 역할이 자녀의 생산에 있었음을 의미한다.

개가를 허용하자고 할 때도 마찬가지다. 여성들이 청상이 된 후 평생을 수절하는 것이 바람직하지 않은 이유도 그것이 '국가적 손실'이기 때문이다. 여기서 말하는 국가적 손실이란 자녀, 즉 인구를 생산하지 못함으로써 생기는 결과다. 물론 여성 개인의 행복 추구권도 언급하고 있다. 그러나 근대 국가에서 국민의 숫자는 곧 국력이다. 국가 차원에서는 젊은 가임기의 여성이 개가를 통해 자녀를 생산하는 일이 유교 윤리보다 중요했던 것이다. 앞서 언급한 대로 유교적 윤리관에 따른 여성의 열烈 개념이 바뀐 것도 바로 그러한 이유 때문이다. 그런 점에서 여성의 개가를 허용하는 기준을 임신·출산의 가능성과 직결되는 '연령'에서 찾는 부분도 의미심장하다.

여성들의 건강 관리는 '애국'하는 길

서구에서 18세기 들어 가장 새롭게 나타난 '권력 기술' 중 하나는 정치적·경제적 문제와 나란히 등장한 '인구' 문제였다. 재력 인구, 노동력 인구, 그리고 인구 증가와 식량 자원의 관계가 바로 그것이다. 인구 통제의 필요성이 대두되면서 국가는 이제 국민의 출생, 발병률, 수명, 임신 건강 상태, 생활 환경 등에도 큰 관심을 갖게 되었다.

인구 혹은 성에 관한 문제를 해결하기 위해 국가는 출생률, 결혼연령, 합법적인 혹은 비합법적인 출생, 성적 조숙 혹은 성관계의 빈도, 성관계를 임신 혹은 불임으로 이끄는 방법, 독신과 금욕의 결과, 피임 성행위를 분석 대상 또는 간섭의 표적으로 삼기 시작했으며, 인구경제학을 통해 국민의 성을 관찰하는 렌즈를 마련했다. 이에 따라 서구에서 18세기 중반에 새로운 성 담론으로 등장하기 시작한 것이 의학적·심리학적 이론이다. 이 이론의 특징은 성적 활동을 허가된 것과 금지된 것으로만 나누는 기존의 이항 대립적 분류 방식을 탈피했다는 점이다.

푸코는 《성의 역사》에서 사회 전체를 포괄적으로 감시하고 조절할 수 있는 권력 메커니즘이 '국민의 육체'와 관련한 문제, 즉 출생률, 사망률, 노동력, 주거 환경, 보건 상태에 관한 지식을 축적하는 과정 속에서 형성되었음을 지적했다.[145] 푸코는 성이 단순히 억압되었다는 시각에 반대하며, 복잡하고 다양한 성 장치dispositif de sexualité의 메커니즘이 우리의 삶 속에 얼마나 깊숙이 침투해 있는지 그리고 제도나 실천 또는 담론을 통해 어떻게 작동하고 있는지를 권력에 내재한 전략의 관점에서 접근해 나간다. 성 장치는 성 담론을 '침묵'하게 하지 않는다. 오히려 일정한 성 담론의 영역들에 권력이 끼어듦으로써 담론을 '증식'시켜 성을 조직한다.[146]

개화기 조선에서도 인구 문제는 무심히 지나칠 수 없는 관심사였다. 외국에 다녀온 지식인들이 국력이 곧 국민의 수數이며 그들의 건강이라는 사실을 자각하면서부터 인구 문제는 중요시되었다. 김옥균도 《치도약론》(1882)에서 이미 인구의 통계학적 분석의 중요성을 거론하고 있었다. 호적법을 실시해서 호구조사를 철저히 하면, 즉 국가가 인구에 대해 정확하게 조사하고 통계를 내면, 세금, 화

폐, 인력 동원 문제를 효율적으로 처리할 수 있다는 것이다.

> 지금 구미歐美의 모든 나라에서는 호적戶籍의 법을 실시하여, 매년 호구戶口를 조사하여 남녀의 죽고, 살고, 옮겨가는 수자를 명료하게 알고 있으니, 이것은 진실로 바꿀 수 없는 법이다. 이 법이 만일 어지러우면 화폐를 만들고 병정을 뽑는 것도 또한 실시할 수가 없다. _김옥균, 《치도약론》, 1882[147]

여성의 인구 생산 능력은 근대 국민국가의 형성과 지속에 결정적인 요건이다. 여성들이 국민으로서 가지는 최대의 임무는 우등한 자녀(국민)를 낳아 기르는 것이었다. 이 점은 신소설 《자유종》이나 《홍도화》, 《명월정》에서 개가를 해야 하는 이유를 이야기할 때에도 언급된다.[148] 즉 이 시기에는 개가가 여성 개인이 행복을 추구할 권리일 뿐 아니라 '국민'으로서 이행해야 할 의무라고 여기고 있었다. 그들이 낳는 자녀는 그들의 소유가 아니다. "자식이라는 것이 내몸만 위하야 난것 안이오 실로 나라를 위하야 생긴것이니 자식을 공물이라 하야도 합당하오"[149]라는 논리에 따라 여성들은 우등한 공물公物을 생산할 의무를 지니게 되는 것이다.

또 너무 이른 나이에 결혼하여 색에 탐닉하게 되면 남편이 요절하거나 부인이 허약한 자녀를 낳는다는 이유로 조혼 폐지를 주장했다. 이 주장에 따르면, 신체가 완전히 성숙하지 않은 상태에서 결혼할 경우 성장기의 남성이 방사房事에 몰두하여 병약해질 뿐 아니라, 자식을 낳을 경우에도 체질적, 유전적으로 자손의 몸이 건강하지 못하게 된다. 따라서 조혼은 '의학미진醫學未進', '위생부적衛生不適' 보다도 더 근본적인 요절의 원인이다. '조혼지국' 은 반드시 인구 감소로 이어지고 '만혼지국' 은 반드시 인구 증가를 가져온다는 흑백논리를 자신 있게 주장할 만큼[150] 조혼은 인구 문제와도 밀접한 관련이 있는 항목이었던 것이다. 이 같은 관점 하에 조혼 폐지론자들은 부형父兄들의 강압에 따른 조혼은 인구를

어린 신랑과 신부
개화기에 인구 문제가 주요 관심사로 떠오르면서 조혼은 비판의 대상이 된다. 조혼이 남성의 병약을 초래하고, 건강한 자녀의 출산에도 해가 된다는 이유, 다시 말해 인구 감소를 불러온다는 이유에서였다.

늘리는 데 해가 되므로 사라져야 할 인습이고, 과부 여성들이 육체적으로 더 성숙한 뒤 다시 결혼하여 건강한 자녀를 생산하는 것은 인구를 늘리는 데 도움이 되는 일이므로 국가적으로 권장할 신풍속이라고 주장했다.

지금까지 살펴본 것처럼 1900~10년대까지는 여성의 몸에 대해서도 '아름다운 몸' 으로 가꾸는 문제에 대한 언급은 거의 없고, '건강한 몸' 으로 단련하는 문제에 대해 주로 논하고 있다. 이때 여성들이 건강한 몸을 가져야 하는 이유는 크게 두 가지다. 첫째, 조선의 모든 국민이 '우등한 인종' 이 되기 위해서는 남성들뿐 아니라 여성들도 집 밖 출입도 하고 운동도 해서 건강한 몸을 가진

조혼 폐단 풍자
《조선중앙일보》 1933년 9월 21일자 만문만화 〈반양녀半洋女의 탄식! 『허스』감이 업서요〉. 남성이 조혼한 구여성 아내와 자식을 외면한 채 신여성과 떠나는 모습을 풍자하고 있다.

'국민'이 되어야 했기 때문이다. 이러한 맥락에서 여성의 '몸 가꾸기'는 남성의 그것과 구별되지 않는 문제였다.

그러나 둘째로, 여성들은 자기 자신뿐 아니라 자녀의 생산과 양육을 위해서도 건강한 몸이 필요했다. 여성들의 몸과 관련한 1900년대 대다수의 기사, 논설에서 여성의 혼인, 임신, 출산, 산후조리, 모유 수유, 육아 등을 다룬 것은 이 때문이다.[151] 즉 당시에는 여성들의 몸을 특히 부인과婦人科 질병이 없는 몸으로 관리하는 일이 가장 중요했다. 그러기 위해 여성들은 자신의 몸을 체육으로 단련하고 유전할 수 있는 병에 걸리지 않도록 조심해야 했으며, 학교 교육을 통해 태교 때부터 자녀에게 좋은 지식을 전달할 필요가 있었다.[152] 또한 건강한 출산과 자녀의 교육에도 힘써야 했고, 위생적인 가정환경과 근대의학을 통한 체계적인 건강 관리로 우등한 자녀를 길러내야 했다.[153] 왜냐하면 국가의 흥망은 우등한 국민의 생산에 달렸기 때문이다.

이 같은 인식은 당시 팽배했던 사회진화론과 인종주의 그리고 우생학의 결합형으로서 인종우생학적인 시각을 보여주는 것이기도 하다.[154] 1900년대에는 사회진화론과 우생학이 사회운동 차원으로 발전하면서 모든 사회 문제가 유전생물학적, 사회진화론적으로 해석되었고, 우생학적 사고에 사회진화론적 인종주의가 혼합되었다. 국민(인구)의 생산에 있어서 출산을 장려하고, '인간 육성'을 슬로건으로 내세워 인종 유전인자의 자연도태를 조정하는 사회정책적 조치를 요구한 것이다. 운동과 학교교육, 근대적 의학과 성적 육체의 관리를 통해 훌륭한 자손(국민)을 많이 길러내는 일, 이를 통해 우리 국가의 경쟁력을 높이는 일이야말로 이 나라의 국민으로서 여성이 할 수 있는 최고의 의무이자 권리였다.

2장
여성들이여, 몸매를 가꿔라!

1920년대, 예쁜 몸이 중요해지다

이렇듯 1900년대부터 1910년대까지만 해도 여성들이 운동을 해야 하는 이유는 '건강', '위생' 때문이었다. 적자생존, 약육강식의 국제 사회 질서 속에서 스스로 우등한 인종이 되기 위해 그리고 우등한 인종을 낳고 기르기 위해 여성들은 건강해야 했고 운동을 해야 했다.

그러던 것이 1920년대 이후에는 아름다워지기 위해 운동이 필요하다는 생각으로 바뀌었다. 1부에서 보았듯 몸매가 노출되는 시대에 살게 되면서, 미인이란 어떠한 얼굴, 몸, 스타일을 가졌는가에 대한 담론들을 접하면서, 그리고 당대 여성들의 미모를 두고 '뒷담화' 하는 사람들을 의식하게 되면서 여성들은 아름다워지는 문제에 천착하지 않을 수 없었다. 미모 (평가) 담론으로 인해 여성들이 외부의 미적 기준을 내면화하게 된 것이다.

인간은 누군가가 자신의 몸을 뚫어지게 응시하고 평가한다는 사실을 '의식'하는 순간 더욱 아름다워져야 한다는 강박에 사로잡히게 된다. 평가의 중심 대상이 되는 유명인뿐 아니라 심지어 그러한 담론들을 수용하고 재생산하는 대중들도 마찬가지다. 여성들이 '몸 가꾸기'에 관심을 갖기 시작하는 것도 이런 맥락에서 이해 가능하다. 이를 보여주는 대표적인 콘텐츠가 '미용체조법'이다. 미용체조법은 여성들의 '몸집 가지기', '스타일 만들기'의 지침서가 되었다. '미용체조'의 필요성과 의의를 역설하는 아래의 인용문을 보라. 인용문 말미에 체조 방법 소개까지 덧붙이면서 미용체조법 담론을 생산한다. 이 책의 맨 처음 여러분에게 따라해볼 것을 권한 동작들도 바로 이 미용체조다.

> **현대인의「미」의 표준은 그 얼굴에 있는 것이 아니고 그 체격, 스타일에 있다고 한다.** 이러한 미적 표준의 유행도 물론 서양에서 건너온 풍조의 하나로서, 오늘날 조선의 소위 모던급의 남녀들도 그 스타일의 균정均整된 원만한 체구를 가지기 위해서는 어떠한 수단과 방법을 가리지 않고 머리를 싸매고 연구하기도 하고,「파리」나「헐리우드」에서 새로이 들여오는 전파에 귀를 기울이고 있는 형편이다./ 요사이 서울만 하더라도 아스팔트 위로 쏘다니는 모던걸들을 훑어보면 그 얼굴의 화장보다도「몸집가지기」, 스타일에 얼마나 심심深心의 주의를 가지는

가 함을 가히 엿볼 수 있는 사실의 한토막인가 한다./ 어찌 되었든 최근에 와서는 우리 조선에도, 건강하며 원만하게 균세均勢가 잡힌 완전한 체격이라야 가장 현대적 미라는 사조가 일반에게 알려지게 되어, 어떻게 하면 보다 훌륭한 스타일의 소유자가 되어볼까 하는 모던급의 남녀(더욱이 여자)들이 많아감이 사실이다./ 이러한 의미에서, 최근에는 미용술이 굉장히 다방면으로 발달되어서 현대인이면 반드시 미용술에 의하여 자기가 가진 선천적 미에, 인공을 가한 후천적 미를 가공하지 않고서는 도저히 「모던」 사회에 있어서는 그 사교의 자격조차 갖추지 못한 감을 느끼게끔 된 현상이다./ 이러한 미용술로서 최근 가장 이상적인 신안新案으로 알려진 방법이, 여기에 말하려는 「미용체조법」이다./ 이 미용체조법도 요사이에 와서는 여러 가지 신형新型이 생겨진 모양이나, 목하目下 미주米洲 「헐리우드」에서 가장 효과적인 운동으로 많이들 유행의 왕좌王座를 점占하고 있으며, 오래지 않아 서울에서도 유행하게 될 미용체조법을 말하려 한다./ 이 운동을 계속하여 실행하게만 되면 누구든지 반드시 건강적이며, 보다 훌륭한 균세가 잡힌 원만한 체격을 가질 수가 있다./ 이 운동은 누구나 쉽게 실행할 수 있는 방법으로서, 이하 그 방법을 간단히 조목을 따라 적어 보기로 한다. _〈현대인으로 반드시 알아야 할 미용체조법〉, 《삼천리》 1935년 10월호

'미용체조'는 특히 '운동'을 '미'와 연계시킨다는 점에서 주목을 요한다. 이제는 자녀를 잘 낳거나 건강하기 위해서가 아니라 아름답기 위해서, 스타일 좋다는 소리를 듣기 위해서 운동을 해

야 한다는 것이다.

그래서 1920~30년대에는 몸매를 가꾸기 위한 미용체조법에 관한 글들이 신문, 잡지를 통해 쏟아져 나왔다. 특히 "조선 부인들은 미용술이라 하면 꼭 얼굴에만 두고 말하지만 사람 전체에 대한 미용술은 애초에 생각도 아니합니다 …… 첫째에 체격을 바로 잡아야 합니다. 바로잡으려면 운동이 필요합니다"[155]라거나 "미용술이라고 하는 것은 얼굴에 바르는 분이라든지 연지나 화장수에 달린다고만 할 수 없습니다. 부인들의 생화 화초를 배양하는 것 또는 학교에서 가르치는 무용 같은 것은 자태를 우미하고 고상하게 하는 일종의 미용술이 되는 것이니 더구나 체조라든지 운동으로 말하면 일층 근본적 미용술이 될 것이올시다"[156]라며 아름다움의 첫 번째 요소는 얼굴이 아니라 몸매다, 몸매 관리를 위해서는 화장보다 운동이 필요하다는 생각으로 전환시키는 글[157]들이 자주 등장했다.

물론 화장법에 대한 글도 미용체조에 관한 글 못지않게, 아니 그보다 더 자주 신문과 잡지에 실렸다. 20세기 초부터 일본, 중국, 미국, 프랑스 등에서 수입된 화장품은 신문, 잡지

화장품 광고
미용에 대한 관심이 높아지면서 화장품 광고도 늘어났다. 미와 위생을 겸하라는 화장품 광고(《동아일보》 1924년 4월 22일).

를 통해 대중들에게 확산되어갔다.[158] 특히 화장품 광고는 일제 강점기 조선에서 발간된 전체 신문 광고 중 2위를 차지했다.[159] 하지만 화장술이 전통적인 미용 비법으로서 오랜 세월 중요하게 여겨져온 것과 달리, 운동을 통한 몸매 가꾸기는 1920년대 이후에서야 미용 비법으로 인정받게 되었다는 점에서 더 새롭고 흥미로운 현상이 아닐 수 없다.

몸매 가꾸는 운동 비법

그럼 당시에는 어떤 운동을 하면 'S라인' 몸매를 가질 수 있다고 소개했을까? 일단 가벼운 걷기 운동은 각선미를 가꾸는 데 도움이 된다. 〈다리의 건강미를 일층 훌륭케 하는 법, 경쾌한 보행 운동과 마찰이 필요〉(《동아일보》 1929년 4월 3일)에서는 "족부가 가늘고도 경쾌한 것은 자연히 전신의 경쾌를 도우며, 보행 운동을 그리고 전신의 건강을 촉진하게 되는 것으로 이러한 의미에 있어서 족부의 경쾌를 주장하는 것도 필요한 것의 하나이겠습니다"라며 보행 운동을 통해 다리가 가늘고도 경쾌하게 되어야 몸 전체가 경쾌해지고 건강미를 얻을 수 있다고 소개한다.

또한 아침, 저녁으로 실내외에서 체조를 하는 것도 좋다. 〈운동과 체조는 적극적 미용술〉(《조선일보》 1928년 12월 6일)에서 권하는 바에 따르면 "아침 일찍 일어나서나 또는 저녁 자리에 눕기 전에,

방이 넓고 젖먹이 아이가 없는 집에서는 방에서라도 자리옷 입은 채로 다만 오 분 동안의 실내 체조를 하는 것도 좋고, 이보다 조금 더 용기가 있는 사람은 조석朝夕으로 마루나 마당에 나와서 아이들을 데리고 오 분 가량 체조를 하는 것"[160] 이 미용은 물론이고 피로 회복, 히스테리 방지, 노화 방지에도 도움이 된다고 한다. 처음에는 집 안에서 팔 다리를 들썩거리는 것이 부끄러울 수도 있지만 습관이 될 경우 오히려 하루라도 체조를 하지 않으면 몸이 찌뿌드드하게 느껴지기까지 할 것이라며 권장한다. 안마와 마사지도 겸하면 더더욱 좋다고 덧붙이기도 한다.

부위별로 몸매를 가꾸는 운동 방법도 따로 있었다. 체격을 바로잡기 위해서는 운동을 통해 혈액순환이 순조롭게 되도록 해야 하는데, 그렇게 하면 얼굴도 좋아 보이고 육체, 근육이 싱싱해 보이게 된다고 한다. 팔 부위를 위해서는 팔 운동을, 가슴을 풍만해 보이게 하고 등덜미를 민틋하게 하려면 가슴 운동을 해야 한다. 특히 "얼굴 다음으로 제일 많이 띄게 된 것은 다리"이므로 "다리는 너무 살이 쪄도 못쓰고 너무 말라도 못씁니다. 구부러진 것이야 물론 안

美는다리에도
다리의美容術
이사진과가티한번
시험해보십시요

다리 미용술
몸매 가꾸기에 대한 관심의 고조는 각 부위별로 몸매를 가꾸는 운동 비법을 따로 소개하는 글의 확대로 이어졌다. 〈미는 다리에도 다리의 미용술—이 사진과 같이 한번 시험해 보십시오〉, 《조선일보》 1929년 4월 25일. 거꾸로 자전거 타기 운동.

되"기 때문에 사진에서와 같이 다리 미용술도 별도로 해야 한다고 말한다.[161] 그 외에도 다음과 같이 부위별로 구분하여 굽은 등을 교정하는 법, 호흡을 바르게 하기 위한 자세와 호흡 운동법, 목 · 어깨 · 팔뚝의 선을 아름답게 하는 운동법, 각선미를 가꾸는 체조를 소개한 글도 있었다.

> 몸이 워낙 잔약하고 빼빼 말라서는 아무리 얼굴만 반조고레 하여도 실상 아무 보잘 것이 없습니다. 그러니까 먼저 건강해 놓고서 그 다음 화장도 하거나 약품을 써서 그걸 더 이쁘게 뵈도록 되는 것입니다. 육체의 건강미 그것은 몸이 고르게 발달되는 것이 첫째요 몸이 고르게 발달되는 그것은 미용 운동이 제일입니다. 미용 운동 중의 가장 중요한 몇 가지를 가르쳐 드릴테니 미인되시려는 분은 다 함께 시험해 보십시오. 단지 무어나 그렇겠지만 하루 이틀 해보다가 치워서야 무슨 효력이 있겠습니까.
>
> 몸이 고르게 발달된다는 데는 어디를 중심하고서 이야기인데 그 중심은 곧 배입니다. 배가 긴장해 놓으면 몸의 모든 곳이 어느 정도까지 고르게 보이고 배의 근육이 축 늘어져 놓으면 등이 굽어집니다. 굽은 등을 교정하는 데는
>
> 1. 먼저 젖혀 누워서 두 손을 머리 아래 놓고 턱을 잡아당기듯이 끌고 다음 배를 잔뜩 끌어들이고 궁둥이를 가만가만 듭니다. 그렇게 한 열 번은 되풀이해야 됩니다.
>
> 2. 벽에 등을 꼭 대고 두 다리를 대여섯 자 벌리어 발끝을 안으로 향하

게 하고 팔뚝은 양편 다 축 늘어뜨리어 손바닥을 앞으로 내다보이게 한 뒤 배에 힘을 주어서 골반만 치켜드는 것같이 합니다. 그 역시 열쯤은 되풀이해야 합니다.

그런데 자세를 좋게 하는 데는 벽을 등져서 장딴지, 볼기짝, 어깨, 뒤꿈치를 벽에다 맞붙이고서(사진 1을 보십시오—167쪽 사진 참조, 인용자 주) 조용히 서 있는데 체중을 발가락에다가 두거나 한 다리로 몰거나 무릎을 구부려서는 결코 안 됩니다. 이것은 좋은 자세의 기초가 되는 것으로 이 자세로는 호흡도 정상적으로 될 수가 없지 않습니다. 본래 호흡과 자세의 관계는 퍽 밀접해 있는 것입니다. 그러므로 걸을 때나 가만히 섰을 때 좋은 자세로 서 있으려고 노력해야 되고 따라서 언제나 호흡을 주의해야만 됩니다.

호흡을 꼭 바르게 하는 것도 한번만 애를 써서 버릇이 된즉 일생을 두고두고 잊어버리지 않습니다.

온몸에 맥을 놓고 서서 두 손을 허리께 갈빗대 위에 얹는데도 손끝만 닿게 하고서는(사진 2를 보십시오) 숨을 쭉 들이마시어서 가슴이 벌어져서 거기 댄 손인 밖으로 밀려 나오도록 되게 합니다. 심호흡을 한다고 해서 꼭 넓이(?) 가슴이나 어깨가 벌어지도록 호흡을 할 것은 없으니 이 운동을 할 때 함께 깊은 숨을 쉬는 것이 좋습니다.

식사를 적당히 한 뒤 운동을 해서 신선한 공기를 마신다는 것은 무엇보담도 필요한 일입니다. 운동에도 여러 가지의 운동이 있겠지오만 매일 아침 해와 함께 일어나서 속옷을 모두 벗어젖히고 발끝으로 서서 해를 향하고 두 팔을 위로 쭉 뻗는 운동이 가장 유효합니다(사진 3

부위별 운동법

굽은 등 교정법, 호흡 운동법, 목 · 어깨 · 팔뚝 선 운동법, 각선미 체조 등을 각각 소개한 《조선일보》 1937년 11월 2일자 기사 〈체격을 좋게 하는 미용체조〉.

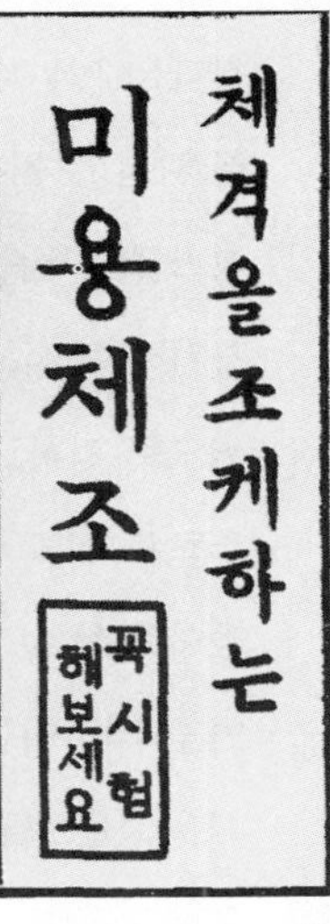

체격을조케하는
미용체조
꼭시험
해보세요

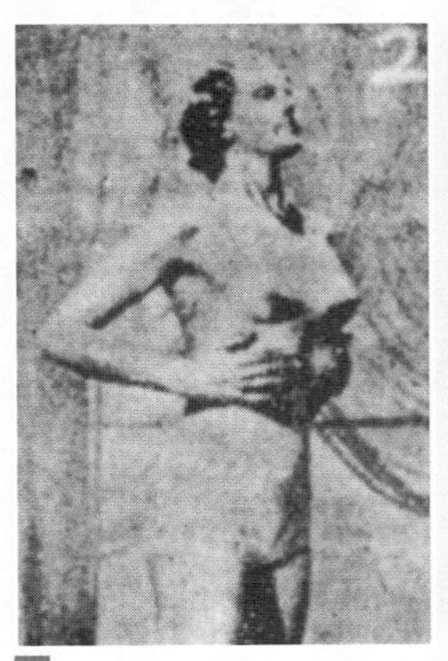

2

1

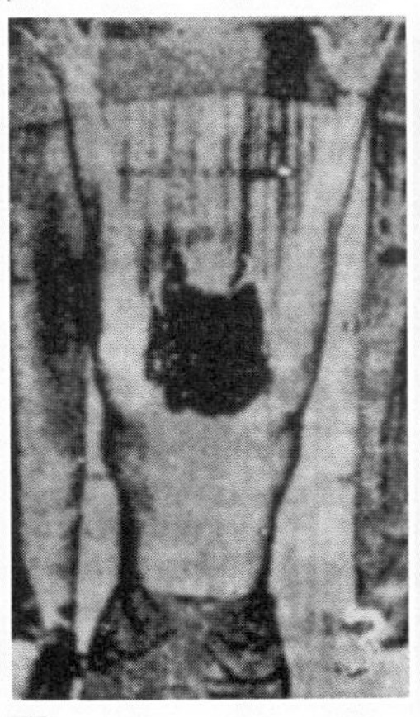

3

4

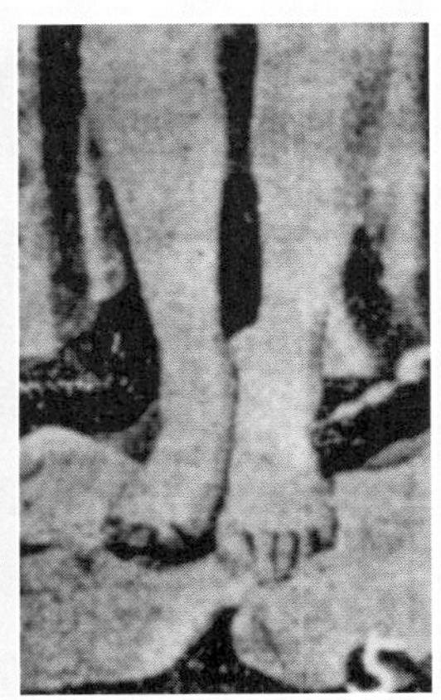

5

을 참고하십시오).

현대의 아낙네들이 많이 양장을 하게 됨에 따라서 목, 어깨, 팔뚝도 늘 내놓게 됩니다. 그중에서도 목은 어깨와 직접 연해가지고 아름다운 선을 그리는 것입니다.

1. 꼿꼿이 서는 자세로서 두 어깨에는 힘을 탁 풀은 뒤에 얼굴을 오른편으로 향하고 턱은 어깨쯤의 높이로 두고 그대로 삼십초를 있다가 스르르 쉬고 이번에는 또 얼굴을 왼편으로 향하고 턱은 마찬가지의 높이로 두고 그대로 삼십초를 있다가 또 스르르 쉽니다. 그렇게 여섯 번 쯤 되풀이합니다.

2. 얼굴을 정면으로 향하고 어깨도 자연스럽게 두고 다음 오른손으로 오른 턱을 괴고 천천히 힘을 들여 얼굴을 왼쪽 어깨편으로 보냈다가 도로 정면의 위치로 가져 옵니다. 그 다음에는 그렇게 서서 왼손으로 왼 턱을 괴고 그 역시 마찬가지로 얼굴 오른편으로 보냈다가 도로 가져옵니다. 이 운동을 할 때 턱을 들어서는 소용이 없습니다. 그리고 그 역시 한 여섯 번 되풀이합니다. 양장에는 물론이고 조선옷에라도 두 다리가 이쁘지 않아서는 몸맵시가 잘 나지 않습니다. 두 다리를 이쁘게 하는 데는 또 이런 운동이 있습니다.

1. 상 위에 세숫수건을 깔고 발 끝에 힘을 주어 그 위에 서서는 발가락 끝으로 그 세숫수건을 밀어서 발뒤꿈치편으로 보냅니다. 이편 발가락 저편 발가락으로 번갈아가면서 그렇게 해서 세숫수건을 뒤로 밀어 버리는 것입니다(사진 5).

2. 다섯 치쯤 두 다리를 벌리고 서서 다리 바깥 편으로 체중이 몰리도

록 발바닥을 땅으로부터 떼면서 점점 더 다리를 양편으로 벌립니다. 그렇게 한 열 다섯 번 하고 또 하고 되풀이해 봅니다._〈체격을 좋게 하는 미용체조〉, 《조선일보》 1937년 11월 2일

늙거나 살찐 부인들을 위한 운동법

한편 몸매에 대해 고민하는 여성들을 자극하는 기사들도 종종 눈에 띈다. 비만인 여성들을 위해 준비 운동으로 스트레칭 후 복부근육, 복부의 후반신, 가슴과 늑골부, 발, 몸통, 다리근육, 어깨, 엉덩이 등 각 부위별 운동 방법을 상세하게 소개한 글도 있었다.[162]

또한 중년 이상의 여성들을 겨냥한 운동법 기사도 여럿 있었다. 〈허리의 살이 빠져 몸맵시나게 하는 미용체조. 중년 부인이 하면 몰라보게 되죠. 간단해서 하기도 쉽다〉(《조선일보》 1938년 1월 27일)에서는 "결혼하기 전 젊은 아가씨네들은 체격이 번듯하고 살이 탱탱해 보입니다만 중년이 가까워질수록 객쩍게 살이 찝니다"라면서 특히 중년부인들에게는 허리, 복부의 살을 빼는 운동을 강조했다. 왜냐하면 "옆으로 보아서 젊은 여성들은 가슴패기 아래가 쑥 들어가 등에 착 붙은 듯이 보이는데 살찐 중년 부인네를 보면 이와 반대로 배가 불룩 나와 있"고, "허리 근처의 선이 밋밋해져서 참 보기 흉"하기 때문이다. 중년 부인들이 양복을 입으

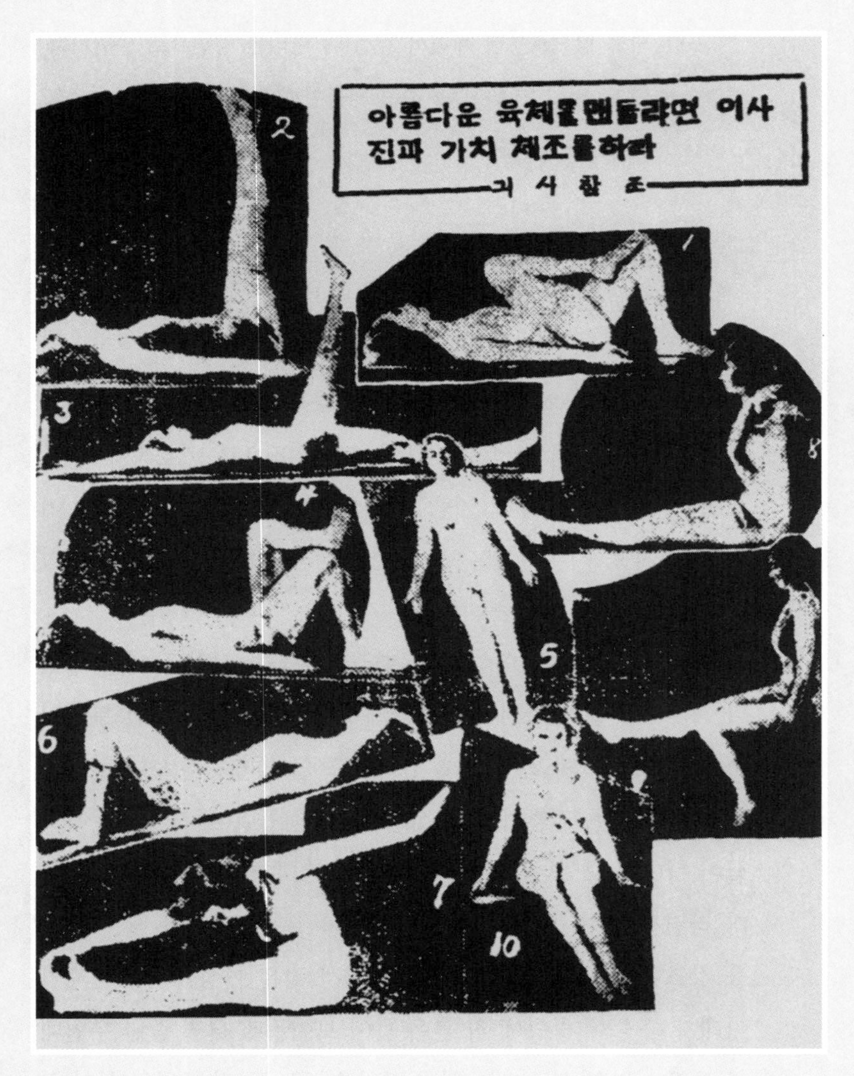

미용체조

〈아름다운 육체를 만들려면 이 사진과 같이 체조를 하라〉, 《조선일보》 1932년 3월 10일.

허리의살이빠저
몸맵시 나게 하는 미용제조
중년부인이하면 몰라보게돼저
간단해서하기도쉽다

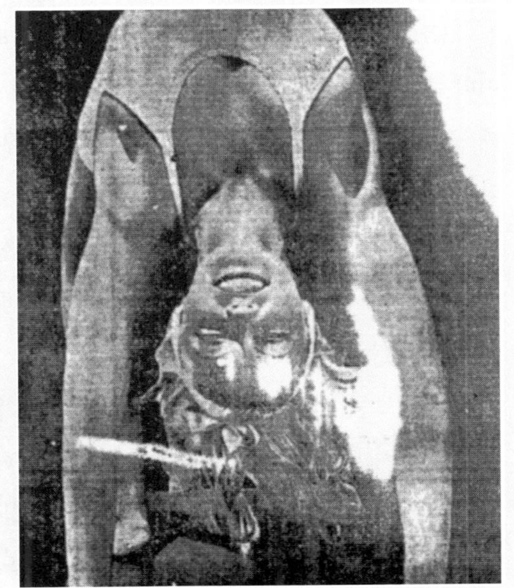

미용체조

곡선미를 가꾸기 위해 여성들은 다양한 '미용체조법'을 익히기 시작했고, 언론은 그것을 추동했다. 위는 《조선일보》 1938년 1월 27일자 기사 〈허리에 살이 빠져 몸맵시 나게 하는 미용체조. 중년부인이 하면 몰라보게 되죠. 간단해서 하기도 쉽다〉, 아래는 《동아일보》 1938년 1월 28일자 기사 〈곡선미를 내는 체조이니 한번 시험해 보십시오〉에 삽입된 사진.

면 맵시가 "고약하게" 보이는 것도 그런 이유란다. 그래서 "자태의 미를 생명처럼 여기는 외국 부인들은 다음과 같은 미용체조를 해서 …… 몸만 무겁게 하느니 살을 없애어 배에서 허리에 이르는 선을 고르게 하도록 노력하고 있"다며 그 체조를 따라하여 외국 부인들처럼 좋은 몸매를 만들라고 말한다. 또한 "스타일에 자신이 있는 분일지라도 자기 자신을 정면으로만 체경에 비춰 보아서는 소용없습니다. 옆으로도 비춰 보아야 되는데 어디고 선이 밋밋한 듯하거든 얼른 이 체조를 시작해 보십시오"라며 꼭 중년 부인뿐 아니라 S라인이 되지 않는 모든 여성들이 자신의 몸을 거울에 비춰 보고 반성하며 체조를 시작해야 한다고 권하고 있다.[163]

이러한 기사들에서 한 가지 더 눈에 띄는 점은 몸매에 대한 관심 고조가 1부에서 살펴보았듯 양장과 연관되어 있었다는 사실이다. "현대의 아낙네들이 많이 양장을 하게 됨에 따라서 목, 어깨, 팔뚝도 늘 내놓게"[164] 됨으로써 노출 부위가 많아졌고, 몸에 타이트하게 맞는 양복을 입었을 때 맵시가 다 드러나기 때문에 허리, 엉덩이, 배, 다리, 팔뚝의 살들을 빼야 한다는 것이다. 이러한 부위들의 살은 한복만 입고 지내던 시절에는 다른 사람들 눈에 띌 리 없는 것들이었다.

그래서 보통 미용체조는 서양 여성들에게 유행하는 것을 소개하는 경우가 많았다. 〈몸맵시 젊게 하는 미용체조 5가지. 위선 늘어진 살을 고쳐야지요〉(《조선일보》 1939년 3월 17일)에서도 "결혼해서 남의 아내가 되고 더구나 한 어머니가 되면 육체의 선과 피부의 탄력이 아무래도 처녀 시절보다는 늘어지고 허물어지는 것" 이라며 처녀 시절과 같은 "발랄한 맵시"를 유지하기 위한 방법으로 "미국에서 유행하는 '어머니 되신 분에' 란 미용체조"를 소개하고 있다.[165]

몸매 가꾸는 생활 습관

한편 운동을 통해 몸매를 가꾸는 데에서 더 나아가 곡선미를 만드는 '기계' 나 진기명기 같은 동작으로 몸매를 가꾸는 해외 사례를 소개하기도 했다. 1937년 7월 1일자 《동아일보》에서 소개한 아래 그림의 '곡선미를 내는 기계' 는 오늘날 척추 교정에 쓰이는

곡선미를 내는 기계
곡선미를 가지려는 여성들의 몸 가꾸기가 '소비' 로 이어지면서 언론에서는 '곡선미를 내는 기계' 까지 소개한다. 〈곡선미를 내는 기계〉, 《동아일보》 1937년 7월 1일.

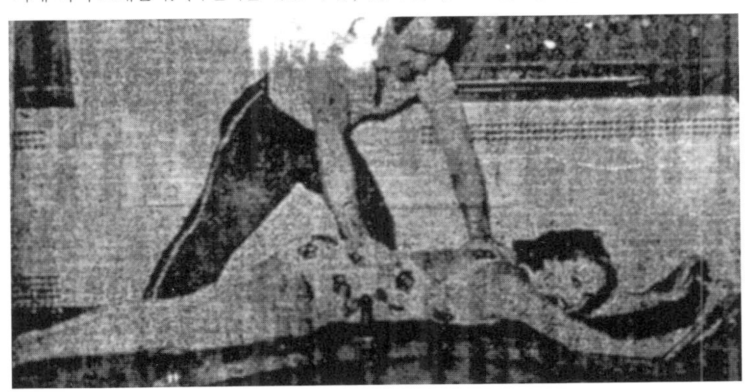

야릇한 미용법
"미국 '로스앤젤레스'의 여배우들은 이 사진과 같이 야릇한 방법으로 몸을 아름답게 만든답니다. '소다수'나 '아이스크림'을 거꾸로 서서 먹는다는 것이니 참 야릇한 미용법입니다." 〈야릇한 미용법〉, 《조선일보》 1927년 12월 13일.

'추나 테이블'과 비슷해 보인다. 그리고 위의 '야릇한 미용법'이라고 소개한 동작은 요가에서 할 법한 자세다. 이러한 것들이 정말 '미용'에 도움이 되었는지는 의문스럽다. 또한 당대의 조선 여성들이 실제로 이러한 기계나 동작을 이용해서까지 몸을 가꿨을 가능성도 많아 보이지는 않는다. 하지만 해외 사례들의 반복적인 노출은 몸매 가꾸는 일이 '시대의 대세'라는 사회적 분위기를 만들어 여성들을 압박하기에는 충분했을 것이다.

또 평소 일상생활 속에서 몸매를 가꾸는 데 적용해볼 만한 생활 정보들도 신문과 잡지에 종종 실렸다. 신문과 잡지에서는 다리 부기를 빼기 위한 마사지 방법이나 족욕 방법, 몸매를 아름답게 만들기 위한 생활습관과 식습관도 알려줌으로써 언제 어디서나 할 수 있는 몸 가꾸기 방법들을 대중들에게 소개했다. 이를테면, 구두 밑에 붕산을 깔면 발밑이 적당하게 서늘하고 오랜 시간을 걸어도 피로를 느끼지 않고, 소금물이나 붕산을 섞은 물로 다리를 씻으면 혈행이 좋아지고 피로가 회복되어 다리의 미를 해치지 않을 수 있다고 한다.[166]

그리고 조선 여성들이 다리가 짧고 무릎부터 종아리가 휜 사람이 많은 이유로 첫째, 백미 편식을 해서 골격의 발육에 필요한 영양소가 모자란 점, 둘째, 앉아서 지내는 습관 때문에 다리 부분이 강하게 압박을 받아 혈액 순환 장애가 일어나는 점을 든 글도 있다.[167] 더불어 이 글에서는 조선 여성들의 키가 작은 이유도 살피는데, 앉아서 생활하는 시간이 많기 때문이라고 말한다. 그래서 체질적으로 조선인과 유사한 일본인이 조선과 유사한 생활환경을 가진 일본에서 자랐을 때보다 미국에서 자랐을 때 4~5퍼센트 키가 더 크다는 일본 학자의 연구를 근거로 들어 생활습관, 환경에 따라 몸도 달라질 수 있음을 강조한다.

백미 대신 혼식을 하는 것 외에 미용에 좋은 식이요법상의 주의할 점도 많이 소개되었다. 기본적으로 하루의 건강유지에 필요한 영양량은 체중 1킬로그램당 40~45칼로리이기 때문에 체중이 50킬로그램인 사람은 하루에 2000~2250칼로리가 적당하다고 했다. 거기에서 살이 더 찌고 싶은 사람은 그보다 좀 더 많은 양의 칼로리를 섭취하고, 살을 빼고 싶은 사람은 그보다 적게 섭취하면 된다. 그런데 이때 단백질, 비타민 등은 생명을 보존하는 데 일정량이 반드시 필요하므로 편식하지 말고 다양한 영양소를 골고루 섭취하는 것이 중요하다고 말한다.

살이 찌고 싶은 사람의 경우는 함수탄소(탄수화물)나 지방이 많이 포함된 음식 섭취를 권한다. 탄수화물은 신진대사 후 90퍼센트까지, 지방은 100퍼센트 체내에 남기 때문이다. 반면 살을 빼고 싶은 사람은 평소 식사량에서 20~30퍼센트 정도 감식을 하고, '탈지식이법脫脂食餌法'에 의해 지방이나 탄수화물이 적게 들어 있으면서 배가 빨리 불러오는 음식을 섭취하고, 생선과 계란이나 양배추, 오이, 무, 미역, 버섯 등의 채소와 과일을 많이 먹는 것이 좋다고 한다.[168]

〈굽은 다리를 올곧게 하는 데는 간단한 이 두 가지의 방법으로 아름다운 다리로 변할 수 있다〉(《조선일보》 1929년 9월 29일)라는 글에서는 "남녀를 물론하고 다리는 가장 중대한 미의 하나입니다. 아무리 얼굴이 예쁘고 묘해도 거기에 조화되는 전체의 미, 즉 온 자세를 조화시키는 다리가 굽었다든지 멋없이 크다든지 한 것은 매우 흉입니다. 더구나 조선 옷같이 모두가 휘감겨서 얼른 보아 잘 알 수 없는 것은 괜찮지만 모두가 몸에 꼭 들어맞아 생긴 그대로 나타나는 양복을 입을 때는 퍽 보기 흉합니다"라며 양장 이후 각선미가 얼마나 중요해졌는가를 강조한다. "요새 와서는 멋없이 통통한 다리는 수술로 고치게 되었"지만(다리 성형에 대해서는 뒤에서 다시 이야기할 것이다) 굽은 다리는 집에서 스스로 교정할 수 있는 방법이 있다면서 매일 저녁 잘 때 헝겊으로 두 다리를 꼭 동여매어 두라고 말한다. 또한 목욕할 때 욕조에 들어가서 두 다리를 곧게 펴면서 손으로 잘 주무르는 것[169]이나 잠잘 때 다리를 올려놓고 자는 것[170]도 한 방법이라고 일러준다.

미인처럼 보이려면 자세도 바르게 해야 한다. 목을 쑥 빼 내밀고 다니지 말고, 생생한 표정으로, 걸음은 활발하게, 무릎은 굽히지 말고 쭉쭉 펴서 걸어야 한다.[171] 특히 짧은 치마를 입었을 때에는 앉을 때 "몸을 의자에 비스듬히 기대어 앉고 무릎을 맞붙이고 한 쪽 다리를 앞으로 약간 내놓으면 다리가 좀 길어 보이고 모양도 좋아" 보인다. 또 "전차 속 같은 데서도 몸을 뒤로 바싹 붙이고 앉은 다음 다리를 뒤로 몰아 두면 여러 사람에게 짓밟힐 일도 없고 여러 사람에게 거슬리지도 않고 추태도 안 보이게" 된다고 한다.[172]

자세 교정
미인이 되기 위해서는 자세도 바르게 가져야 한다는 기사. 〈아름다운 각선미! 쇼-트 스커-트가 유행되어 결점이 눈에 띄기 쉬워요〉, 《조선일보》 1940년 4월 19일.

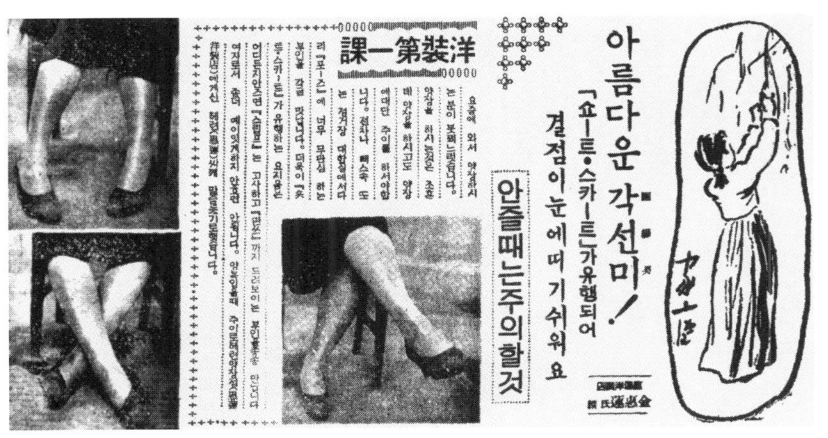
아름다운 각선미!
「쇼-트·스카-트」가 유행되어
결점이 눈에 띄기 쉬워요
안줄때는주의할것
洋裝第一課

패션을 통해 몸매의 단점 커버하기

이처럼 몸 자체를 아름답게 가꾸는 게 불가능한 경우에는 "의복 맵시로라도 육체의 단점을 잘 조화시켜야" 한다. 상체가 길어서 보기 흉한 여성은 되도록 상의를 짧게 하고 치마를 길게 입는 것이 좋다.[173] 또한 뚱뚱한 여성은 짙은 색 옷을, 마른 여성은 옅은 색 옷을 입으라고 조언한다.[174]

양말도 잘 선택해서 신어야 각선미가 돋보인다고 알려주는 글도 있다. 구두와 양말이 더럽거나 양말을 잘못 신으면 눈에 잘 띄

몸매 단점 보완을 위한 패션

몸 자체를 가꾸는 것이 불가능할 경우 다른 패션을 통해 단점을 보완하라는 글들도 등장했다. 양말은 각선미 보완을 위한 패션으로 언급된다. 사진은 《동아일보》 1934년 11월 21일자 기사 〈과거사세기간의 부인양말의 변천〉에 실린 부인들의 양말 착용 모습.

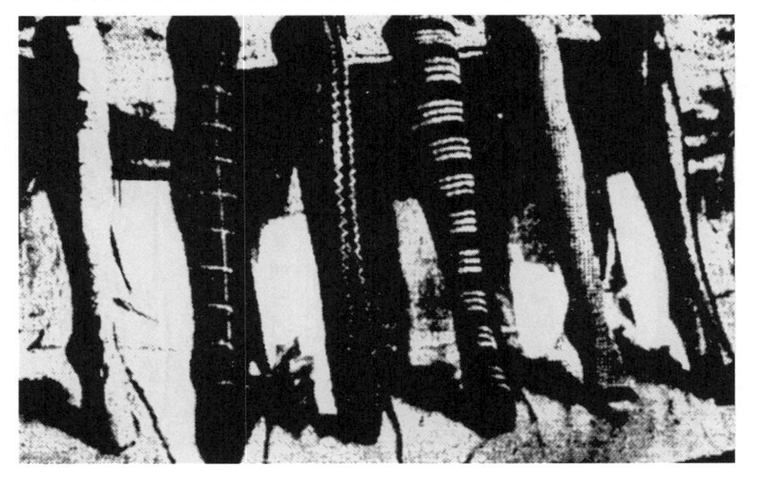

기 때문이다.[175] "의복만 사치하고 양말을 푸대접하는 경향이 있으나 그것은 각선미를 저버리는 것으로 온당치 못한 단장"이라고까지 말한다. 원료에 따라 비단 양말은 여성들이나 연미복, 턱시도를 입는 남성들이 신는 양말이고, 인견 양말은 남녀 중 아무나 신어도 천박해 보이고, 양털 양말은 주로 남자나 아이들이 신고, 털실로 짠 양말은 노인이나 어린아이들이 신는 양말이다. 또 양말을 신을 때는 색깔도 고려해야 하는데, 예복을 입을 때는 검은빛 양말, 그 이외에는 의복색과 조화를 시켜 통일하고, 구두나 남자의 넥타이, 여자의 숄 등의 색깔과 조화시키기도 해야 한다고 한다.[176]

3장
의학으로 예뻐지기

예뻐지기 위한 마지막 수단, 미용성형외과 수술

"저-미용정형외과라는 게 있지?"

"미용정형외과?"(중략)

"왜 그래, 뭔데 그래?"

나는 재차 이렇게 물으면서

"현대의 과학적 의술이란 참으로 놀랄 만한 위력을 가지고 있어. 더구나 외과의학의 발달이란 참으로……."

이렇게 의료기관에 대해서는 선전적이요 환자에게는 선동적인 말까지 부가를 했었습니다. 그랬더니 아내는 그제서야 혈기왕성해져서 눈이 샛별같이 빛났었습니다.

"정말로 고쳐지고, 나중에 탈 없을까?"

"정말 고쳐지고말고. 감쪽같지."(중략)

아—나는 여지껏 멋모르고 날뛰다가 정신이 번쩍 났었습니다. 창극조에 나오는 춘향이 코 이몽룡이 코 이상으로 코타령이 길어지다가 심상치 않은 절박한 사태에 빠지고 말았습니다.—여러분 아시겠어요? 제 아내는 눈두덩이 두둑한데다가 실눈입니다. 그뿐 아니라 콧등도 다듬어 놓은 주택지처럼 펑퍼짐하게 생겨서 참말 보잘것없습니다. 게다가 어린애를 서넛 낳더니 얼굴에 주근깨가 왜간장 튀듯 했고, 또 왼쪽 볼따구니에는 오 전짜리 둘레만한 점이 있습니다 …… 그러나 그렇다고 해서 내가 자기한테 장가를 안들었습니까, 한 번이고 친정에 보내기를 했습니까? 더구나 자기보고 눈깔딱지가 어떠니 코 생긴 꼬락서니가 어떠니 하는 말을 한 번도 해본 적이 없었으며 물론 못생겼단 소리는 전혀 못해보았고 또 이쁘단 소리도 양심에 부끄러워 못했을 뿐이었습니다. 그렇건만 그 작자는 딴 생각이 든 모양이지요.

"쉬어라 쉬어. 네 주제에 코 수술? 눈 수술? 원숭이보고 미용원에 가래라!"

성미대로 한다면 댓바람 이런 소리를 퍼붓고도 싶었지만 자기가 수술받겠단 말을 밝히 내세우지 않았고, 또 설령 내세웠다 할지라도 다른 것과 달라 얼굴에 관한 것을 가지고 면박을 주는 그런 잔인한 짓은 차마 할 수 없었습니다.……

아내가 밖에 나간 사이에 대체 그놈의 책이 뭔가 하고 나는 방바닥에 엎어 놓인 것을 슬쩍 뒤집고 보니 'XX여성잡지 부록 부인의전', 내 아내 점순 여사가 골똘히 보신 대목은 산과나 부인과도 아니요, 내과

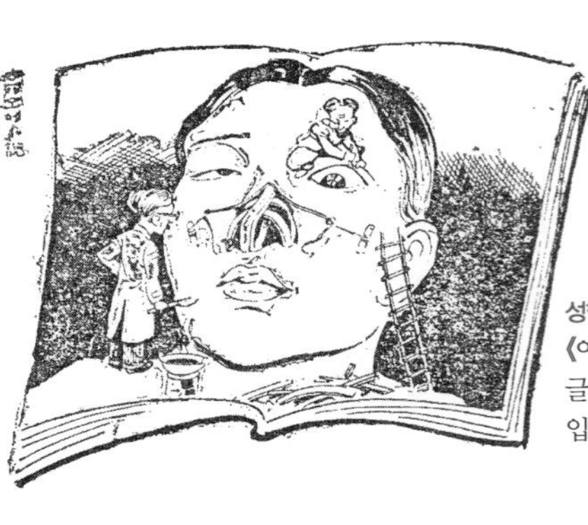

성형수술
《여성》 1937년 7월호에 실린 김택웅의 글 〈유모어 소설—남편의 변명〉에 삽입된 삽화.

도 아니요, 미용정형외과인 모양이었습니다. 우선 눈에 대한 것 중에는 눈 쌍꺼풀지게 하는 대목을 보고

"……눈을 쌍꺼풀지게 해서 시원하고 예쁘게 하는 수술에 대해서는 지금으로부터 십삼 년 전만 해도 꿈 같은 이야기에 속했었으니……"

(중략)

건성건성 이렇게 뛰어 보기는 했지만 안부인네가 보아 몹시 회가 동할 만큼 자기의 기술 선전을 한 모 의학박사의 집필이었습니다. 그 다음에 그놈의 코타령은 무어라고 써 있나 하고 책장을 두어 장 넘기고 보니 거기에는 석랍 주사법이니 상아 융비법이니, 또 인체지방 융비법이니 또 무슨 …… 약액 융비법이니, 육화 융비법이니 해 가지고…….

미용정형외과에 관한 것으로는 비단 눈과 코뿐만이 아니었습니다. 건순乾脣진 입술, 젊은 여자의 군턱진 것, 볼따구니의 살 없는 것을 특별한 방법으로 정형을 시켜 어여쁘게 보이도록 할 수 있다는 이야기며, 먹사마귀와 붉은 점, 검은 점과 주근깨 같은 것은 수술 또는 외용약으로 게눈 감추듯이 없애어 고운 살결을 만들 수 있다는 둥, 어쨌든 집

필자 선생님 댁과 그 잡지사 대리부에 돈 사태가 나도록 하자고 편찬 해 놓은 책이었습니다. _김택웅, 〈유모어 소설—남편의 변명〉, 《여성》 1937년 7월호

운동도 하고, 마사지도 하고, 음식도 가려 먹고, 항상 자세도 바르게 하고, 자기 외모의 단점을 보완하는 옷이나 화장도 해보고……. 생활 속에서 할 수 있는 모든 노력을 다해도 여전히 외모에 불만이 있으면 어떻게 해야 할까? 남은 방법은 하나, 성형수술이다. 1920년대에 공론화되기 시작한 '미인'의 조건이 점점 정형화된 규격을 갖춰가면서 운동이나 마사지, 옷, 장신구, 헤어스타일, 화장을 통해 몸을 가꾸는 차원을 넘어서 의학을 통한 조형술, 즉 '미용성형외과 수술'까지 동원되기 시작했다. 위의 소설 《남편의 변명》을 보면, 오늘날 여성잡지에 수십 개씩 실리는 미용성형 광고가 이미 1930년대 후반부터 있었던 모양이다.

많이 알려진 대로 외과수술은 조선에서 서양 의학이 전통 의학을 '물리치고' 의학의 헤게모니를 장악하게 만든 결정적 요인 중 하나였다. 1884년 알렌이라는 선교사가 갑신정변에서 자상刺傷을 입은 민영익을 외과수술로 치료한 덕분에 고종을 비롯한 지배 계층이 서양 의학을 신뢰하게 된 유명한 사건. 그것이 '제중원'이라는 한국 최초의 근대 서양식 병원 설립에 하나의 계기가 되었다는 의학사는 여기서 더 자세히 이야기할 성질의 것은 아니다.[177] 여하튼 그만큼 사람의 몸을 칼로 째고, 도려내고, 자르고, 꿰매는 외과의학의 수술 방법은 조선인들에게 매우 낯설고도 놀라운 것

이었음만은 분명하다.

알렌의 1885년 4월 10일자 일기에 따르면, 알렌이 제중원에서 처음 진료한 날 찾아온 환자 총 20명 중 절단수술을 해야 할 환자가 3명이었으나, 그들 모두 절단수술 받기를 거부했다고 한다.[178] 근 500년간 '신체발부身體髮膚는 수지부모受之父母'라며 몸의 털끝 하나라도 함부로 건드리지 않는 것이 부모님께 효도하는 길이라고 믿어온 조선인들이 몸에 칼을 대는 일을 얼마나 큰 불효로 여겼겠는가. 물론 살기 위해서였지만, 때론 신체 부위를 절단하거나 큰 흉터를 남겨야 하는 외과수술을 받는 일은 쉽지 않은 것이었다. 그러던 것이 외과수술이 조선 땅에 도입된 지 50년도 채 안 되는 시점에 이르러서는 '살기' 위해서가 아니라 '예뻐지기' 위해서까지 몸에 칼을 대고 있었던 것이다.

쌍꺼풀 수술과 오엽주

당시 매체에서 자주 언급하던 미용성형수술의 종류로는 융비술, 쌍꺼풀 수술, 다리 수술 그리고 가슴 성형수술 등이 있었다. 눈, 코, 다리, 가슴 부위를 아름답게 만들기 위한 성형외과수술 방법이 조선 땅에도 소개되면서 앞에 인용한 소설처럼 여성잡지에 실린 성형외과 정보를 보고 자신의 몸을 고치려는 열망을 가진 여성들이 생겨났다. 그리고 실제로 일부 여성들이 이러한 수술을 받은 사례도 있었던 듯하다.

최초로 쌍꺼풀 수술을 한 조선 여성은 오엽주였다. 당시는 일본에서도 여배우 몇 명이 겨우 쌍꺼풀 수술을 할 정도였다. 그러던 시기에 그가 동경에서 '퍽 예쁘게' 수술에 성공하고 돌아온 것이다. 당연히 반응은 폭발적이었다. 하지만 구체적인 시술 방법을 모른다는 점이 걸림돌이었다. 그래서 서울의 안과병원 '공孔안과' 에서는 그녀를 특별 초빙하여 자세한 얘기를 듣고 난 뒤 쌍꺼풀 수술을 시작했다고 한다.

> 오여사는 한국에서 제일 먼저 쌍꺼풀 수술을 한 멋쟁이이기도 하다. 이미 맏딸 계원桂媛(미국명 카렌, 17일 함께 귀국)씨를 낳기 전에 쌍꺼풀 수술을 해치웠었다. 계원씨는 올해 40세가 된다. 일본 여배우 몇 명이 쌍꺼풀 수술을 할 정도인 때였다. 그가 동경 마루노우찌 우찌다안과에서 '퍽 예쁘게' 수술에 성공하고 돌아오자 서울의 '공孔안과' 에서 특별 초빙, 자세한 얘기를 듣고 쌍꺼풀 수술을 시작했다는 얘기다. _〈고국의 여름을 찾아온 개화기 최초의 미용사. 40여 년 전 종로에 미용실 차린 오엽주 여사〉, 《조선일보》 1972년 4월 20일

전통 사회에서는 크고 쌍꺼풀 진 눈이 미인의 요건에 포함되지 않았다. 고전소설의 경우 미인의 눈 크기에 대해서는 언급한 예가 없지만 추녀의 눈을 '퉁방울' 이나 '왕방울' 같이 크다는 식으로 묘사한 예로 보아 크지 않은 눈을 더 아름답다고 여겼던 듯하

다.[179] 그런데 1930년대에는 쌍꺼풀이 있는 눈을 가진 여성이 미인으로 취급되는 쪽으로 바뀌었다. 김동인이 "동경 등지에서는 미인이 되려고 신여성들이 의사 있는 곳으로 찾아가서 …… 쌍꺼풀눈의 수술을 받는다고 합니다. 미모의 제일 조건이 쌍꺼풀진 눈이란 말까지" 생겨났음을 언급한 시기도 1932년이었다.[180]

앞의 오엽주 관련 기사가 게재된 1972년 4월 당시 그녀의 딸의 나이가 40세인데 이 딸을 낳기 전에 쌍꺼풀 수술을 받았다고 하니 적어도 1932년 이전에 수술을 받았을 것으로 추정된다. 좀 더 구체적으로 살펴보면, 그녀가 미용 기술을 익혀 조선 최초의 미용사가 된 때가 1926년이었고,[181] 일본으로 건너가 배우로 활동한 시기가 1927년이었으며,[182] 여러 우여곡절 끝에 다시 조선으로 돌아와 미용원을 차렸다는 기사가 1933년에 실린 것으로 보아 오엽주는 일본에 건너가 있던 1927년에서 1932년 사이에 일본에서 쌍꺼풀 수술을 받았을 것으로 추정된다.

그런데 일본에서 활동 중이던 이 시기에 실린 오엽주 사진을 보면 1928년에서 1929년 사이에 그녀가 쌍꺼풀 수술을 했을 가능성이 높다. 1928년 9월 21일까지만 해도 그녀가 외까풀의 눈을 가지고 있었음을 쉽게 확인할 수 있다(187쪽 위 사진). 또한 이때까지 언론 지면에 실린 모든 오엽주 사진에는 안경이 보이지 않는다. 반면 1929년 2월 17일에 그녀가 잠시 조선에 돌아왔을 때 인터뷰를 하면서 찍은 사진(187쪽 아래 사진)에서는 달라진 점 한 가지를 발견할 수 있다. 그녀가 안경을 끼고 있는 것이다. 그녀는 이 사진 이후 찍은 사진에서 항상 안경, 그것도 대부분 색안경을 착용하고 있다.

오엽주가 이때부터 갑자기 안경을 착용한 것이 쌍꺼풀 수술 자국을 감추기 위한 목적이 아니었을까 싶다. 시술 방법이 나날이 첨단화되는 오늘날에도 쌍꺼풀 수술을 받은 뒤 수술 받은 흔적이 너무 뚜렷해서 안경으로 눈을 가리고 다니는 사람들을 종종 보게 된다. 하물며 수술 도입 초창기에는 오죽했겠는가. 쌍꺼풀 수술로 눈이 '퍽 예쁘게' 되었는지는 몰라도, 수술 자국으로 인한 부자연스러움은 어쩔 수 없는 일이었을 것이며, 그런 탓에 그녀는 안경을 끼지 않을 수 없었을 것이다. 미용원의 화장 전문가인 그녀가 매일 자신의 화장을 하는 데 2시간씩이나 걸린 이유[183]도 쌍꺼풀을 자연스럽게 보이게 하려고 공을 들인 때문인지 모르겠다.

한편 '공안과'가 일본에 가서 쌍꺼

오엽주
위(《조선일보》 1928년 9월 21일)에서는 외까풀의 눈이지만 아래(《조선일보》 1929년 2월 17일)에서는 안경을 착용하고 있다. 오엽주는 이 사이에 쌍꺼풀 수술을 했을 가능성이 높다.

오엽주 미용원 홍보 사진
가운데 색안경을 착용한 사람이 오엽주다. 쌍꺼풀 수술 받은 흔적을 감추기 위해 착용한 것이 아닌가 추측된다.

풀 수술을 받은 오엽주라는 한 여성의 체험담만을 듣고 쌍꺼풀 수술을 시작했다는 기사 내용이 사실인지는 뚜렷한 기록이 없어 확인하기 어렵다. 확인할 수 있는 부분은, 공안과의 설립 시기가 1938년이라는 점과, 언제부터였는지는 불확실하나 공병우 박사가 쌍꺼풀 수술 기술을 습득하고 있었던 것은 맞다는 사실이다. 공병우 박사의 자서전《나는 내 식대로 살아왔다》에 따르면, 그가 개인 안과병원으로는 한국 최초인 '공안과'를 안국동에 개업한 때가 1938년[184]이었고, 이 병원이 "눈 잘 고치는 공안과"라는 소문이 나서 번창하기 시작하여 서린동으로 확장 이전한 때가 1년 뒤인 1939년이었다고 한다. 따라서 오엽주가 공안과에서 자신의 쌍꺼풀 수술 경험을 증언했다면 그 시기는 1938년 이후였을 것이다. 그리고 공병우는 1957년에 미국 하와이를 방문했다가 세계안과학회 총무인 홈스 박사의 부탁으로 쌍꺼풀 수술을 한 적이 있다며 "하와이에 퍼뜨린 쌍꺼풀 수술"이라는 회고[185]도 남겨놓았다. 정식 의과대학 코스를 밟지 않고 독학으로 의사 검정고시에 합격한, 그럼에도 탁월한 능력을 인정받아 나고야 의과대학에서 박사학위를 받은 공병우라면, 독학과 시술 체험자의 경험담만으로 쌍꺼풀 수술을 익혔을 가능성도 전혀 없지는 않을 것 같다. 1930년대에 의사 김은선金殷善도 쌍꺼풀 수술은 비교적 쉽다고 언급하기도 했다.[186] 이런 점들은 1930년대 말에서 1950년대 중반 사이에는 조선에도 쌍꺼풀 수술을 할 수 있는 의사가 존재했으리라는 추정을 가능하게 한다.

낮은 코가 어쩌면 높아집니까, 융비술

코를 높이는 수술인 융비술은 1920년대 중반경부터 외모를 가꾸는 데 관심이 있는 조선 여성들에게 알려졌다. 《조선일보》의 1925년 9월 6일자 상담코너 기사에서는 〈낮은 코가 어쩌면 높아집니까〉라는 제목으로 서울 모 권번에 속한 18세 기생이 자신의 얼굴이 남에게 빠지지는 않지만 코가 납작한 것이 흠이라며 코를 높이는 방법을 문의하고 있다. 이에 대해 코너 담당자는 "병원에서 융비술로 코를 돋을 수도 있기는 있으나 그것은 오히려 부자연한, 즉 자연미를 없애는 것이 될지도 모릅니다. 융비술을 하여 코를 돋우거나 안 돋우는 것은 당신 자유에 맡기거니와 나의 생각에는 무엇보다도 먼저 마음의 미를 취하십시오"라고 조언한다. 융비술을 언급하되, 그것을 권장하지는 않았던 것이다.

그러나 같은 신문에서 약 2년 뒤에는 〈낮은 코를 인공으로 높이는 이야기〉라는 제목으로 총 5회에 걸쳐 융비술을 매우 자세하게 소개함으로써 은연중에 이러한 수술에 대한 관심과 기대를 끌어내려 했다.

> 융비술이라고 하면 그 숙어부터 일반사람에게 우스운 감상을 줍니다. 코가 얕은 사람 더욱이 여성 중에는 코 하나가 조금 얕은 것으로 말미암아 미美의 손색을 느끼는 애석한 일이 적지 않습니다. 그러나 조선에서는 의사들 사이에도 "융비술은 다 무엇인고 별 장난들 다 하지"하고 비웃는 처지이므로 누구나 감히 코를 높이겠다고 나설 용기가 줄어지는 것이올시다. 우리가 서양사람처럼 코를 우뚝하게 만들어야 반드시 얼굴이 아름다워 보인다는 것은 아니지마는 코는 얼굴 중앙에 있는 관계로 주관적으로나 객관적으로나 많이 마음이 쓰이는 것이올시다. 마음이 쓰인다는 그것이 융비술의 필요를 일층 깊게 일으켜주는 것이외다. 지금까지 낮았던 코를 갑자기 올린다는 것은 그 결과가 아무리 훌륭하다 할지라도 습관상으로 보아 웃지 않을 수가 없는 것은 사실이올시다. 그러므로 보통 사람은 융비술이라면 무슨 특종의 물건과 같이 생각하게 하는 것입니다마는 실상 융비술이라는 것은 의학상 이비과耳鼻科의 정형수술에 지나지 못하는 것인즉 이비과 전문의사들은 누구나 다 할 것입니다. '클레오파트라'의 코가 한 푼 낮았

더라면 역사가 변하였을지도 모른다는 말도 있거니와 과연 코는 그만큼 위대한 사회성을 띠고 있는 비례로 낮은 것보다는 높은 것이 낫다고 생각합니다. 그러나 산이 높기만 하다고 명산이라고 할 수 없는 것과 마찬가지로 코도 높기만 하다고 자랑할 것은 못됩니다. 얼굴에 비례하여 적당히 높지 아니하면 조화가 되지 아니합니다. 조화가 되지 않는 곳에서 미를 발견할 수는 없는 고로 함부로 코만 높이면 오히려 높이지 않은 것만도 못하게 웃음거리가 되고 맙니다. 어떤 이는 '코만 조금 높았으면 미인이 될 걸' 하는 유감을 품게 된 이도 있습니다. 그런 이에게 대하여는 융비술의 발견이 아무 데도 비하지 못할 큰 기쁨이라고 하겠습니다. 사람은 마음의 미가 제일이라는 말에 대하여 이의를 가질 이는 없겠지마는 융비술을 한다고 마음의 미가 없어질 것은 아닌즉 이상적으로만 할 수 있다면 여기에 반항할 사람도 없을 줄 압니다. _〈낮은 코를 인공으로 높이는 이야기(1)—높기만 하다고 어여쁜 건 아니다 얼굴에 조화가 되면 그만〉, 《조선일보》 1927년 5월 15일

이 연재 기사에서는 뒤이어 파라핀 요법, 연골 및 근육 이식법, 상아 삽입법 등 다양한 융비술을 소개하고 각 수술방법에 어떤 장단점이 있는지까지 자세하게 알려준다. 파라핀 요법은 코에 용융점이 낮은 파라핀과 높은 파라핀을 적당하게 혼합하여 주사하는 시술로서 코의 모양을 마음대로 만들기가 쉽다는 것이 장점이다. 그러나 '파라히놈', 즉 오늘날 '파라피노마Paraffinoma' 라고 불리는, 파라핀과 생체조직 사이의 거부반응 때문에 부작용이 우려

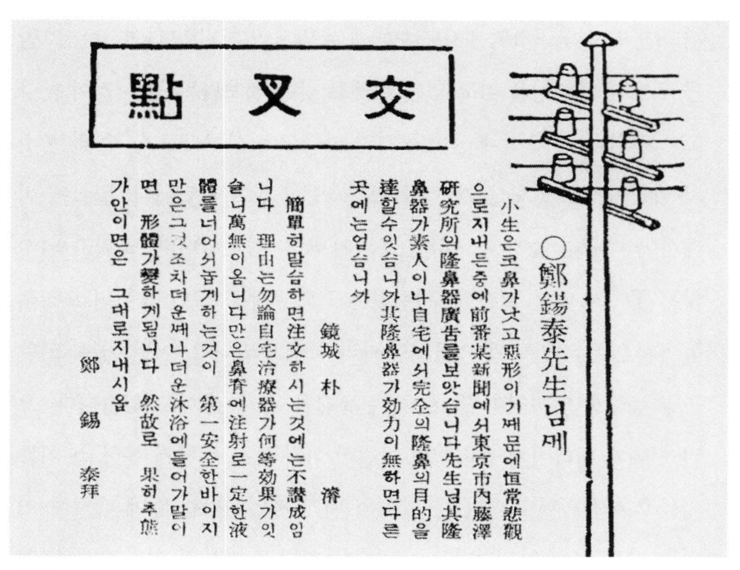

交叉點

○鄭錫泰先生님께

小生은코鼻가낫고惡形이기때문에恒常悲觀으로지내든중에前番某新聞에서東京市內藤澤研究所의隆鼻器廣告를보앗습니다先生님其隆鼻器가素人이나自宅에서完全의隆鼻의目的을達할수잇습니까其隆鼻器가効力이無하면다른곳에는업습니까

鏡城 朴濟

簡單히말슴하면注文하시는것에는不讚成입니다 理由는勿論自宅治療器가何等効果가잇슬니萬無이옴니다만은鼻脊에注射로一定한液體를너어서놉게하는것이 第一安全한바이지만은그것조차더운때나더운沐浴에들어가말이면 形體가變하게됨니다 然故로 果히추態가안이면은 그대로지내시옵

鄭錫泰拜

융비술

《삼천리》 1931년 11월호 〈교차점交叉點〉에 실린 융비기隆鼻器 관련 문답은 파라핀 요법, 나아가 융비술에 대한 당시의 인식을 잘 보여준다. 이 문답에서 낮고 기형인 코 때문에 비관에 빠진 한 독자가 일본의 융비기隆鼻器 광고를 보고 제품 구매 문의를 하자 답변자는 파라핀 요법이 제일 안전하기는 하지만 그것 역시 문제가 있으므로 그대로 지내는 편이 낫다고 말한다.

된다는 약점이 있었다. 자신의 연골이나 근육을 잘라내어 코에 이식하는 연골 및 근육 이식법도 있었다. 하지만 이 시술법도 연골이나 근육을 잘라낸 부위에 흠집이 생기기 쉽고, 모양을 자신이 원하는 대로 만들 수 없고, 소독하기도 어렵다는 점에서 역시 한계가 많았다.

이러한 소개 후 기사에서는 가장 안전하면서 편리한 방법으로 상아 삽입법을 권한다. 이는 상아를 삽입하는 융비술이 1923년 일본의 니시하타 요시다가 논문을 발표하면서 세계 최초로 등장[187]했기 때문인지도 모른다. 연재 기사에 따르면, 이 방법은 상아를 자신이 원하는 모양대로 깎은 뒤 코에 삽입하기 때문에 "의사가 상아를 조각하는 기술이 뛰어나고 얼굴을 돋보이게 할 심미안만 있다면" 훌륭한 수술 효과를 거둘 수 있다. 또한 파라핀 요법에서와 같은 파라피노마 현상이 일어날 우려도 없으며, 흉터도 거의 남지 않는다고 한다. 수술 시간도 15분 내지 30분밖에 걸리지 않고, 소독하기에도 편리하고, 필요한 경우 삽입한 상아를 다시 빼낼 수 있다는 것도 장점으로 꼽고 있다. 수술 후 다소 이물감이 느껴질 수 있으나 이것도 적응 가능한 문제란다.

1933년에 실린 〈융비술도 일종의 모험-예뻐지려는 분 주의하십시오〉(《조선일보》 1933년 12월 16일)라는 기사에서도 위의 기사와 유사하게 "근래 미용의학은 놀랄만치 진보하였는데 따라서 융비술-즉 낮은 코를 높게 이쁘게 하려는 방법도 연구된 지 오래입니다"며 융비술을 파라핀 주사, 상아 사용법, 이식법, 코가 전혀 없는 사람에게 코를 해 붙이는 법(재건성형)으로 나누어 소개한다.

그러나 《별건곤》 1930년 5월호에서 김은선이라는 의사와 기자가 나눈 좌담에 따르면 쌍꺼풀 수술이나 융비술은 1930년까지도 "조선서는 아직 하는 데가 없"었고, 수술을 하기 위해서는 일본으로 건너가야 했다고 한다.[188] 그래서 김은선은 자신도 기회가 되면 일본에 가서 이 수술 방법을 배워오고 싶다고 말한다.

기자: 그런데 융비술이나 쌍꺼풀 지우는 수술은 하시지 않습니까. 일본 같은 데서는 전문가들이 많이들 하고 있는 모양이지요?

의사: 네, 조선서는 아직 하는 데가 없습니다. 기회만 있으면 일본 가서 좀 배워올까 하고 있습니다만…….

기자: 파라핀 주사는 오래 가지 못한다고요. 열병이나 한번 앓고 나면 높인 코 장등이가 무너진다니 어디 되겠어요.

의사: 요새 와서는 그 주사 말고 절개수술을 해서 상아 같은 뼈를 해 넣기 때문에 그런 염려는 없는가 봅디다. 쌍꺼풀 같은 건 쉽게 되고요. _좌담, 〈지상이동좌담회, 해학 속의 실정實情: 청화의원 김은선씨와 미용술을 중심으로—홀몬설까지〉, 《별건곤》 1930년 5월호

이 좌담에서 기자의 질문에 답하는 김은선은 1920년에 경성의전을 졸업하고 1925년에 청화의원淸華醫院을 개업한 의사[189]로, 가난한 민중에게 저렴한 비용으로 진료를 해주어 신문에도 실린 적이 있는[190] 실존 인물이다. 따라서 의학 기술 현황이나 추세에 대한 그의 발언은 전문가적 신빙성이 어느 정도 있어 보인다. 그런데 그 역시 파라핀 요법 대신 상아 삽입법이 안전하다는 언급을 하고 있으며, 융비술보다는 쌍꺼풀 수술이 쉽다는 말을 덧붙인다. 이로 보아 1920년대부터 성형수술에 대해 어느 정도 정보나 관심이 있기는 했으나 1930년 당시까지만 해도 조선 의사가 정식으로 성형수술을 하는 경우는 없지 않았나 싶다.

서양에서조차 수술 결과가 마음에 들지 않는다며 치료비 환불이나 손해배상을 요구하기도 하고, 심지어는 자신을 수술한 의사를 살해하는 일까지 벌어질 만큼[191] 성형수술은 고난도의 기술을 요하는 것이었다. 게다가 조선 사회에서는 여전히 성형수술에 대한 거부감도 존재해서 수요자가 그리 많지 않았다.

〈위생문답〉 융비술隆鼻術에 대한 문의

〈문〉 20세 처녀이온데, 코가 얇아서 남모르는 비관을 하던 중 반가움

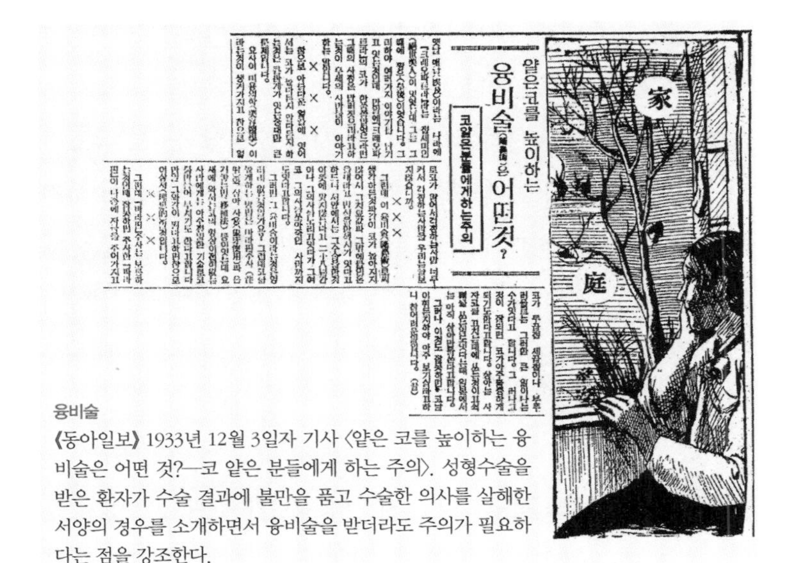

家庭

얇은코를 높이하는

융비술(隆鼻術)은 어떤것?

코얇은분들에게하는주의

융비술

《동아일보》 1933년 12월 3일자 기사 〈얇은 코를 높이하는 융비술은 어떤 것?—코 얇은 분들에게 하는 주의〉. 성형수술을 받은 환자가 수술 결과에 불만을 품고 수술한 의사를 살해한 서양의 경우를 소개하면서 융비술을 받더라도 주의가 필요하다는 점을 강조한다.

게도 코를 높일 수 있다는 소식을 듣고 저도 곧 실행하려 하오나 동무의 말을 들으니 시일을 경과하면 코가 삐뚤어진다는 등 코 살색이 푸르다는 등 늙으면 흉해서 볼 수가 없다는 등 여러 가지 말을 하니 얼른 실행키도 무섭습니다. 그리고 음성도 이상해진다 하니 그게 정말일까요?(용산龍山 일독자一讀者)

〈답〉 천연적으로 두는 것이 좋습니다. _〈위생문답〉, 《조선중앙일보》 1935년 5월 1일

앞에서 1925년에 기생이 코를 높이는 문제에 대해 문의했을 때 나왔던 답보다 더욱 '싸늘한' 이 대답, 구구절절 자신의 고민을 털어놓은 '용산의 일독자' 만 무안하게 만든 짧은 한마디, "천연적으로 두는 것이 좋습니다"는, 10년이 흐른 1935년에 이르러서도 성형수술에 대해 조선 사회가 얼마나 부정적인 태도를 가지고 있었는지를 보여주는 예다.

성형수술에 대한 이러한 거부감은 사실 오늘날까지도 유효하다. 유명인사, 특히 연예인들이 성형수술을 한 사실을 과거 사진과 비교하며 집요하게 밝혀내고, 과도하게 성형수술을 했을 때 맹비난을 퍼붓거나 조롱하는 일이 요즘의 대중들에게는 일상처럼 여겨질 정도다. 그러니 지금으로부터 70년도 더 전에 대부분의 사람들이 '성형 미인' 보다 '천연 미인' 을 선호한 것은 당연한 일이다.

한국에서는 해방 직후까지도 전문의 제도가 확립되어 있지 않았기 때문에 흉부외과, 신경외과, 정형외과, 성형외과는 모두 구

분 없이 외과에 속했다. 본격적인 성형외과학은 한국전쟁 중에 미국 군의관과 스칸디나비안 병원선病院船에서 언청이 수술을 한 것을 시작으로 소개되었다. 1961년에는 세브란스 병원에서 처음 성형외과 전문 진료(유재덕)를 시작했다. 그 후 1966년 5월 성형외과에 관심을 가진 33명이 모여 성형외과학회 창립총회를 개최하면서 한국의 성형외과학이 탄생했다.[192]

대한성형외과학회 홈페이지에 게재되어 있는 한국 성형외과학의 역사 소개에서도 한국에서 성형외과학은 해방 전후까지는 '무명시대'에 가까웠고, 1960년대에 외국에서 성형외과학을 전공한 전문의들이 귀국하면서부터 본격적인 성형외과학이 시작되었다고 설명하고 있다. 미국에서 성형외과를 전공하고 미국 성형외과 전문의 자격을 획득한 유재덕 박사가 1961년 8월 연세대학교부속 세브란스병원에서 성형외과 전문 진료를 시작한 것이 우리나라 대학에서 성형외과 전문 진료와 교육을 시작한 시초라고 한다.[193]

따라서 해방 이전에는 성형외과학의 조선인 '정식' 전문의는 없었다고 할 수 있다. 조선에서 언급되고 있는 미용성형외과 수술은 일본에 가서 받거나 조선 내에 거주하는 일본인 또는 서양인 의사에게서 받은 수술이 대부분일 것으로 추정된다. 실제로 1886년 5월에 재조선 일본공사관 의원으로 조선에 건너와 1891년 사직한 뒤 사립 찬화贊化병원을 설립하고 경성공사관의 공의公醫와 의학교 교사로 근무한 후루시로古城梅溪라는 일본인 의사가 조선에서 코 재건 성형수술을 했다는 기록이 남아 있기도 하다.[194]

남서 전주 우물골 사는 박인뢰씨가 후비창으로 코가 떨어졌는데 진고개 찬화병원에 있는 일본 의원이 그 떨어진 코를 완전히 붙이고 그 뺨의 살을 긁어 그 코에 채우고 코를 전과 같이 만들었다더라._《독립신문》

1899년 4월 1일

찬화병원
후루시로라는 일본인 의사가 1891년 설립한 병원. 후루시로(1860~1931)는 1897년에 이 병원 부설로 종두의種痘醫 양성소를 설치하여 81명의 조선인 종두 의사를 양성한 인물로도 유명하다. 1899년에 그가 조선에서 코 재건 성형수술을 했다는 기록이 남아 있기도 하다.

단 두 가지 유보적으로 남겨두어야 할 것이 있다. 성형외과학이라는 전문 분야 자격으로 진행된 성형수술은 1960년대에 들어서야 비로소 가능했지만, 오엽주의 회고와 융비술에 관한 여러 기사

들을 참조해 볼 때 식민지 시기에는 성형외과가 아니라 이비(인후)과와 안과에서 융비 수술이나 쌍꺼풀 수술을 했을 수 있다는 점이다. 오엽주가 일본에서 쌍꺼풀 수술을 받고 왔을 때 공안과, 즉 안과병원에서 그녀의 경험을 듣고 쌍꺼풀 수술을 시작했다는 사실, 그리고 앞에서 본 융비술을 소개한 기사에서 융비술이 이비과 의사라면 누구나 다 하는 수술이라고 말하는 것으로 보아, 안과, 이비인후과에서는 이러한 수술이 1960년대 이전에도 존재했을 가능성이 있다. 또 오늘날에도 불법 의료시술이 사라지지 않듯 당시에도 이러한 수술을 정식 의사면허가 없는 사람들이 소위 '야매闇(やみ)'로 행했을 가능성도 배제할 수 없다. 물론 그러한 경우는 공식적인 기록을 찾기 어렵기 때문에 정확한 파악은 힘들지만 말이다.

그러나 앞에서 언급한 《남편의 변명》에서도 알 수 있듯, 신문과 잡지의 기사들을 통해 1920~30년대에도 이미 미용성형수술이 국내에 알려져 있었고, 실제로 이를 시술받은 사람이 존재했다. 특히 여성잡지들에는 종종 성형수술에 대한 광고성 기사들이 실린 듯하며, 신문에도 국내외 성형수술의 방법, 효과와 부작용, 실제 경험 등이 소개된 경우가 있다. 따라서 미용성형수술은 공식적인 학술 기록으로는 남아 있지 않더라도[195] 당대의 사회적 현상과 담론으로는 분명히 실재했다 할 수 있을 것이다.

다리살을 베어서, 각선미 성형

또 한 가지 흥미로운 사실은 코나 눈뿐 아니라 다리, 가슴 등 몸의 다른 부위에 대한 미용성형외과 수술도 이때부터 관심의 대상이었다는 점이다. 비록 일본에서이기는 하나* 다리를 가늘게 하는 수술이 시행되었으며, 이것이 조선에도 신문을 통해 소개되었다. 비교적 최근에 들어서야 일반인들에게 널리 알려진 (오늘날 지방흡입술 또는 종아리근육 퇴축술이라 불리는) 각선미를 위한 성형수술이 1929년부터 언급되었다는 것은 몸매 가꾸기에 대한 열망이 생각보다 깊고 오랜 역사를 갖고 있다는 사실을 보여준다.

> "무르팍 아래의 살을 베어내서 다리를 호리호리하게 만들어 주십시오" 하고 괴상스러운 주문을 눈물을 흘려가며 정형외과 의사에게 애원한 일본 여자가 있었다. 그것은 최근에 일본 애지의대 정형외과愛知醫大整形外科에서 일어난 일이다. 그 여자는 스물세 살 먹은 '모던걸' 인데 '왜 다리살을 베어내려는가? 흠집이 생기면 어떻게 할 터인가?' 하고 수술을 하지 말라고 권하니까
> "우리 형님들은 다 여배우로 다리가 아름다워서 큰 인기를 끌고 있는데요, 저는 미국에 건너가서 '댄스-' 로서 직업을 삼고 있었는데 다리

* 실제 일제 식민지 시기 동안 조선인들의 성형수술은 많은 경우 일본이라는 '내지內地' 에서 혹은 일본인 의사가 행했을 것이고, 이 당시로서는 일본을 '외국' 이라고 보기도 어렵다.[196]

가 이 모양으로 굵고 보기가 싫어서 여간 고민한 것이 아닙니다. 어떻게 하면 이상적 다리를 만들어 보겠습니까? 흠집이 나더라도 양말로 겉을 가릴 터이니까 염려 마시고 살을 발라내 주십시오" 하고 애걸복걸을 하므로 외과 의학박사도 할 수 없이 칼을 들어 수중다리처럼 살이 찐 여자의 다리를 세워 놓고 약 여덟 치가량이나 썩썩 베어낸 후 뼈와 근육 사이의 지방층을 긁어내 버리고 삽시간에 짼 자리를 꿰매었다. 그동안이 약 이십 분가량 되었는데 수술을 한 뒤에 의사는 말하되 "이런 진기한 수술은 평생 처음 해 보았습니다. 그러나 수술은 아주 간단합니다. 여드레 동안만 정양靜養을 하면 아주 툭툭 털고 일어섭니다. 그 다음에 보면 아주 서양사람과 꼭 같이 다리의 곡선미가 훌륭해지는 결과를 얻게 됩니다" 하고 수술에 성공한 것을 기뻐하였다고 합니다._

〈안짱다리와 수중다리를 고칠 수 있다—일녀日女가 다리살을 베어서 쏙 뽑은 다리가 되었다고〉, 《조선일보》 1929년 7월 14일

한 일본 여성이 미국에서 댄서로 일을 하는데, 자신의 다리가 굵고 보기 흉해서 고민이었다. 그녀는 결국 일본의 모 정형외과 의사를 찾아가 자신의 종아리를 '이상적으로' 만들어 달라고 애원을 하게 된다. 흉터가 남는 것은 양말로 가릴 수 있으니 무조건 서양 여자처럼 '호리호리하게' '살을 베어내 달라'는 이 여성의 말에 의사는 칼로 다리를 째고 뼈와 근육 사이에 있는 지방층을 긁어낸 뒤 다시 봉합했다고 한다.

이것이 1929년의 일이라니, 놀랍지 않은가. 당시 신문사나 독

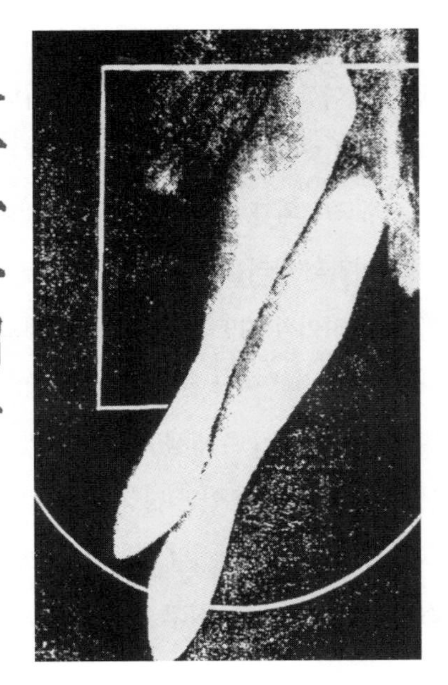

안짱다리와

수중다리를
곳칠수잇다
日女가다리살을베어서
쏙뽑은다리가되엇다고

각선미 성형
다리 성형수술을 한 일본 여성의 경우를 소개한 《조선일보》 1929년 7월 14일자 기사 〈안짱다리와 수중다리를 고칠 수 있다—일녀가 다리살을 베어서 쏙 뽑은 다리가 되었다고〉에 함께 게재된 잘 발육된 서양 여자의 다리 사진.

자들도 이 일을 획기적인 사건으로 받아들인 듯하다. 그래서 《조선일보》는 위와 같은 기사를 신문에 실은 지 나흘 만에 〈미美는 얼굴로부터 다리의 미로—정적미靜的美……동적미動的美—여자의 미는 어디로 가나〉(《조선일보》 1929년 7월 18일)라는 기사를 통해 위 기사 내용을 '잘 발육한 서양 여자의 다리' 사진과 함께 반복 게재하면서 각선미의 중요성을 또다시 언급한다.

여성에 대한 미의 표준은 그 시대를 따라서 달라집니다 …… 재래에 미인을 보는 법은 극히 간단하여서 어느 일정한 아주 좁은 범위의 내용을 가지고 있었으니 말하자면 살빛이 희고 눈 코가 확실하고 윤곽이 닭의 알 모양이어야 하는 등 얼굴에 대한 것만 이야기하였고 그 외에 유요柳腰 즉 버들허리라는 말이 있으나 미인의 표준이 얼굴이었으매 이것은 오히려 제이의적第二義的이었으므로 현대 여성 미관과는 아주 다른 점입니다.

그러나 지금도 미인의 표준이 첫째 그 얼굴이 아름답고 추한 데에 대체의 그 가치를 정하는 것이지만 사지의 발달과 그 '스타일'은 당연히 여성미를 구성하는 중요한 요소로서 근래 양장에 가까운 조선 부인의 옷과 양장의 유행과 함께 한층 더 중요하게 되었습니다. 이를테면 다리의 미이니 옛날에는 조선 부인으로서는 여성미로서 중요하게 보지 않아서 종아리를 내어놓지 않았지만 근일에는 신여성들이 다리를 내어놓는 고로 그 다리와 양장에는 또한 중요한 것이 팔뚝의 미입니다.

이것은 근일 일본에서 된 일인데 어떤 의사에게 어떤 젊은 여자가 찾아와서

"나는 다리가 너무 퉁퉁해서 보기 싫으니 수술을 하여서 가늘게 만들어 주시오"하니까 의사의 말이

"수술을 하면 흠집이 생깁니다"라고 말하였으나 그 여자는 종시 의사의 말을 듣지 않고 고집을 부리면서

"그 흠집쯤이야 양말로 가리면 그만이라고" 우겨대어서 의사는 몹시 놀랐다는 이야기가 있으니 이것도 현대 여성이 아니고는 없는 일입니다.

그러나 서양에서는 굵은 다리를 미인의 요소라고 합니다. 굵은 다리라고 수중다리*거나 무같이 위나 아래나 똑같이 뚱뚱한 것이 아니라 위가 굵어서 아래로 내려오면서부터 민틋하게 가늘어야 하는 것입니다. 건강미를 존중하는 서양에서 여자의 다리에서 그 여성미의 중대한 요소를 찾아낸다는 것은 당연한 바, 특히 여배우들은 다리를 생명으로 여기고서 이십만 원의 보험을 붙인 것도 있습니다. 요사이 조선 여자의 치마가 짧아지고 양장이 유행함과 함께 조선 부인도 그 다리 때문에 걱정까지 하게 되었습니다.

지금에 각 여학교에서 운동에 힘을 쓰는 만큼 재래 조선 부인도 훌륭한 다리를 가지게 되겠으니 오히려 일본 여자의 다리보담도 먼저 좋아질 것입니다. 지금도 양장을 한 것을 보아서는 일본 여자보다 몇 배 이상 아름다워 보이나니 그것은 그다지 큰 문제일 것은 없습니다. 그러나 다리가 좋아도 걸음걸이가 무용적舞踊的이 아니면 안 됩니다._〈美는 얼굴로부터 다리의 미로—정적미靜的美……동적미動的美—여자의 미는 어디로 가나〉, 《조선일보》 1929년 7월 18일

위의 글에는 몇몇 흥미로운 언급이 보인다. 하나는 서양 여배우 가운데 다리 보험을 든 여성이 있을 정도로 각선미가 여성에게 환금성을 가지게 되었다는 사실이다. 또한 여성의 다리를 서양 여성

* 병 때문에 퉁퉁 부은 다리.

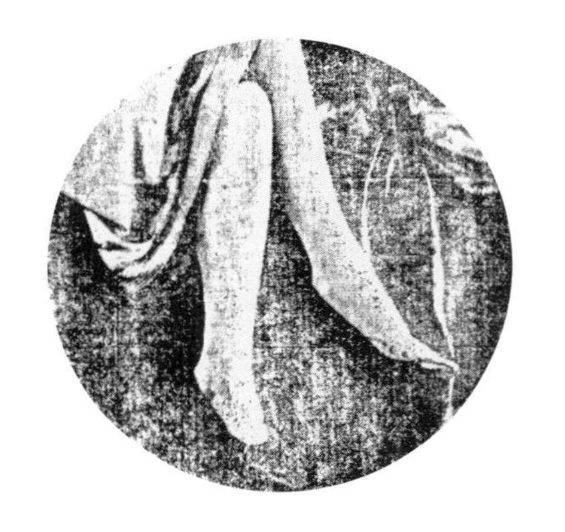

각선미의 중요성 고조
《조선일보》 1929년 7월 18일자 기사 〈미는 얼굴로부터 다리의 미로〉. 다리를 가꾸어야 한다는 내용을 담고 있다. 사진은 이 기사에 삽입된 서양 여성 다리.

의 다리, 조선 여성의 다리, 일본 여성의 다리 순으로 등급을 매기고 있다는 점도 흥미롭다. 건강미를 중시하는 서양 여성의 다리가 가장 훌륭하고, 조선 여성의 다리도 점점 훌륭해지는 상황이라 일본 여성의 다리보다 먼저 아름다워질 것이라고 이야기하고 있는 것이다. 이는 3부에서 더 자세히 논의할 것이지만 아름다움의 문제에 인종주의가 개입해 있음을 보여주는 대목이라 하겠다.

앞에서도 언급한 이야기이지만, 몸매의 아름다움이 중요해진

데에는 조선 여성들의 양장 차림으로의 변화 또한 주효하게 작용했다. 그리고 매체에서 위와 같은 사진들을 '잘생긴 다리', '잘 발육한 서양 여자의 다리' 라는 제목을 붙여 '아름다운 몸' 의 표준으로 삼아 대중들에게 '보여준' 것도 여성들의 몸매 가꾸기에 대한 '집착' 에 일조했다. 양장을 통해 맨살이 노출되거나 라인이 드러나게 되면서, 그리고 '아름다운' 다리가 무엇인지를 시각적으로 제시하고 공론하게 되면서, 그리고 아름다운 다리를 가질 수 있는 방법이 있다는 정보를 접하게 되면서 여성들은 (성형수술이라는 인위적인 방법을 동원해서라도) 아름답지 못한 자신의 몸을 '교정' 해야 한다는 강박을 갖게 된 것이다.

크고 작은 젖이 마음대로 된대요, 가슴 성형

서양의 사례이기는 하나 유방의 성형수술에 대한 소개도 찾아볼 수 있다. 〈첨단을 걷는 젖의 미용술—크고 적은 젖이 마음대로 된대요〉(《조선일보》 1938년 6월 19일)에서는 프랑스 파리에서 여성들이 전기 요법과 파라핀 요법을 통해 자신이 원하는 크기로 유방을 확대하거나 축소하는 시술을 받고 있음을 소개한다.

> 아름다움을 얻기 위해서는 죽음도 사양치 않는 파리의 여성들은 요새 젖을 수술해서 이쁘게 하는 방법이 생겼습니다.

조선 옷에는 별로 모르지만 양장에 이 가슴의 미가 대단히 중요한데 가슴의 미를 만드는 것은 주로 젖에 달린 때문입니다.

그런데 젖이 너무 커서 걱정인 사람, 너무 늘어진 젖, 사내모양으로 너무 적어서 가슴에 착 달라붙은 젖—이렇게 미운 젖을 가진 사람들에게 이 요법은 일대 복음이 아닐 수 없습니다.

이 치료법은 두 가지가 있는데 어느 것이나 수술을 해서 큰 젖을 베어 내거나 늘어진 것을 꿰매거나 이런 것이 아닙니다. 따라서 조그마한 흠집도 이 요법으로는 생기지 않습니다.

그런데 그 요법은 여기에 자세히 기록할 수 없으나 어쨌든 전기의 단파短波를 대어서 그 파장의 조절로 큰 젖을 줄어들게도 하고 작은 젖을 늘어나게도 하는 것입니다.

또 한 가지는 파라핀을 물과 같이 녹여 가지고 그것을 적당하게 젖의 주위로 돌아가며 부어 놓습니다. 그런 다음 얼마 있으면 그 파라핀이 석고와 같이 굳어져서 이로 말미암아 늘어진 젖이 모양이 예쁘게 된답니다. _〈첨단을 걷는 젖의 미용술—크고 적은 젖이 마음대로 된대요〉, 《조선일보》 1938년 6월 19일

〈학창을 갓 나온 이들의 화장〉에서도 너무 커서 늘어지는 유방의 수술 방법으로 독일의 노에르가 1928년에 보고한 유선의 이동 수술 방법, 그리고 아쿠스하젠의 유방 내 피하지방 제거법을 소개하기도 한다.[197] 가슴의 아름다움마저 여성들의 관심사가 된 것 또한 위의 인용문에서 드러나듯 양장 차림과 깊은 연관이 있었다.[198]

이처럼 눈, 코, 다리, 가슴에 이르기까지 다양한 부위에 대한 조

學窓을 갓 나온 이들의 化粧

머리는 이렇게 손질

젖을적게만드는療法

땀날무렵의化粧品고르는法

가슴 성형

〈학창을 갓 나온 이들의 화장〉, 《여성》 1939년 5월호. 너무 커서 늘어지는 유방을 수술하는 방법을 소개하고 있다.

형술이 의학의 힘을 빌려 1920~30년대에 담론 속으로 들어왔다. 물론 이러한 담론들의 존재가 곧 현실에서 일상적 실천으로 이어졌다고 보기는 어렵다. 외모를 가꾸려는 노력을 당대 조선 여성들 전체에게 일반화하는 것도 조심스러운 일이다. 신문, 잡지 등 매체를 접촉한 여성들, 불특정 다수 남성들이 미모를 평가하는 시선에 노출된 여성들의 수는 조선 전체 여성 중 일부에 불과하기 때문이다. 집안에서 살림만 하고 글을 읽을 줄 모르는 필부匹

婦들은 전통적인 방식대로 운동이나 몸매, 멋 내기에 별 관심 없이 살았을 것이다.

더구나 성형외과 수술과 같은 방법은 일반 여성들에겐 금전적 문제나 두려움 때문에라도 거의 엄두도 내지 못할 일이었을 것이다. 서양에서조차 수술 결과가 마음에 들지 않는다며 자신을 수술한 의사를 총으로 살해한 일까지 있을 만큼 성형수술은 위험부담도 컸다. 예컨대 1932년 미국에서 로웰 셔먼Lowell Sherman(1885~1934) 감독이 제작한 〈잘못된 얼굴False Face〉은 미국에서 성형외과 수술로 소송에 휘말린 헨리 샤이어스의 실화를 바탕으로 한 영화

〈잘못된 얼굴〉(1932)
로웰 셔먼 감독. 미국에서 성형외과 수술로 소송에 휘말린 헨리 샤이어스의 실화를 토대로 만든 영화.

였다. 이 영화는 한 환자가 자신의 성형수술을 맡았던 의사를 상대로 소송을 하다가 소송에서 질 것 같자 그를 총으로 쏘는 내용이다.[199] 앞서 살핀 〈얕은 코를 높이하는 융비술은 어떤 것? 코 얕은 분들에게 하는 주의〉(《동아일보》 1933년 12월 3일)에서 "서양에서는 그 수술을 한 것이 뜻에 맞지 않는다고 이십팔 년간이나 그 의사를 노리고 있다가 기어코 그 의사를 쏘아죽인 사람까지도 있다고 합니다"라고 말한 사건도 이 영화 혹은 샤이어슨의 사건과 관련된 언급으로 추정된다.

그러나 근대화, 서구화, 자본주의화에 가장 민감하던 도시 여성, 지식인 여성, 상류층 여성, 성매매 여성들은 이와 같은 사회문화적 변화에 예민하게 반응하며 자신의 몸을 아름다운 '상품'으로 가꾸려 했다.[200] 자본권력이 여성들에게 '성공'과 '행복'을 얻기 위해 예쁜 여자가 되라고, 그러기 위해 무언가를 구매하라고 양으로 음으로 충동했기 때문이다. 예쁜 여자를 만들어준다는 상품들의 소비를 통해 여성들의 그러한 목표가 실제로 달성되었는가는 3부에서 살펴볼 것이다. 그러나 예쁜 여자가 되려 한 여성들은 적어도 조선의 자본주의 경제 구조 내에 '여성적 소비 문화'를 정착시키는 데 일조했다는 점에서 시대적 의의가 있었다.

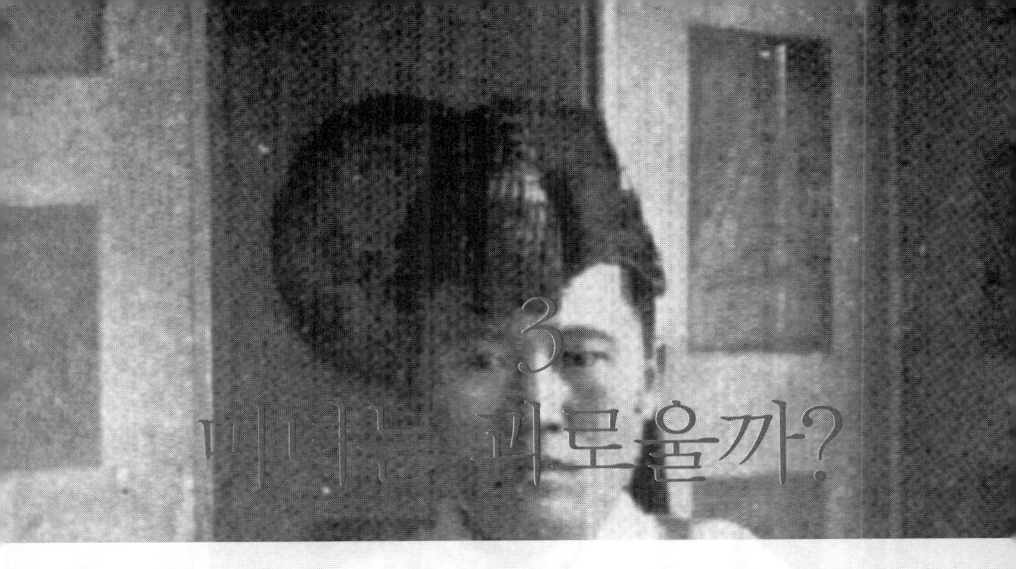

3
미녀는 괴로울까?

1장 예뻐지는 건 인종을 개조하는 일

이상적 미인은 서양 백인 여성|서양인을 좋아한 조선 사람들|여행 중 마주친 서양인에 대한 호감|'그들'의 몸을 닮고 싶다|우생학과 인종 개량 캠페인

2장 무조건 미인이어야 '잘 팔린다'

김정필, 못난 남편에게 쥐약을 먹이다|살해범에서 '독살 미인'으로|여성의 육체에 쏟아지는 상업적 저널리즘의 시선|'연애의 시대', 자유는 곧 경쟁이다|여성들의 몸을 통한 '푸로파간다propaganda'|'스위트홈'을 위한 여성들의 끊임없는 자기 관리

3장 미인의 운명

미인은 정말 행복했을까?|앞에 선 미녀, 오엽주|미인의 화려한 삶 그리고 그 이면|미인 권하는 사회의 이중적 태도|소비의 대상이자 주체가 된 여성들

4장 '예쁜 여자 만들기' After

1940년대, '군국의 어머니'로서 여성의 몸|이 '시국'에 아름다움은 사치다|'아름다운 몸'에서 다시 '건강한 몸'으로|'몸뻬' 입고 '국민' 되자|국가가 여성을 부른다, 필요할 때만

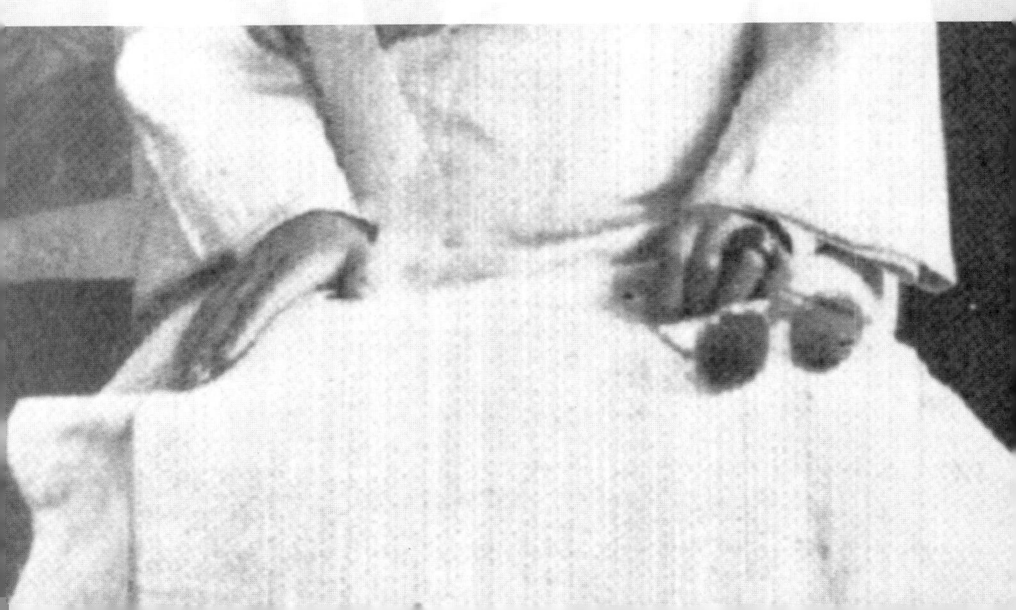

1장
예뻐지는 건 인종을 개조하는 일

이상적 미인은 서양 백인 여성

운동을 하고, 먹는 음식을 조절하고, 생활습관을 개선하고, 성형외과 수술을 하면서까지 목표로 삼은 이상적인 외모는 대체로 서양 백인 여성에 가까웠다. 쌍꺼풀진 눈, 높은 코, 늘씬한 각선미, 풍만하면서도 처지지 않은 가슴은 조선 여성, 동양 여성들에게는 흔치 않은 모습이었다. 유전적으로나 환경적으로나 동양의 여성들로서는 갖고 있기 힘든 이러한 신체적 조건들을 갖추기 위해 조선의 여성들은 각고의 노력을 해야만 했다. 그런 점에서 근대 이후 한국에서 예뻐진다는 것은 일종의 '인종 개조'라 할 수 있다.

21세기인 오늘날까지도 한국인들이 서양인의 몸에 대해 갖고 있는 열등감은 적지 않다. 서구 연예인을 동경하거나 서구적인 외모를 가진 사람을 미남미녀로 칭송한다. 큰 키, 하얀 피부, 작은 얼굴, 높은 콧날, 쌍꺼풀진 큰 눈, 풍만한 가슴과 엉덩이, 긴 다리 등 서양인에게 흔한 몸의 자질들을 한국인의 몸에서도 찾거나 갖추기 위해 모두 혈안이 되어 있다. '다문화 사회'를 맞아 한국으로 이주한 제3세계인들에 대한 인종주의적 차별과 거부감이 백인들의 유색인종에 대한 그것 못지않게 혹독한 점 역시 오늘날 한국 사회의 간과할 수 없는 병리적 현상이다.

19세기 말~20세기 초의 개항은 이러한 인종주의의 시발점이었다. 개항 이후 서양인의 몸을 직접 보거나, 영화, 신문, 책 등 매체를 통해 접하면서 조선인들은 '문명론'과 더불어 인종에 대한 우열론, 즉 서양 인종에 대한 동경을 품게 되었다.[201]

서양인을 좋아한 조선 사람들

우리가 일반적으로 가지고 있는 잘못된 선입견 중 하나가 개항이 되었을 때 조선인들이 조선을 방문한 서양인을 전적으로 배척하고 무시하거나, 피하고 두려워했을 거라는 생각이다. 물론 낯선 외모의 서양인들에게 무조건적으로 호감을 갖기는 어려웠을 것이다. 1888년 6월 외국인들이 조선의 어린아이들을 잡아다 먹는다는 소문 때문에 조선 사람들이 폭동을 일으켜 서양인들에게 물리적 위해를 가한 '영아 소동baby riots' 사건[202]은 조선인들의 그러한 감정이 극단적으로 표출된 경우였다. 처음 접한 외국인에 대한 두려움이 비정상적인 모습으로 발현된 것이다.

그러나 이 사건도 당시 조선인들이 이유 없이 서양인을 오해하거나 배척했다는 증거가 되지는 못한다. 외국인이 촬영한 사진에 찍힌 적이 있는 어린아이들이 연달아 잔인하게 살해된 우연한 사건이 '영아 소동' 사건의 발단이었기 때문이다. 이 일로 서양인들이 어린아이들을 납치해 죽여서 사진을 만든다는 흉흉한 소문이 돌았다. 여기에 선교 의사들이 어린아이들을 죽여 그 시체로 약

영아 소동 당시 파견된 외국군

1888년 '영아 소동 사건'이 일어나자 서구 열강들은 자국민들의 생명과 자국 정부의 이권을 보호하기 위해 해병이나 해군을 파견했다. *Frank Leslie's Illustrated Newspaper*, 1888년 11월 24일.

을 만든다는 유언비어도 가세했다. 결국 이 소동은 미국 해군의 서울 파견으로 이어져 더 큰 무력 갈등으로 비화할 위기에까지 이르렀다가, 고종이 백성들에게 유언비어를 해명하는 포고령을 발표함으로써 종식되었다.

이처럼 서양인들은 그들이 가진 힘과 문명의 이기利器 때문에 조선인들에게 때때로 위협적이고 공포스러운 존재로 인식된 것도 사실이다. 그러나 조선인들은 우리의 생각보다 훨씬 더 자주 서양인의 외양에 큰 관심과 호감을 표했다. 20세기 초를 전후하여 한국을 방문한 여러 서양인들이 남긴 기록들을 지속적으로 번역하고 연구해온 신복룡 교수*는《이방인이 본 조선 다시 읽기》에서 이런 점을 다음과 같이 지적한다. "우리는 서세동점기의 한국인들이 서구인들을 기피했다는 고정관념을 가지고 있으나 이는 사실과 다르다. 당시 서구인과의 갈등은 지배 계급의 오판이 빚은 실수일 뿐 한국인의 보편적 정서는 아니었다."[203]

특히 백인 어린아이들의 그야말로 '인형 같은'(실제로 오늘날까지도 여자 어린이들이 많이 가지고 노는 바비인형 등 인체 형상의 인형들은 대부분 백인의 외양을 띠고 있다) 외모는 조선인들 누구에게나 사랑받았다. 정동교회(현재의 새문안교회)를 설립한 선교사 언더우드Horace Grant Underwood(1859~1916)의 아내 릴리어스 언더우드Lillias

* 신복룡 교수는 '한말 외국인 기록' 시리즈를 현재까지 24권에 걸쳐 번역 간행했다.

H. Underwood가 남긴 기록에 따르면 "궁궐은 물론 누추한 오두막집에 이르기까지 서양 어린이들을 보고 관심을 보여주지 않거나 눈이 반짝반짝 빛나지 않거나 또는 마음이 누그러지지 않는 한국 여성을 한 번도 본 적이 없"을[204] 정도였다고 한다.

한복을 차려 입은 서양 어린이들(1900년대)
20세기 초 서양인들은 위협적이고 공포스러운 존재로 인식되기도 했지만 대체로 관심과 호감의 대상이었다. 특히 백인 어린아이들은 조선인들 누구에게나 사랑받았을 정도였다.

여행 중 마주친 서양인에 대한 호감

조선인들은 해외 방문 시 접한 서양인들의 모습 역시 긍정적으로 묘사하는 경우가 많았다. 일본, 미국, 영국에서 문학, 신학, 철학 등을 전공하고 돌아와 교육과 선교 사업을 하고 1931년에는 《중

자유의 여신상
노정일은 미국 유학 중 자유의 여신상을 보고 존경의 마음을 표한다. 이는 조선인들의 서양에 대한 호감을 보여주는 예 가운데 하나다. 사진은 《소년》 1909년 5월호에 실린 자유의 여신상. "북아메리카 합중국의 독립을 찬미하기 위해 프랑스가 선사한 뉴욕 항구의 자유여신상"이라는 설명이 붙어 있다.

앙일보》의 사장으로 취임한 지식인 노정일盧正一[205]의 예를 보자. 그는 1914년 미국으로 건너가 오하이오 웨슬리언 대학, 뉴욕 콜롬비아 대학 등을 다니면서 남긴 기록[206]에서 자유의 여신상을 보고 '미인'이라 칭하며 애정과 존경의 마음을 표한다. "자유 동상 미인께 키스를 드릴 때 나의 심장에서는 감정이 뛰고 나의 두뇌에서는 이성이 깨었다 …… 자유의 여신으로 정치와 종교 정신의 상징을 삼은 미국의 위대함을 존경하는 것보다 그 정신의 상징인 자유의 미인을 사랑하고 싶고 존경하는 감정이 뛰었다. 내 가슴에 애정이 뛰게 하고 나의 뇌수에 이성을 깨우게 한 미인의 역사는 어떠한가?"[207]

물론 자유의 여신상에 대한 동경은 그의 미국에 대한 동경에서 비롯한 것이다. 그는 그토록 가고 싶어 한 미국에 처음 도착했을 때 "무한한 동경은 미주米洲라는 이름 속에 묻혔고 자유종 울던 저 대륙은 내가 여러 해 전부터 상상하고 바라던 공화共和의 신미국新米國땅이라 …… 숙망宿望하던 산빛, 물색을 보려 하며 인문 물화物化에 접하려 하는 나의 가슴의 샘솟는 기쁨[喜湧]이야 참말 작약雀躍에 유사하였다"[208]며 기쁨을 감추지 못했다. 그래서인지 그는 미국에 체류한 기간이 근 10년이나 되었으며, 미국 내에서만 네 곳의 대학에서 학위를 받았다. 그런 그인 만큼 미국의 상징인 자유의 여신상이 '미인'의 형상으로 보일 수 있었을 것이다.

일본과 독일 등에서 유학 생활을 한 박승철朴勝喆(1897~?)도 독일로 가는 배 안에서 서양 여성들이 수영 경기하는 모습을 보고 그들의 수영복 입은 몸과 그 몸의 움직임에 감탄한다. "여자들의 경기는 대단히 민첩하며, 무리의 사람이 둘러서 보는[衆人環視] 가운데 수영복 입은 여자들의 수영 경기는 일반 군중의 환영을 받았으며, 특히 우리 동양인의 안목으로 보기에는 놀랬나이다."[209]

한편 여성 중에는 소설가 백신애白信愛(1906~1939)가 중국의 청도를 여행하면서 번화가인 산동로山東路에서 서양 여성들과 중국 여성들의 외모를 보고 열등감을 느꼈음을 토로한다. 그녀는 〈청도 기행〉에서 "양녀洋女의 곧은 자태를 혼을 잃고 그저 바라볼 뿐이다. 두 눈이 혼돈스러웠다. 양녀는 물론이요 지나 여인까지 머리를 파마하지 않은 사람이 없고 의복의 찬란함과 체격의 훌륭함이며 지나 여인의 곡선미를 그대로 나타내는 의복미가 모두 시골뜨기 나에게는 구경거리였다. 인력거에서 내려서 걷기 시

백신애
조선여성동우회, 여자청년동맹 등에서 활동한 운동가이자 소설가. 1929년 조선일보 신춘문예에 《나의 어머니》로 등단. 대표작으로 《꺼래이》, 《적빈》 등이 있다.

작하였다. 길가 쇼윈도에 비치는 내 모양이 나 스스로 부끄러운 듯하여 화장하지 않은 것이 후회되었다"[210]라고 말한다.

'그들'의 몸을 닮고 싶다

뿐만 아니라 이광수도 수필 〈거울과 마주 앉아〉에서 백인들의 외양을 닮고 싶은 마음을 노골적으로 드러낸다.

거울과 마조 안자 외배

"무엇이, 어디가 달라?" 하였다. "양인洋人의 누런 머리털과 무엇이 달라? 어찌해 양인의 머리 터럭에서는 기름이 도는데 내 것은 이렇게 거칠거칠해? 양인의 가른 머리는 깨끗하고 향내 나고 위엄이 있어 보이는데 내 것은 왜 이 모양이야==왜 이렇게 껍진껍진하고 퀴퀴하고 부스스해?"…… "그래, 꼭 그렇단 말이야"하고 나는 다시 "아무리 별 짓을 다 하여서 머리를 단장하여도 양인의 것만큼 멋이 못 들어—당초에 자리가 아니 잡히는 걸 …… 머리뼈 속에 무슨 발광체가 있어서 그것이 모공을 통하여 전기모양으로 털끝마다 육안으로 아니 보이는 광선을 사출射出하는 것이다. 그것이 있어서 자연 머리에 광채를 내는 것이다"하고 두 주먹으로 머리를 통통 두드려 보았다. _이광수, 〈거울과 마조 안자〉, 《청춘》 1917년 5월호

이광수는 위 글에서 서양인의 모발을 동경하며 자신은 아무리 단장을 해도 그들처럼 멋질 수 없다는 사실에 절망한다. 서양인들의 '머리 뼈 속에 무슨 발광체가 있어서 그것이 모공을 통해 전기 모양으로 털끝마다 육안으로 아니 보이는 광선을 사출하는 것' 이라는 허무맹랑한 상상까지 곁들여가며 그들의 모발에 대한 환상도 드러낸다. 이는 결국 서양인의 몸에 대한 조선인의 열등감에 다름 아니다. 왜 서양인의 머리털이 더 아름답다고 생각하는가에 대한 근거는 없다. 서양인의 것이기 때문에 멋진 것이고, 그렇기 때문에 거기에는 우리와 같은 열등 인종은 흉내조차 낼 수 없는 비밀(발광체와 같은)이 숨어 있을지 모른다고 여긴다.

김동인 역시 자신이 태어나 처음으로 사랑에 빠진 여성이 금발의 '메리' 라는 영국계 혼혈 소녀였다는 점을 자전적 소설 《여인》에서 밝힌다. "소년의 물과 같이 맑은 마음에 메리라는 블론드blond의 아름다운 콤마가 찍히기 비롯할 때부터"[211] 그에겐 백인 여성의 외양이 곧 '아름다움' 의 기준이 된다. 그 때문에 감동인은 서른 살에 발표한 《여인》을 통해 자신이 삼십 평생까지의 여성 편력에서 진심으로 사랑한 여성은 금발의 메리와, 그녀를 닮아 사랑에 빠진 일본 여성 세미마루뿐이었다고 고백한다.[212]

또 영화를 관람하면서 접하게 된 서양 배우들의 모습도 서구적인 외모를 지향하게 만드는 데 일조했다. 1920~30년대 대중문화의 형성에 가장 결정적인 계기를 마련한 영화(활동사진)는 1940년 당시 극장의 총 관람객 수가 무려 1,250만 명에 달할 만큼 대

동경의 대상, 서양 여배우
서양인, 특히 서양 여배우의 외모는 아름다워지고 싶어 하는 젊은 여성들에게 동경의 대상이었다. 사진은 《동아일보》 1926년 1월 14일자 기사 〈미국 신진여배우 노마세라〉에 삽입된 노마 세라.

중들 사이에 확산되었다.[213] 그래서 "'헐리우드'의 양키 걸들의 올빼미 눈같이 변하는 유행계가 우리들의 살림에 무슨 관계가 있겠습니까마는 그래도 활동사진이라는 것이 우리의 오락 생활에 있어서 빼놓지 못할 한 모퉁이를 점령하고 있는 것만큼 그곳의 유행과 배우들의 생활이 한 이야깃거리가 되는 것은 사실"[214]이라는 말이 나올 정도로 영화 속에 등장하는 서양의 문물이나 라이프스타일, 서양 배우들에 대한 조선 대중들의 관심도 나날이 커졌다.

국내 연예인들에게도 그러했지만 서양 배우들에게도 남배우보다는 여배우들에게 대중의 이목이 집중되었다. 그들의 사생활, 일거수일투족이 신문, 잡지 등 매체를 통해 알려지면서 대중들의 관심은 높아졌고 그들의 인기는 더욱 커졌다.[215] 이것은 특히 젊은 여성들에게 서양 여배우들처럼 아름다워지고 싶다는 욕망을 불러일으키기도 했고, 더 나아가 미모를 가꾸어 스스로 영화배우가 되고 싶게 만들기도 했다. 카프 계열의 영화감독 김유영金幽影(1908~1941)*은 이러한 세태를 다음과 같이 한탄하기도 했다.

젊은 여성들의 서양 여배우 따라하기
《여성》 1939년 9월호 〈경성야화〉의 삽화. 서양 이름을 가진 단발 여인들의 모습에서 당시 젊은 여성들의 서양 여배우 따라하기 세태를 엿볼 수 있다.

조선의 나이 어린 여성들은 하등何等의 민족적으로나 계급적 의식이 없이 공상적 쁘띠 부르주아 심리에서 스크린에 나타나는 미모와 고운 목소리에(배우) 유혹이 되어집니다. 그리하여 그들은 배우를 숭배하고 동경하게 되며 나중에 이르러서는 그 자신이 영화계에 발을 들여놓게 됩니다. 참된 영화 예술을 위해서의 그들이 아니고 배우를 숭배하고 동경하는 데서 생겨지는 영화인이니 무슨 예술적 양심이 있을 것이며 어떠한 이데올로기가 있을 것이겠습니까? 다만 다른 나라 여배우들의 흉내나 내는 것처럼 하면 그만일 줄 알 뿐이랍니다._김유영, 〈영화여우 희망하는 신여성군〉, 《삼천리》 1932년 10월호

* 영화감독. 카프KAPF의 연극부에서 활동하다가 1927년 조선영화예술협회에 가입, 시나리오 작가와 감독으로 활동한다. 1928년에 최초의 사회주의 계열 영화인 〈유랑〉을 감독했다. 1933년 결성된 구인회의 창단 멤버였으며 소설가 최정희의 남편이기도 했다.

우생학과 인종 개량 캠페인

그러나 서양인의 몸을 우월하고 아름다운 몸으로 생각하게 된 데에는, 이와 같은 다양한 문화접변 현상들 너머에 존재하던, 서양의 제국들이 세계를 제패한 시대적 상황이 가장 큰 영향을 끼쳤다. 2부에서 이야기했듯이 조선에서는 1900년대 이래로 백인종처럼 우등한 인종이 되어야만 적자생존, 우승열패의 국제 사회 질서 속에서 살아남을 수 있다는 생각이 널리 확산되었다.

조선에서 인종주의는 사회진화론 그리고 사회운동 차원에서 전개된 우생학과 연계되었다.[216] 그래서 조선이 수용한 사회진화론은 '우승열패'의 문제뿐 아니라 '인위도태설'의 성격을 띤다.[217] '인위도태설'이란 골턴Francis Galton(1822~1911)이 창안한 이론으로, 찰스 다윈의 진화론이 내세운 '자연도태설'과 대비되는 학설이다. 다윈과 사촌지간이기도 한 골턴은 인간 혈통은 가축이 개량되는 것처럼 인위적인 선택에 따라 개선될 수 있다고 믿었으며, 그러한 인위적 선택에 따라 개량된 인종은 진보할 것이라고 주장했다. 우생학은 그러한 인간 혈통의 개량을 위해 골턴이 창시, 발전시킨 학설이었다.

조선의 지식인들에게 인위도태설이 매력적이었던 이유는 그것이 아직 열등한 조선 사회와 인종을 진보, 개선시켜 줄 것이라는 확신과 희망을 제공했기 때문이다. 1910년대 중반 이후 조선의 지식인들은 골턴을 직접 거명하고 있을 뿐만 아니라 그의 주장들

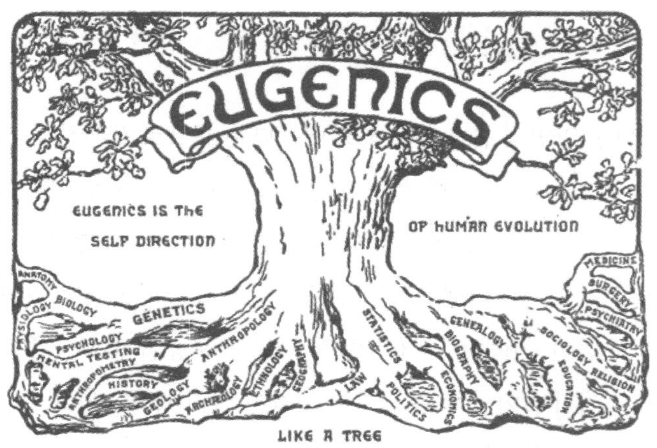

우생학
1921년 제2회 국제우생학회 포스터. 1900년대 조선 지식인들은 우생학의 인위도태설이 열등한 조선 사회와 인종을 개선시켜 줄 것이라 믿고 적극적으로 조선 사회에 소개한다.

을 한국 사회에 소개하는 데에도 적극적이었다. 그 결과 조선이 근대 초기에 수용한 사회진화론은 인위도태의 입장, 우생학과 결합한 인종주의가 기반이 되었다.[218] 이것은 '인간 육성'을 슬로건으로 내세워 인종의 유전적 변질 위험을 제거하고 유전적으로 유용한 가치가 있는 자들을 선택하여 유전인자의 인위도태를 조정할 수 있는 사회 정책적인 조치를 요구했다.[219]

이에 따라 인종론의 시선은 한층 정밀한 '측정'으로 옮겨갔다. 각 인종별로 어떠한 차이, 변종이 있는지를 좀 더 세밀하게 밝히기 위해서는 개별 인체에 대한 통계자료의 축적이 필요했다. 측정 결과 발견된 작은 차이는 '거대한 진화'의 일부분에 대한 현미경적 발견으로 인식되었고, 그러한 인체 계측의 차이들이 진화론의 축 위에 놓이면서 종족의 우열을 판가름하는 징표가 되었다.[220] 그리하여 체질인류학, 우생학 등 몸의 '과학(통계)화' 작업이 의학 분야 등을 통해 지속적으로 진행되었다. 이를 바탕으로 한 우생론, 민족개조론도 1920년대부터 지식인들 사이에서 점차 확산되었다. 예컨대 윤치호, 여운형, 유억겸, 주요한, 최두선, 김성수, 이광수, 현상윤 등 지식인 85명은 조선우생협회를 창립(1933년 9월 14일)하고 《우생》이라는 잡지를 발간했다.[221] 인종 개량을 할 수 있는 생물학적 방법으로 잡혼책을 실천하기도 했다.[222]

이상적인 미의 표본, 서양 여성
인종 개량 캠페인에서는 백인종의 몸을 아름다운 몸으로 여기고 그러한 몸에 대한 동경을 감추지 않았다. 서양 여성이 이상적인 미의 표본으로 제시된 것도 이러한 인식의 반영이다. 사진은 홍종인의 〈미인과 그 심성〉(《여성》 1936년 6월호)에 삽입된 서양 여성 사진.

그런데 이러한 인종 개량 캠페인에서 목표로 했던 백인종의 '우등한' 몸이 처음에는 '건강한' 몸으로만 보였으나 차츰 '아름다운' 몸이라는 생각에까지 미쳤다. 신문, 잡지 등 매체에서 미용 방법을 소개하거나 독려하면서 '이상적인 미' 의 표본으로 제시한 사진 모델 대부분이 서양 여성인 이유도 여기에 있었다.

인종론은 누가 튼튼하며 누가 병에 걸렸는지, 누가 종을 재생산하고 "개선"할 수 있으며 누구를 배제하고 폐기 처분해야 하는지를 결정하는 '일상의', '대중적인' 기준으로 '외모' 를 이용했다.[223] 겉으로 드러나는 외모의 미/추는 과학적이고 통계적인 수치보다 일반인들이 훨씬 쉽게 공감하는 인종주의였다. 그래서 19세기부터 대두한 인종론 속에는 "아름다운" 인종과 "추한" 인종이 존재하(는 것처럼 규정되)고 있(었)다. 즉 인종을 재현하는 방식과 아름다움이라는 미학의 문제는 서로 긴밀하게 얽혀 있었다.[224] 따라서 '예쁜 여자' 가 되는 것은 아름다운 몸을 갖는 일로 그치는 것이 아니라, 우등한 인종 혹은 근대인이 되는 것까지 의미하기도 했다.

2장
무조건 미인이어야 '잘 팔린다'

김정필, 못난 남편에게 쥐약을 먹이다

그러나 '예쁜 여자' 되기에 '근대인', '우등한 인종' 되기와 같은 '거창한' 명분만 있었던 것은 아니다. 미모가 경제적 교환가치와 사회적 상징가치를 갖게 되었기 때문에, 다시 말해 '예뻐야 잘 팔리게' 되었기 때문에 사회에는 '미인'들이 끊임없이 필요했다. 배우, 가수, 기생 등 전통적으로 미모를 갖춰야 하는 직업군의 여성들뿐 아니라 심지어 범죄자마저도 미인이어야 했다. 이러한 사회적 요구에 딱 맞아떨어진 것이 '독살 미인 김정필 사건'이었다.

1924년 여름, 스무 살 '미인' 김정필이 남편을 죽인 혐의로 구속 수감되었다. "무식하고 못난 남편"에게 쥐약을 섞은 주먹밥과 엿을 먹여 살해했다고 했다. 그런데 이 사건은 여러 가지 면에서 세간에 논의 거리를 제공했다. 첫째, 죄인이 미인이라는 점, 둘째, 방년 스물 꽃다운 나이이고 여성이라는 점, 셋째 남편을 죽였다는 점, 넷째, 가정 비극이라는 점이 그것이었다. 결혼 직후부터 어린 남편의 와병으로 아내로서의 권리와 행복을 누리지 못한 한 여성이 자신의 '개성'을 찾고자 남편을 죽였다는 한 편의 신소설 같은 그녀의 사연은 그야말로 '센세이셔널'한 것이었다. 특히 그녀는 '미인'이라는 이유만으로 사람들에게 호기심과 연민의 대상이 되었다.[225]

김정필
〈김정필의 초상〉, 《시대일보》 1924년 10월 13일.

> 근자 신문지상에 미인의 본부 독살 사건이라 하야 세상을 놀랜 일은 천하가 한 가지로 아는 바이다. 이러한 독살 사건이 어찌 김정필 1인뿐이리오. 고금역사 어떤 시대에서든지 가위 통례로 있는 일이라 하야도 과언이 아니라 하리만치 많은 일이다. **그런데 하필 김정필 문제에 이르러는 이와 같이 세상에 소문이 넓게 된 것은 대체가 당사자인 김정필 자신이 미인인 까닭이라 할 수 있다.** 과연 그러하다. 온 세상이 김정필, 김정필하고 가련한 사람이다, 죽일 년이다 하고 항설속론

이 분분한 것은 도대체가 김정필이 미인인 까닭이다. _이돈화, 〈교외별전敎外別傳〉, 《개벽》 1924년 11월호

김정필 사건에 언론이 관심을 갖기 시작한 것은 그녀가 남편 독살 혐의로 청진재판소에서 받은 사형 판결에 불복하여 항소하면서부터다. 김정필은 1심에서 자신의 죄를 인정했고, 그에 따라 사형을 선고받았다. 그러나 사형 판결을 받게 되자 자신은 남편을 죽이지 않았으며, 처음에 남편을 살해했다고 말한 것은 경찰의 폭력 때문에 한 거짓 자백이었다고 주장했다.[226] 이러한 과정을 보도한 초기의 기사는 김정필에게 그다지 우호적이지 않았다. 기사에 따르면 그녀는 자신보다 세 살 어린 남편을 평소에도 냉정하게 대하다 억지로 쥐약을 먹여 잔인하게 독살했을 뿐 아니라 시집오기 전부터 내통하던 정부情夫도 있는, 그저 품행이 단정치 못한 여성[227]일 뿐이었다. 일종의 '치정 살인 사건'이었고, '가정 비극'이었으며, '타락녀에 대한 폭로성 기사'였다.

살해범에서 '독살 미인'으로

그런데 그녀에 대한 설명에 '미인'이라는 말이 덧붙여지면서 사건의 본질은 흐려지기 시작했다. 김정필의 외모에 대한 관심과 그에 따른 세간의 동정은 당시의 신문, 잡지를 뜨겁게 달구었다. 그

녀와 같은 고향 사람이라며 동리에서 도 유명한 미인이었다고[228] 증언하는 사람도 있었다. 그녀를 본 방청객이나 기자들은 그녀가 남편을 죽일 만큼 사악한, 시쳇말로 '범죄형'의 얼굴이 아니라며 근거 없는 관상학을 펼치기도 했다.[229] 그녀를 구명하겠다고 자진해서 나서는 민선 변호사도 생겼다.[230] 범인이 아닐 것이라는 동정론의 투서가 판사와 검사에게 밀려들기도 했다.[231] 복심 공판이 너무도 큰 화제가 되면서 안전사고를 방지하기 위해 방청권을 배부할 필요가 있다는 이야기까지 등장했다. 공판 당일에는 방청객 수천 명이 쇄도하여 근처 도로까지 마비되는 촌극이 벌어지기도 했다.[232]

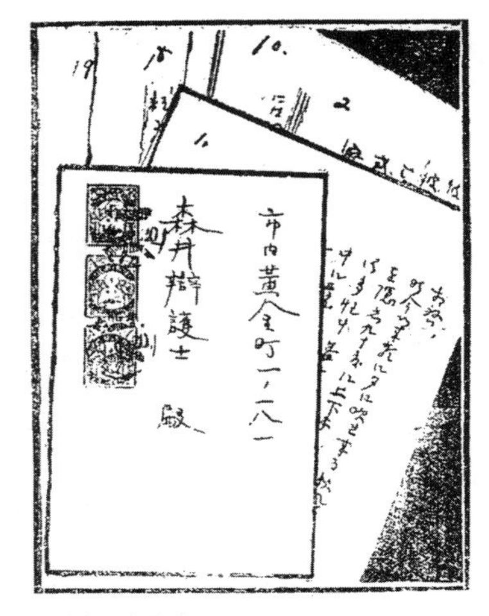

김정필 동정 투서
〈공판을 재개할 사형미인, 의운 중첩한 독살사건과 방청객의 투서〉(《동아일보》 1924년 9월 8일)의 투서 사진.

> 김정필은 그 아름다운 얼굴이 한번 경성복심법원의 공판정에 나타나자 세상의 동정은 그의 일신에 모이게 되어 저렇게 어여쁘고 얌전한 여자가 본남편을 죽일 리가 있나 시부모의 모함에 빠진 것이라고 도처에 이야깃거리가 될 뿐더러 동정심을 억제하다 못하는 이는 그 사건을 맡아서 심리하는 길전吉田 재판장에게로 무죄의 판결을 하라는 등 증인을 다시 문초하라는 등 하는 투서가 산더미같이 쌓이게 됨에

조선일보

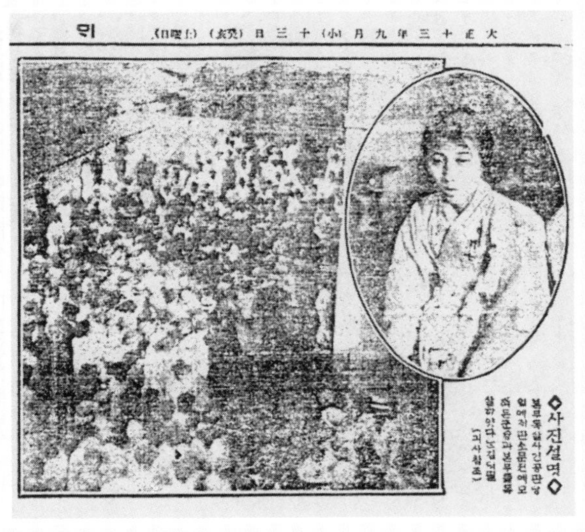

매일신보

人山人海의 裁判所
수천의 방청객이 쇄도하야
정각에 개정도 못하는 지경
◇…金貞弼의 控訴公判…◇

시대일보

김정필 사건 공판장에 운집한 사람들

위는 〈법정에서 구타 노호怒號. 증인심문은 피고에게 불이익, 방청자의 답지로 한층 긴장한 문제의 독살미인공판〉(《조선일보》 1924년 10월 11일), 아래 왼쪽은 〈법정내외에 인해, 본부살해사건공판일, 수천군중이 모여들어 법정문밖을 에워쌌다〉(《매일신보》 1924년 10월 11일), 아래 오른쪽은 〈인산인해의 재판소, 수천의 방청객이 쇄도하여 정각에 개정도 못하는 지경, 김정필의 공소공판〉(《시대일보》 1924년 10월 11일).

꽃다운 청춘의 생명에 관한 일이요, 또 그때의 사정을 철저하게 조사하기 위하여 잠깐 판결 언도를 중지하였더니 모든 준비를 마치고 오는 십일에는 다시 그 공판이 열리게 되었다는데……. _〈사형이냐 무죄냐, 김정필의 공판은 십일에 열려, 그날은 방청권까지 사용할 터—60명이 사형하라 진정〉, 《시대일보》 1924년 10월 3일

신문과 잡지에는 재판정에 들어선 그녀의 외모를 아름답게 묘사하는 글과 사진이 실렸다. 그리고 사건이 발생한 1924년부터 출옥한 이후인 1935년까지 재판 과정, 독자나 방청객의 반응들, 복역 중 일과, 출옥 후 생활 등 그녀의 동정動靜도 수십 차례 보도되었다.[233] 이러한 세상 사람들의 관심과 동정 여론은 그녀가 '사형'에서 '무기징역', 그리고 다시 '12년 형'으로 감형될 수 있게 했다. 김정필 이후 등장한 남편 살해(미수)범들에게는 '제2의 김정필'이라는 꼬리표가 붙곤 했다. 그녀는 '살인용의자'이기 이전에 '미인 스타'였다.

〈보고 싶은 사진—독살미인 김정필〉
《동아일보》 1925년 10월 23일. 김정필 사건이 핫이슈가 된 지 1년이 넘게 지난 시점에서도 김정필은 당대 최고의 문인 이광수와 함께 '보고 싶은 사진'의 대상으로 선정되었다.

그런데 더욱 재미있는 사실은 김정필이 그다지 미인이 아니었다는 뒷얘기다. 미인이라는 소문 때문에 모두 호기심을 갖고 공판에 갔는데 막상 직접 보니 대단한 미인은 아니더라는 것이다. 그렇다면 어떻게 김정필은 '미인'으로 변신할 수 있었을까. 다음 이

서구의 글에서 그 과정을 확인할 수 있다.

그의 공판이 열리는 날 경성지방법원 대법정은 인산인해를 이루었다. 김정필이 얼마나 어여쁜가 좀 보자는 욕심에 등을 밀고 사람들이 덤벼든 것이다. 그러나 그의 얼굴을 보고 사람들은 모조리 실망을 하였다. "이쁘긴 무엇이 어여뻐"하며 고개를 돌리는 분도 많았었다. 그러나 한꺼번에 백 명도 못 앉는 법정에서 그의 얼굴을 본 사람은 전후 사오 회 공판을 통하여 천 명도 되지 못할 것이다.
그러나 신문을 읽는 사람은 십삼 도를 통하여 적어도 삼십만 명은 된다. 그러함으로 정말 얼굴을 본 사람은 신문을 비웃기도 하겠으며 신문 기자의 장난을 웃기도 하겠으나 그 이외에 절대 다수의 민중은 모조리 신문보고 "참 아깝다. 그렇게 묘한 계집을 감옥에서 썩힌담……" 하며 누구나 애석히 여긴 것이다. 그러면 그리 어여쁘지도 못한 김정필을 신문은 어째서 붓대를 맞붙들고 일세의 미인을 만들었는가. 나는 그 비밀을 이곳에 공개하야 미인 제조법의 근원을 엿보려 한다.
김정필의 사건이 재판소에서 발표되던 날 각 신문 기자는 한자리에 모여서 김정필을 좀 보자고 의논이 났다. 그래서 공판 전에 기회를 타서 김정필이를 구경하였다.
기생 여배우 같은 미인은 무대 위나 요릿집 불빛 아래에 나타나야 더 한층 고와 보이듯이 여자 죄수는 수갑을 차고 죄수의 옷을 입고 야윈 낯에 머리 터럭은 가지가지 흩어진 곳에 또 특별한 아리따운 점이 있는 것이다. 한번 척 보고 어떤 신문 기자 "안홍은 숨깁시다." 한 분이

"야 참 어여쁘구나" 부르짖었다. 실없는 이 한마디가 김정필의 운명을 정하여 버렸다. 옆에 섰던 또 한 사람이 "여보게 우리 일제히 미인을 만들어 버리세나그려" 하였다. 이 소리에 누구 한 사람 반대하는 사람은 없었다. "그러세나 그려. 요새 같이 재판소 기사 없는 때 미인이나 만들어 놓고 울려 먹세 그려" 이 마지막 찬성에 마침내 김정필이는 그날 밤 신문부터 절세의 미인이 되고 만 것이다._이서구, 〈엉터리없이 만들어내는 신문기자의 미인제조비술〉, 《별건곤》 1928년 8월호

여성의 육체에 쏟아지는 상업적 저널리즘의 시선

1900년을 전후한 시기부터 이미 매체에서는 여성이 범죄를 저지르거나 통간通姦, 매음賣淫 등을 했을 경우 남성에게보다 훨씬 신랄한 비난을 보냈고, 더 흥미로운 가십거리로 취급했다. 즉 여성들의 육체와 성을 향해 신문이라는 새로운 감시의 시선이 쏟아졌다. 당대의 신문들을 살펴보면, '음녀淫女', '간부姦婦' 라는 호명하에 여성의 간통, 간부와의 야반도주, 매음행위 등을 격렬하게 비난하는 기사를 쉽게 볼 수 있다. 정조를 잃은 여성에게 그러한 방식으로 극도의 반감을 표하고 있었던 것이다.[234]

인천항 영국 영사관에서 통변하던 김종상씨가 본항 용동 사는 어느 관인의 첩을 잠통하여 데리고 서울로 왔다 하니, 남의 첩을 통간하는 것

도 김씨의 행위가 점잖지 못하거니와, 그 계집으로 말하자면 팔자가 기구하여 한번 실절하기도 분하고 원통하건만 하물며 남편을 두고 또 간부를 통간하니 그런 계집은 개와 돼지 같은 유類라고 하겠더라._〈간첩여수姦妾如獸〉, 《매일신문》 1898년 9월 16일

대흥군 사는 김인묵이 배어개 편형기로 더불어 친분이 있더니 편가의 계집을 통간하다가 종적이 탄로한지라 …… 남서 순검에게 잡히어 갔다 하니, 친구의 계집을 잠통하는 죄도 중하거니와 본부 있는 계집이 행음하는 죄는 어찌 엄중치 아니하는지 알 수 없다더라._〈엄징음녀嚴懲淫女〉, 《매일신문》 1898년 9월 21일

이러한 기사가 신문에 자주 등장한다는 것은 그만큼 사회가 과거에 비해 성적으로 '문란'해졌다는 의미일 수 있다. 또 이러한 사건이 발생했을 때 사회가 받은 충격이 적지 않았음을 보여주는 증거이기도 하다. 그렇다 하더라도 그것이 남녀가 '부적절한 관계'를 맺었을 경우 왜 여성이 남성보다 더 가혹한 비난의 대상이 되어야 하는지 그 이유를 설명해주지는 못한다. 그렇다면 과연 무엇 때문일까. 그러한 비난에는 분명 여성들을 억압하는 가부장적 논리가 전제되어 있다. 요컨대 이러한 기사는 당대 사회가 처한 성적 타락을 드러내는 일면이기도 하고, 남성보다 여성에게 좀 더 엄격한 성 윤리 의식을 적용하던 현실을 반영하는 대목이기도 하다.

그러나 더 근본적으로는 이러한 기사가 신문 독자들에게 어필할 수 있다고 여기는 매체의 마케팅 전략, 상업적 저널리즘을 보여준다. 이러한 시선이 여성의 육체에만 쏟아진 이유는 가부장적 사회에서 남성의 육체는 공공연히 문제성이 없는, 그래서 호기심과 재현의 대상이 되지 않는 몸이었기 때문이다. 남성의 육체는 모든 것의 기준이자 주체이기에 결코 탐구의 대상이 되지 않는다. 그러므로 응시 행위 자체는 '남근 숭배적' 이지만 그 대상은 결코 '남근 숭배적' 이지 않다.[235] 남성 우월주의적 시각에서 여성이라는 대상을 욕망하는 것이 '응시' 라는 행위의 기본적인 메커니즘이었다. 신문은 여성들의 성을 욕망과 통제의 대상으로 삼아 쉽게 그들의 사생활에 개입할 수 있었다.

여성의 '일탈', '범죄' 에 대한 이 같은 세간의 관심은 1920년대 이후 매체의 더욱 고도화된 상업주의와 만

미인에 열광하는 언론의 옐로우 저널리즘
《동아일보》 1927년 1월 22일자 기사 〈가정에서 요정으로 묘령여자의 행로, 기생되려다가 위선경찰爲先警察에〉에 실린 여성의 사진. 기사에서는 가정을 살리려고 요정에 가게 된 이 여성을 '평양서가 생긴 이래로 처음 보는 미인' 이라고 묘사한다. 험난한 삶을 사는 한 여성에 '미인' 이라는 타이틀을 붙이는 당시 언론의 옐로우 저널리즘을 잘 보여준다.

나면서 '미인' 여성 사건으로 윤색되기 시작한다. 매체 속에서 살아남기 위해 영화나 연극의 배우들, 가수들과 같은 연예인이나 기생들이 아름다워야 하는 건 어쩔 수 없는 일이었다. 하지만 1920년대 이후에는 사회면 기사에 등장하는 일반인 여성들조차 미인이 되어야 했다. 그래서 "미인이 되고 싶으면 한강 철교에 가서 빠져 죽기만 해라"는 말까지 생겨났다. 가히 '미인 신드롬' 이라 불릴 만하다.

> 어째서 신문사에서는 얼굴은 밉든 곱든 이십 세 내외 되는 여자가 죽기만 하면 미인이라고 하나. 추부醜婦라도 미인으로 만드는 요술은 대체 누가 피우는 것인가?
> 요새는 신문이라야 동아일보 매일신보 중외일보 세 가지밖에 없고 미인을 제조하는 사람들은 그 세 신문사에 있는 사회부 기자 제군들이다 …… 이왕 죽은 여자이니 밉든 곰보이든 까뒤집을 것은 업다. 어쨌든 미인이라고만 해 놓으면 죽은 영혼도 섭섭해 할 리, 죽은 이의 가족인들 "왜 악죽악죽 깨곰보를 갖다가 미인이라고 썼단 말이요" 시비가 들어올 리는 만무하다. 그 위에 신문을 읽는 독자에게도 "어제 오후 열한 시경에 한강 인도교 위에서 꽃같이 고운 여학생이 한 장의 애달픈 유언장을 남기고 한강에 몸을 던져 죽었는데……" 이런 기사가 취미를 끌어 "어제 오후 열한 시경에 키 크고 낯빛 검고 얼근 여자 하나가 나타나 한강에 투신을 하여……" 해서는 독자들이 읽을 재미라고는 한 푼어치도 없을 것이나 미인이 죽었다고 해야 인정상 아깝기

도 하고 자세히 알고도 싶지 인물이 못생겼다고 해 놓으면 아무라도 몇 줄 보다가는 집어던지기가 쉽다.
그러므로 언제 어느 때 누가 시작을 했는지는 모르나 어쨌든 젊은 여자가 죽었다고만 하면 의례히 묘령 미인으로 삼아 버린다._이서구, 〈엉터리 없이 만들어내는 신문기자의 미인제조비술〉, 《별건곤》 1928년 8월호

당시에는 '미인 자살', '미인 고난기' 등 기사에 '미인'이라는 제목만 달면 신문, 잡지의 판매 부수가 달라질 정도로 아름다운 여성에 대한 동경과 선호가 매우 컸다. '악죽악죽 깨곰보', '낯빛 검고 얼근 여자'가 자살했다고 하면 아무도 관심을 안 갖지만, '묘령의 미인'이기만 하면 자살을 했건, 살인을 저질렀건 모두 관심과 호기심, 심지어 동정심까지 가졌던 것이다. 김정필 사건은 그 단적인 사례였다.[236]

'연애의 시대', 자유는 곧 경쟁이다

'미인이어야 팔린다'는 것은 대중문화나 저널리즘에서만 통용되는 이야기는 아니었다. 소위 '연애의 시대'인[237] 1920년대부터는 일상에서도 마찬가지였다. 1919년 3·1운동 이후 유행처럼 번진 '개조'의 열풍 속에서 자유연애-결혼(즉 가정의 개량)이 확산되면서부터 연예인이나 기생들뿐 아니라 일반 여성들에게도 외모가

경쟁력의 중요 요소가 되었다.

제2부 1장에서도 살펴보았듯 1900년대에 들어서면서 기존의 결혼 제도는 여러모로 비판을 받게 된다. 신지식층들은 조혼이나 늑혼勒婚과 같이 어린 나이에 부모의 강요 때문에 하는 결혼을 부정하고 성숙한 남녀가 자유 의지로 하는 연애와 결혼을 주장하기 시작했다. 그들은 1910년대 중후반부터 "혼인 없는 연애는 상상할 수 있으나, 연애 없는 혼인은 상상할 수 없는 것"이라며 '영육靈肉일치'를 연애와 결혼의 전제 조건으로 삼았다. 이광수의 발언을 살펴보자.

> 연애의 근거는 남녀 상호의 개성의 이해와 존경과, 따라서 상호간에 일어나는 열렬한 인력引力적 애정에 있다 하오. 물론 용모의 미, 음성의 미, 거동의 미 등 표면적 미도 애정의 중요한 조건이겠지만 이지理知가 발달한 현대인으로는 이러한 표면적 미만으로는 만족하지 못하고 더 깊은 개성의 미—즉, 그의 정신의 미에 황홀하고서야 비로소 만족하는 것이지요 …… 물론 육적肉的 요구도 있겠지요.— 그것이 연애의 완성이겠지요. 원시적으로 보면 그것이 연애의 구경究竟의 목적이겠지요. 그러나 진화한, 복잡한 문명과 정신생활을 가지게 된 인류에 있어서는 이 육적 요구는 차라리 제2인 듯한 관觀이 있지요. _이광수, 〈혼인에 대한 관견〉, 《학지광》 1917년 4월호

남녀 사이에 영혼과 육체가 모두 결합해야 연애와 결혼도 가능

자유연애
나도향이 《동아일보》에 1922년 11월 21일부터 1923년 3월 21일까지 연재했던 장편소설 《환희》 중 1923년 1월 2일자 연재편에 삽입된 삽화. 다정하게 기댄 영철과 설화의 모습, 둘 주위를 둘러싼 하트 모양이 당시 자유연애에 대한 인식을 보여준다.

하다는 말이다. 이광수는 특히 육체보다는 영혼의 결합, 개성과 정신의 미를 중요시했다. 영적인 결합을 육체적인 결합보다 우선시한 이 같은 언급은 이광수 자신이 부정하고자 하는 전통 시대의 강제 결혼이 감정적 교류가 없는, 즉 '연애가 전제되지 않은', '생식生殖을 위한' 육적 결합일 뿐이었음을 강조하기 위한 '수사修辭'였다. 이제는 결혼이 가문의 후손을 낳을 목적에서 하는 것만은 아니라는 점을 주장하기 위해 육적 요구를 영적 결합보다 '제2'의 문제로 취급한 것이다.[238]

물론 연애 과정에서 상대방에게 일어나는 '열렬한 인력'에 대해서는 이광수 역시 인정했다. "용모의 미, 음성의 미, 거동의 미 등 표면적 미"를 애정의 중요한 조건으로, "육적 요구"를 연애의 완성으로 언급한 사실은 이를 잘 보여준다. 육체적 충동, 표면적 아름다움에 따르는 이끌림을 전제하지 않을 수 없었던 것이다. 그러나 가장 우선시한 것은 육체가 아닌 영혼이었다. 이것이 1910년대 후반의 연애와 결혼에 대한 생각이었다.

'실천' 으로서의 자유연애-결혼은 '개조의 시대', '연애의 시대' 였던 1920년대에 들어서면서 육체적 충동을 좀 더 긍정하는 방향으로 발전한다. 당연한 수순이었다. 사실 저 이광수의 논리도 자유연애와 자유결혼의 정당성을 주장하기 위해 영적 결합을 강조한 것일 뿐, 육체적 이끌림도 인정하지 않았는가. 청춘 남녀는 이제 자유롭게, 몸과 마음이 이끄는 대로, 자신의 (연애와 결혼의) 파트너를 선택했다.[239] 이러한 풍토는 1930년대에 가면 더욱 본격화된다.

여성들의 몸을 통한 '푸로파간다propaganda'

'여성 프로파간다-시대가 오면' 하고서 생각해 보면 여러 가지 괴상한 일이 많을 것이다. 요사이 사람 사람의 신경이 열단적劣端的으로 발달되어 가기 때문에 눈을 주는 곳이 별스럽다.

다리-여자의 다리는 더욱더 사나이의 눈을 끌기에 너무도 아름다워진다. 그래서 지금에는 얼굴보다도 그 다리가 정을 끌고 야릇한 충동을 준다. 그러기 때문에 만약 '여성 프로파간다-시대가 오면' 다른 곳보다도 그 다리를 광고판 대신 쓸 것 같다. 그래서 설궁 잘하는 조선 '모던-걸'을 위하여 그 다리가 사명을 다하는 날이 오지 않겠다고 누가 말하랴.

-나는 신경질입니다. 이것을 이해해 주어야 해요.

 나는 처녀입니다. 돈만 많으면 누구나 좋아요.

-나는 집세를 못 내었습니다. 구원해 주어요.

 나는 초콜릿을 좋아해요. 그것 한 상자만.

-나는 외국 유학생하고 결혼하고자 합니다.

 나는 아직 독신입니다.

-나는 문화주택만 지어주는 이면 일흔 살도 괜찮아요.

피아노 한 채만 사주면. _안석영, 〈여성선전시대가 오면(2)〉, 《조선일보》 1930년 1월 12일

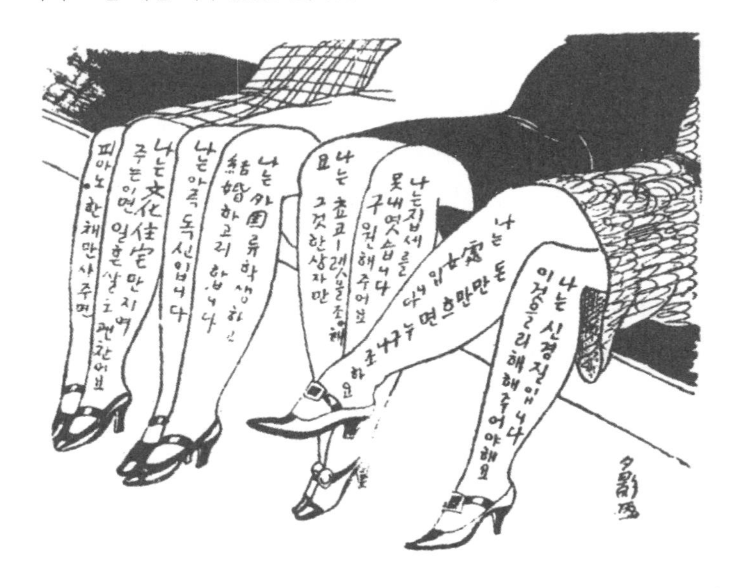

안석영의 이 만문만화는 "물질을 매개로 한 자유연애와 자유결혼의 속내를 '선전propaganda'이라는 상상의 장치를 통해 드러낸 작품"[240]이다. 만화 속 여성들은 자신의 몸을 내걸고 남성들에게 돈, 선물, 집, 사치품 등을 요구한다. 안석영은 이 만문만화에서 아마도 당시의 상품화한 연애와 결혼을 돈을 밝히는 허영심 강한 여성들의 책임으로 돌리고자 한 듯하다. 그러나 남성들은 어떤가? 위의 그림에서 여성은 다리만으로 표현되어 있다. 프레임 안은 남성들의 시선이 머문 지점이다. 즉 남성들은 여성들의 영혼이나 지성이 아니라 몸과 다리만을 보고 있었던 것이다. 그런 점에서 남성들 역시 왜곡된 연애나 결혼에서 '결백'을 주장하긴 어려울 듯하다.

자유는 곧 경쟁이다. 연애와 결혼을 할 당사자들의 자유로운 선택이 중요해지면서, 여성들은 상대 남성을 선택할 때 직업 또는 경제력을 중요한 판단 기준으로 삼았고, 남성들은 상대 여성을 선택할 때 미모를 핵심적 요소로 고려했다. 오늘날 한국에서 애인이나 배우자감을 선택하는 통속적 기준들이 바

여성들의 몸을 통한 선전
장갑, 손가방 등을 사 주는 남성에게 자신의 몸을 주겠다는 여성의 허영심을 풍자한 안석영의 만문만화 〈여성선전시대가 오면(1)〉, 《조선일보》 1930년 1월 11일.

로 1920~30년대 즈음부터 형성되기 시작한 것이다. 이때부터 남자들은 돈을 잘 벌어야, 여자들은 예뻐야 연애나 결혼에서 '성공'할 수 있었다. 남성들은 예전에 수청 들 기생을 고를 때나 할 수 있던 '미모 감별'을 이제는 연애 대상, 심지어 결혼 대상을 찾을 때에도 할 수 있게 되었다. 여성들은 자신의 미모가 빼어나면 상류층의 남성을 매혹하여 결혼함으로써 계급을 상승시킬 수 있었다.

결혼까지는 아니더라도, 비싼 선물과 경제적 후원을 아끼지 않는 남성들에게 기생寄生하기 위해서라도, 여성들에게 미모는 항상 중요한 '재능'이었다. 특히 "사나이의 지팡이 대신으로, 산보를 즐기는 사나이의 겨드랑이를 부축하"는 '스틱걸', "사나이의

여성과 남성, 수요와 공급의 순환 고리 생성
〈금풍소슬(1)〉, 《조선일보》 1930년 10월 5일. 여성이 돈 많은 남성을 데리고 백화점 가는 모습을 담고 있다. 남성은 여성에게 경제적 후원을, 그 대가로 여성은 남성에게 아름다운 자신을 제공하는 남성과 여성 사이의 수요 · 공급관계를 풍자적으로 그렸다.

1920~30년대의 다양한 '걸'들

스틱걸
《별건곤》 1932년 11월호.

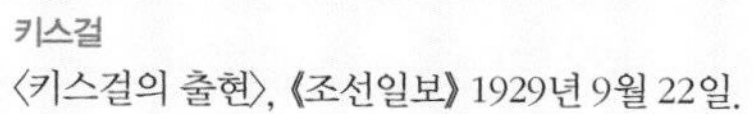

키스걸
〈키스걸의 출현〉, 《조선일보》 1929년 9월 22일.

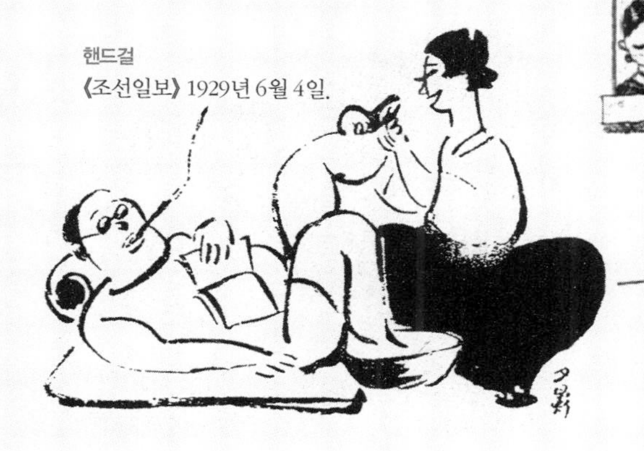

핸드걸
《조선일보》 1929년 6월 4일.

가이드걸, 버스걸, 티켓걸
여성의 새로운 직업을 소개한 《여성》 1938년 3월호 삽화.

손을 대신하"는 '핸드걸', 그리고 박람회 때 50전에 키스를 팔다가 쫓겨난 '키스걸', 화려한 옷차림을 하고 본정통을 오가는 '백의걸'과 '마네킹걸'[241] 등에게는 옷을 사고 온갖 치장을 하기 위해 남성들의 금전적 도움이 절대적으로 필요했다. 또 그만큼 아름답게 꾸미고 다녔기 때문에 그녀들에게는 값비싼 선물과 돈을 기꺼이 내놓는 남성들이 줄을 이었다. '미'를 둘러싼 수요와 공급의 순환 고리가 생겨난 것이다.

'스위트홈'을 위한 여성들의 끊임없는 자기 관리

또한 1920~30년대에는 결혼 후에도 항상 자신을 가꾸어 성적 매력을 유지해야 했다. 그래야 '양처良妻'가 될 수 있었다. 1920년대 후반부터는 달성하고 실현해야 할, 긍정적이고 바람직한 '신가정'을 구성하는 요소로 애정적 부부관계, 양처와 주부, 단가單家살림, 그리고 합리적 · 위생적 주거 생활이 거론되었다.[242] 그중에서도 이상적인 신가정, 즉 '스위트홈'의 핵심적 요소인 애정적 부부관계 및 양처와 주부라는 요건을 갖추기 위해서는 아내의 끊임없는 노력이 필요했다. 그래서 어떤 기사에서는 남편이 다른 여자에게 끌리지 않도록 주의하라고 충고하기도 한다. 결혼 전에는 돈과 시간을 허비하여 화장을 하다가 결혼하면 게을리하는 사람을 본받지 말고, 집에 있을 때에도 어느 정도 화장을 하고 있으

스위트홈
1920~30년대 여성들은 '스위트홈'을 위해 결혼 후에도 남편이 다른 여자에게 끌리지 않도록 외모 가꾸기를 소홀히 하지 않는 등의 노력을 해야 했다. 그림은 당시의 '스위트홈'을 그린 《신여성》 1931년 12월호 삽화.

면서 부부 화합의 비결을 만들라는 것이다.[243]

이러한 구조—여성들이 '러브(연애)'와 '스위트홈(신가정)'을 쟁취하려면 미모를 통해 경쟁력을 키워야 하는 사회 구조 속에서 여성들은 '예쁜 여자 되기'에 몰두하게 된다. 이것은 일종의 '거래'였다. 연애, 결혼의 상품화 세태 속에서 여성들은 원하는 삶을 영위하기 위해 자신의 미모를 거래의 조건으로 내세우기 시작한 것이다. '무조건 미인이어야 잘 팔린다'는 원칙은 이렇게 일반 여성의 삶 속으로까지 틈입해 들어왔다. 많은 여성들이 예뻐지기 위해 옷, 화장품, 장신구 등을 구매하고, 미용실에 출입하고, 식이요법과 운동을 하고, 심지어 성형수술까지도 고민하게 되었다.

'당신이 만약 여자라면 어떻게 살 것인가?' 를 묻는 설문에 무엇보다도 우선 미인이 되어야겠다고 말하는 남성 문사 차청오車靑吾의 모습은 이 같은 여성들의 의식 변화를 잘 보여준다.

> 첫째에는 미인이 되어야 하겠다. 남자라도 미남자가 된다면 그 누가 싫다고 하랴. 그러나 남자보다도 여자로서는 특히 미인이 되지 않으면 아니 될 것이다. 아무리 학식이 우월하고 인격이 고상한 여자라도 만일에 미가 없다면 일생에 그 같은 불행은 없을 것이다. 고래로 미인이 박명이 많다고[美人多薄命] 하였지만 그것은 미인인 까닭에 박명한 것이 아니라 온갖 여성 중에는 박명한 여자가 많지만 세상 사람이 잘 알지를 못하고 오직 미인만은 여러 사람이 잘 알게 되는 까닭에 그러한 말이 생긴 것이다. 자기의 남편을 죽이고 감옥에서 신음하는 김정필金貞弼 같은 독부도 물론 박명한 여자의 한 사람이다. 그러나 그 여자도 미인인 까닭에 박명한 것이 아니요, 감옥 속에는 김정필 이상의 무서운 죄악을 짓고 철창에서 신음하는 박명의 여자가 많지만 미인이 아닌 까닭에 세상 사람이 잘 알지 못하는 것이다.
> 자래의 역사를 따져 보면 소위 여걸이니 여장부이니 하고 천하를 능히 좌우하며 무한한 행복을 누린 여자는 도리어 미인 중에 많다. 지나支那의 여태후呂太后도 그렇고 무측천武則天도 그렇고 영국의 엘리자베트도 그렇다. 아니 신라新羅의 선덕善德 진덕眞德 두 여왕이 또한 그렇다. _차청오, 〈내가 남자였다면, 내가 여자였다면—요모조모로 쓸모 있는 여자가 되리라〉, 《별건곤》 1927년 12월호

3장
미인의 운명

미인은 정말 행복했을까?

누구나 미인 되기를 바란다.

누구나 미인이거니 자부한다.

이것이 현대 여성의 심리의 전부다. 그러면 미인을 만드는 곳이 없는가. 이 편리한 세상에 못난 여자라도 미인을 만들어 내는 기계나 무슨 요술 같은 솜씨가 없을까. _〈미인제조실참관—오엽주씨의 미장실〉, 《삼천리》 1934년 8월호

아름다워지는 것은 이렇게 여성들의 중요한 욕망으로 자리 잡고 있었다. 그런데 이 같은 '미인 권하는 사회'에서 '예쁜 여성'들은 정말 '성공'하고 '행복'했을까?

김정필 사건을 돌이켜보면, 확실히 미모는 인생에 유리하게 작

용하는 것 같다. 사형을 언도받았던 죄수가 무기징역으로 목숨을 부지하고 결국 12년 만에 출옥할 수 있었던 것은 그녀가 독살 '미인' 이었기 때문이니까 말이다. 이럴 때 보면 일단 '예쁘고 볼 일' 이란 생각이 든다.

이것이 어디 1920년대만의 얘기이던가? 1987년 KAL 858기 폭파 테러범으로 체포된 김현희를 보라. 남한인 115명을 죽였다는 혐의에도 살아남을 수 있었던 데에도 그녀가 미인이라는 점이 작용하지 않았는가? 김현희에 관한 기사에서는 "미모의 김현희는……"이라는 표현이 수시로 등장했다. 국민 115명을 잃은 남한 사람들의 공분公憤도 테러범의 미모 앞에서는 그 강도가 약해지는 모양이었다.

> 얼마 전 115명을 태운 KAL기 폭파 사건의 범인이 마유미임이 밝혀지고 한국 이름이 김현희라는 북괴 공작원의 기자 회견이 있었다. 아마도 대부분의 사람들이 고개를 푹 숙인 채 기어들어가는 목소리로 기자들의 질문에 답변하는 중계방송을 보았을 것이고 각 일간신문마다 1면 특보된 기사도 읽었을 것이다. 또한 미모의 북괴공작원이 KAL기 폭파 사건의 주범인 사실에 대하여 여러 가지 의견이 분분하였을 것이다. 그런데 놀라운 것은 대부분의 사람들이 북괴공작원 마유미가 젊고 미인이라는 점에 상당히 마음이 누그러져 있다는 것이었다._유홍균, 〈동정과 현실 사이〉, 《매일경제》 1988년 1월 30일

김현희가 지닌 젊음과 미모, 집단 살인범과는 거리가 먼 청순한 인상이 텔레비전을 통해 민중의 누선淚腺을 자극했다. 어떤 독두禿頭독재자의 가장된 듯한 참회와는 또 다른, 푸릇한 회한에 알게 모르게 '감정이입' 이 있었다._〈김현희가 가는 길〉, 《동아일보》 1988년 11월 26일자 사설

앞에 선 미녀, 오엽주

조선인 최초로 쌍꺼풀 수술을 받은 오엽주도 미인이기에 득을 본 점이 많았다. 그녀는 여러 가지 면에서 눈에 띄는 '개화' 여성이었다. 그녀의 '최초' 타이틀은 쌍꺼풀 수술에만 있지 않다. 그녀는 우리나라 최초의 미용사이자, 일본에 건너가 영화배우로 활약한 최초의 '한류' 스타이기도 했다. 그리고 미인이었다.

오엽주! 그는 세상 사람들의 화두에 적잖이 오르내리던 미모의 소유자다. 그는 미장원으로 한동안 인기를 가일층 끌더니 이번에는 영화배우로 인기를 끌게 되었다고 한다. 그는 양자에 송죽松竹회사로부터 탈퇴한 한 제구십구諸口十九가 새로 세운 '제구로덕순' 에 이백여 명 배우 지원자 중에 끼어서 가장 우수한 성적으로 선발되어 입사하였다고 한다. 그리하여 오는 가을 동사同社 제일회 작품부터 출연하기로 되었는데 조선 여성으로 일본 영화계에 스타로 서기는 이번 엽주씨가 처음일 것이라고 한다._〈오엽주—일본영화계에 조선여류스타=제구십구사諸口十九社에〉,

《동아일보》 1927년 7월 19일

오엽주는 평양여자고보와 오사카大阪의 녹음고등여학교綠陰高等女學校를 졸업한 뒤 얼마 동안은 보통학교 교사로 근무했다. 그러다가 1926년 6월 본정本町(현재의 충무로)의 여자미용원에서 일본인 하라야마平山梅子에게 미용 기술을 배워 미용사로 일하기 시작한다.[244] 그런데 1년 뒤에는 일본으로 건너가 영화배우로 활동한 것이다.

고등 교육을 받고 교직에 몸담기도 했던 미모의 신여성, 내지內地에서 영화에 출연까지 한 배우 오엽주가 세간의 화제가 되는 것은 당연했다. 일본에서의 배우 생활은 자주 신문에 기사화되며 대중들의 관심을 끌었다.[245] 그 덕분인지 다시 조선으로 돌아와 미용실을 차렸을 때 그녀의 미용실에는 당대의 유명 인사들이 끊임없이 출입했다.[246] 이러한 그녀의 생활에 대해 오엽주의 조수로 20년 가까이 있었던 미용사 임형선은 다음과 같이 술회한다.

선생님(오엽주-인용자 주)은 신여성으로서, 모던걸로 굉장히 유명했죠. 또 일본 가서 송죽키네마회사에 들어가서 배우 생활을 한참 했기 때문에 더 유명하구요. 신여성으로서 주부나 마찬가지로 모양만 내는 개방된 여성이 아니라 배우 생활도 했고 평양에서 학교 교편도 잡았고. 일본서 와서 미용원도 개설하고. 그랬기 때문에 더 유명했다고. 미용원에 드나들던 고객이 조금 이채롭죠. 주요한씨 부인이라든지,

오엽주

1 《동아일보》 1926년 6월 25일.
2 《동아일보》 1927년 1월 1일.
3 《동아일보》 1927년 7월 19일.
4 〈얼굴을 어여쁘게 꾸미는 평산매자씨〉, 《동아일보》 1926년 6월 25일. 평산매자(우)씨 앞에서 화장 시술 실습을 하고 있는 오엽주(좌)의 모습.

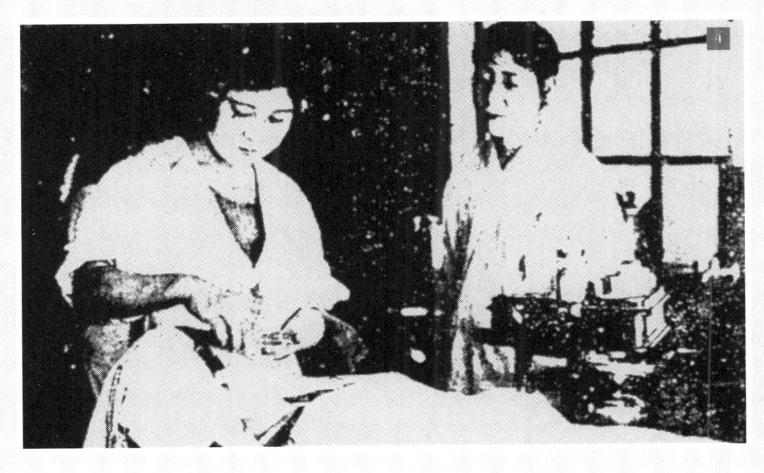

이광수씨 부인이라든지. 또 작가로서는 모윤숙씨라든지, 전숙희 여사님. 또 기생들이 많이 왔고 말이죠. 그 당시로서는 연예계라든지 작가라든지, 오는 분들이 지금처럼 (미용이) 일반화되어 있지 않았기 때문에 사회에서 알려진 분들이 많이 드나들었죠. 유명한 남자 분들이 오 선생님 많이 찾아오셨어요 …… 서울대 법대 출신들이 많이 드나들었어요. 이름 기억나는 분은 장후영씨라고 변호사 생활하고 자유당 때 활동하던 분이고 …… 배 법관님 ……《상록수》 쓴 심훈씨가 한번은 와서, 웃었던 일도 있어요. "나하고 결혼하자고"(웃음). 심훈씨가 오 선생님한테 그래서, 미용원에서 폭소를 하고 그랬던 기억이 나거든요(웃음). 결혼 전이니까, 그때 그분이. 여러 사람 미용원에 있는 데서 결혼하자고 그러니까는 웃었지(웃음). 운동선수에 이기택씨, 그런 분들도 오구, 판검사, 문인 그런 분들이 많이 드나들었어요._임형선 구술, 김미선 면담 · 편집, 《모던 걸, 치장하다—구술사료선집 6》, 국사편찬위원회, 2008, 83쪽

김연실, 신일선, 부호 민규식의 부인, 주요한의 부인, 허영숙, 모윤숙, 전숙희, 박인덕, 장후영, 이기택, 심지어 이강공(의친왕)의 가족까지 오엽주의 미용실을 드나들었고, 소설가 심훈은 그녀에게 청혼까지 했다 한다. 그녀가 당대의 상류층의 사람들이나 유명 인사들과 얼마나 많이 교류했는지 짐작할 수 있는 대목이다. 그녀가 1933년에 연 화신미용원이 1935년 1월 화재로 문을 닫았음에도 금세 다시 미용실을 차릴 수 있었던 것 역시 그녀의 인맥, 사교술과 수완 덕분이었다.

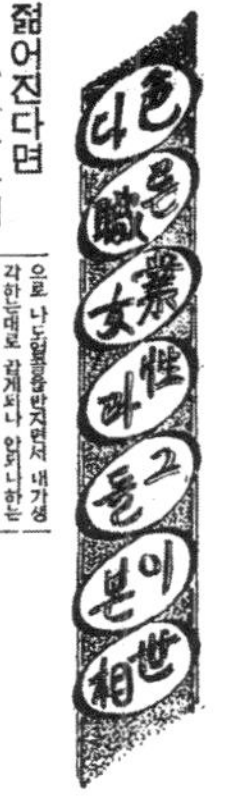

젊어진다면 돈은얼마든지

美容院 吳葉舟 談

오엽주

오엽주는 1935년 12월 종로에 '엽주미용원'을 연 후 신문에 미용법 기사를 싣는 등의 일을 통해 사람들의 '미'에 대한 관심과 미용 상품의 소비 욕구를 자극했다. 기사와 사진은 《동아일보》 1936년 1월 6일.

오엽주는 본정에 있던 고급양품점의 사장인 일본인 나츠카와 고마모노에게서 투자를 받아 1935년 12월 종로의 영보빌딩에 다시 '엽주미용원'을 열고 해방 직후까지 호황을 누리며 운영했다. 이때부터 신문에 미용법, 헤어스타일의 트렌드 등에 대한 기사나 칼럼을 싣기도 하는 등 미용계의 중심인물로 자리 잡았다. 그녀는 그야말로 자신의 몸으로 그리고 기술로 우리나라 여성들에게 '미美'에 대한 관심을 불러일으킨 '패션리더'였다.

세태가 변하였고 일반 부인들이 난봉꾼이나 기생만 화장실을 찾는 줄을 알았고 화장이라는 것이 분을 희게 발라만 놓으면 목적이 달하는 줄 알던 것도 옛말을 할 만큼 변하고 달라졌습니다. 나는 이것을 돈 버는 직업으로 생각하느니보다 조선 부인들을 건강하고도 어여쁘게 만드는 것이 나의 목적이요, 또 반드시 만들 수 있다는 신념을 가졌기 때문에 하루 종일 서서 앉을 사이가 없어도 유쾌하고 기쁜 것뿐이지요. 나는 미용사도 한 예술가라고 생각하고 자처합니다._〈색다른 직업여성과 그들이 본 세상: 젊어진다면 돈은 얼마든지 엽주미용실 오엽주양〉, 《동아일보》 1936년 1월 6일

미인의 화려한 삶 그리고 그 이면

그러나 오엽주라는 미인의 이와 같은 화려한 이력의 이면에는 나름의 굴곡도 있었던 모양이다. 일본에서 영화배우 생활을 하던 그녀는 어느 날 배우 일을 그만두고 종적을 감추어 버렸다. 이 시기 그녀는 상해에도 가 있었던 듯하고,[248] 어느 날 홀연히 조선으로 돌아와 카페 여급으로 일하기도 했다고 한다. 약 10년 사이에 조선, 일본, 중국 등을 오가며 교사, 미용사, 영화배우, 카페 여급 등 다양한 직업을 경험한 그녀의 인생 역정이란 무척이나 다이내믹한 것이었다.

당시의 언론에는 드러난 바가 없었지만, 이 시기에 그녀는 결혼을 하고 아이를 낳은 것으로 추정된다. 2부에서 살펴본 기사 〈고국의 여름을 찾아온 개화기 최초의 미용사. 40여 년 전 종로에 미용실 차린 오엽주 여사〉에 따르면 오엽주가 첫딸을 낳은 때가

대략 1932년 무렵이다. 그럼에도 당시 언론에는 그녀의 남편이나 아이에 대한 이야기가 없었다. 정확하지는 않으나 대략 1929년 이후 영화배우 일을 그만두고 카페 여급 생활 등을 전전하다가 1933년에 화신미용원을 내기까지, 그 사이에 그녀에게 무언가 숨겨진 곡절이 많이 생겼던 것이다.

"오 선생님은 누구랑 결혼했었어요?"(구술채록자 질문-인용자 주)

"평양에서 학교 나오고, 평양에서 학교 선생님으로 계실 때 같은 선생님인데 동경을 둘이 갔다는 말을 간접적으로 들은 얘기죠. 일본 가서 그 분하고 헤어지고 일본 사람하고 결혼했단 말도 있고. 우리가 어리니까는 알 필요도 없는 거지만은. 그 딸이 일본 이름이에요. 학교 들어갈 때. 일본 호적이 되어 있더라고. 그래서 종로소학교 들어가는 걸 봤었어요. 일본 아버지지." _임형선 구술, 김미선 면담 · 편집, 《모던 걸, 치장하다—구술사료선집 6》, 55쪽

1933년 화신미용원을 열면서 가진 인터뷰에서 오엽주는 그동안의 자신의 인생 역정에 대해 다음과 같이 설명했다. '원래부터 그 일을 하고 싶었다', '모든 나의 경험이 내가 의도한 것이며 중요하고 만족스러운 경험이었다' 고. '스타' 다운 인터뷰였다.

「그래 많은 직업 중에서 하필 이 직업을 택하시게 된 동기는 어디 있습니까?」

「동기라고는 별 것 있겠습니까. 저는 전에 일본 송죽松竹키네마에 있을 때부터 미용에 대해서 특히 연구하고 싶었습니다」(중략)

「그런데 일본 가서 배우 노릇 하시다가 왜 그만 두었습니까. 미용원을 목적하고 그만두시게 되었는가요」

「아니요. 그때는 단지 어머님 한 분이 고향에서 외로워하시는 것 때문에 나온 것이랍니다」(중략)

「그런데 이렇게 자꾸 묻기만 해서 안 되었습니다만 저 XX*에 들어가시게 된 동기는요」

「동기라기 보담 저는 인생의 속속까지 좀 알고 싶은 생각에서 들어갔습니다. 세상 사람이 말할 때 XX은 매춘부나 마찬가지로 여긴다고 하지만 참인생 생활이란 어떤 것인가를 알려면 그곳에 한 번 가보는 것도 다시없는 배움의 길이라고 생각합니다. 다른 사람들이 저를 볼 땐 제 생애 중에 있어서 한 검은 점이라고 볼지 모르겠습니다마는 한 달 동안의 그 생활이 저에게는 너무나 커다란 교훈을 보여 주었습니다.」_〈오엽주 씨의 미용원〉, 《삼천리》 1933년 4월호

오엽주의 인터뷰가 '스타' 다웠다는 점은 이보다 4년 전, 일본에서 영화배우로 활동하던 때의 인터뷰와 비교해보면 더욱 분명해진다.

* 아마도 카페 이름인 듯하다.

제가 환경의 모든 귀찮은 문제를 집어치우고 일본으로 건너간 지가 벌써 만 이태나 되었습니다. 그 동기로 말하면 평소부터 영화 예술에 대하여 개인으로 자별한 취미를 가졌든 까닭이겠지요만 조선에도 영화 사업이 반드시 믿음직한 사람들의 손에서 일어나야만 할 현세에 있고 또 한편으로 여배우난을 부르짖는 이때에 헛말로만 떠돌지를 말고 실제로 제일선에 나서서 기술을 배우고 과학적으로도 연구를 하는 사람이 있어야 할 것을 통절히 깨닫고 만난을 무릅쓰고 단독일신으로 뛰어간 것입니다 …… 다소 고생은 되더라도 이것이 나의 신성한 천직이거니 하고 앞만 보고 나아가니까 그네들도 그 점에 있어서는 신용을 하고……. _〈고토의 봄을 찾아 온 오엽주양의 기염氣焰〉, 《조선일보》 1929년 2월 17일

1929년에는 평소 영화에 특별한 취미와 여배우로서의 사명감, 소명 의식을 갖고 있었다고 말해 놓고, 1933년 미용원을 차리면서는 영화배우를 할 때부터 미용에 대해 특히 연구하고 싶었다고 말한 것이다. 게다가 일본 배우를 그만둔 이유는 어머니께서 외로워하셔서라고 말한다. 심지어 카페 여급으로 일을 한 것마저도 인생의 경험, 배움을 위해서였다고 합리화한다. 이처럼 그녀의 '천직', 그녀의 '운명'은, 그녀가 처한 상황에 따라 나름의 이유를 통해 새롭게 '만들어지고' 있었다. 이러한 인터뷰 기사는 인생이 파란만장한 스타들에게 자기변명의 기회를 주는 척하며 다시 한 번 세간의 루머를 들추어내는, 요즘의 아침 시간대 토크쇼 프로그램을 보는 듯한 느낌을 준다.

미인 권하는 사회의 이중적 태도

오엽주 이야기는 아름다운 여성의 삶 그리고 아름다운 여성에 대한 당대의 시선이 어떠했는지를 보여주는 좋은 예다. 이미 상당한 미모의 소유자이면서 더욱 아름다워지기 위해 쌍꺼풀 수술을 감행하는 여성이 등장했다는 것은 그만큼 아름다움에 대한 시대적 경도 현상이 만연해 있었음을 보여준다. 또한 아름다운(아름다워진) 여성의 삶이 평탄하지만은 않았다는 것은 상품화된 여성의 몸이 겪게 되는 현실이 여성들에게 결코 호의적이지만은 않았음을 증거한다. 아름다운 여성들은 그만큼 많은 남성들의 욕망의 대상이 되고, 그들의 욕망 앞에서 조금만 방심하면 몇 명의 '남성 편력'이 생긴다. 그리고 그러한 여성들을 사람들은 '팔자 사납다', '문란하다'고 생각했다.

매스컴은 그러한 여성들의 인생 역정을 들어주는 척하며 캐내고 폭로하려 했다. 세상은 아름다운 여성에게 찬사를 보내면서 동시에 아름다워지기 위해 자신의 몸을 가꾸는 여성들에게 경멸의 시선도 비등하게 던졌다. 이미 신여성에 관한 여러 연구자들이 널리 알린 바와 같이,[249] 1920년대부터 조선에 등장한 신여성들이 겪어야 했던 세간의 이중적 시선도 같은 맥락이었다. 신여성들은 근대적 교육을 받았을 뿐 아니라 세련된 미적 감각, 유행을 선도하는 패션, 공들여 가꾼 화려한 외양을 갖춘 경우가 많았다. 그렇게 특별한 존재였기에 그녀들은 남성들에게 관심과 욕망의 대상이

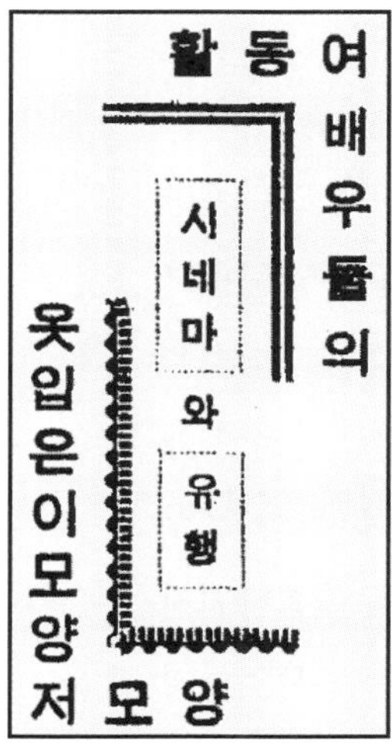

여배우들의 활동

시네마와 유행

옷입은이모양저모양

裏面으로 본「男女俳優의 生活相」

羅秋香

되었지만, 그런 만큼 그녀들의 진보적인 사유나 자유로운 행보가 멸시와 질타의 대상이 되기도 했다. 그래서 1920년대의 대표적인 신여성이었던 윤심덕, 나혜석, 김원주, 김명순 가운데 그 누구도 행복한 말년을 보내지 못했다.[250]

연예인이든, 신여성이든, 미인 범죄자든, 미용 전문가든, 새로운 '미인'의 등장은 상업적 저널리즘과 모든 대중이 매우 반기는 일이었다. 그러나 '스타'가 된 여성은 사생활에 대한 지나친 호기심, 루머, 폭로성 기사, 뭇 남성들의 성적 대상화 등을 겪어야 했다.[251] 김정필의 경우에도 12년 만에 출옥했을 때 사람들이 가장 관심을 가진 점은 "남편을 살해한 적이 있는 그녀가 다시 남편을 구할 것인가?"였다.[252] 미인들에 대한 대중의 관심이란 그만큼 선정적이었다.

스타 여성들의 사생활 노출

'스타'가 된 여성들은 자신의 사생활을 노출해야 했고, 루머와 폭로성 기사에 시달려야 했으며, 뭇 남성들의 욕망의 대상이 되기도 했다. 옆 기사 제목들은 그러한 언론의 모습을 잘 보여준다. 위는 〈시네마와 유행—활동여배우들의 옷입은 이모양 저모양〉(《동아일보》 1933년 11월 1일), 아래는 〈이면으로 본 남녀배우의 생활상〉(《동광》 1932년 11월호).

소비의 대상이자 주체가 된 여성들

그러나 이것을 가부장적 억압의 문제로만 해석하는 태도는 곤란하다. 과연 미인들을 향해 쏟아지는 모순된 시선들을 여성들이 그저 수동적으로만 받아들였을까? 그렇게 억압 · 통제당하기만 했을까? 미인들이 겪어야 했던 삶의 곡절과 시련이 정말 일방적인 해로움뿐이었다고 할 수 있을까? 다시 말해, 미녀는 정말 괴로울까?

제3부 2장에서 이야기했던 것처럼, 여성이 스스로 아름다워지려는 욕망을 가진다는 것은 상품화된 몸의 교환 가치가 무엇인지를 정확하게 알고 있음을 의미한다. 즉 아름다워야만 사회적으로 성공하고 사람들의 관심을 받으며 화려하게 살 수 있다는 사실을 그들은 예리하게 간파한 것이다. 이러한 통찰력은 곧 그들이 가진 신분 상승, 계급 상승이라는 욕망을 의미하는 것이기도 하다. 그래서 아름다운 여성들, 여배우나 여가수 등 대중 스타들, 유명인사가 된 신여성들 중에는 부르주아 계층의 남성이나 권력자의 첩, 정부가 되어 그들에게 의존하려는 이도 많았다. 이것이 미인 '스타' 들을 구설수에 오르게 하는 또 하나의 주요 원인이었다.

세간의 부정적인 시선에도 불구하고 온갖 방법을 동원해가며 아름다워지고자 한 여성들의 노력은 여성이 주체로서 이러한 삶의 방식을 선택한 것이라는 데 그 의의가 있다. 1920년대부터 본격화한 자본주의 메커니즘은 여성들에게 최신 유행 패션 아이템들을 구매하도록 만들었다. 그 과정에서 여성은 소비의 주체로서 기능하기

여성들의 소비
《여성》 1936년 11월호에 실린 〈만추가두풍경〉에 함께 게재된 최영수의 삽화. 쇼윈도에 진열된 겨울 유행 상품을 바라보는 여성들의 모습을 담고 있다. 1920년대 자본주의 메커니즘이 본격화하면서 여성은 소비의 대상이자 주체가 되었다.

시작했다. 자본주의 사회는 이러한 여성 구매자들의 힘을 의식하게 되면서 소비 욕구를 자극하는 상품들을 점점 더 많이 생산했다. 이제 시장에서 여성들의 구매력은 무시할 수 없는 부분이 되었다. 여성들이 여성 잡지, 화장품, 옷, 구두, 액세서리 그리고 성형수술까지 다양한 상품들을 '소비하는' 막강한 경제 주체가 된 것이다.[253]

물론 그러한 활동을 통해 여성의 몸은 다시 상품이 된다. 몸 가꾸기에 성공하여 아름다운 몸을 갖게 된 여성들은 사회, 문화 속에서 '신여성', '모던걸', '미인'으로 호명되며 '소비된다'. 그들은 남성들이 욕망하고 선택하고 소비하는 대상이 되기 위해 자신의 몸을 가꾼다. 이 점에서 여성들이 소비의 주체가 되었다는 것에는 명확한 한계가 있었다. 그러나 여성들은 담론에서 요구하고 강요하는 여성성과 아름다운 몸에 대해 단순히 순응한 것이 아니라 그것들과 긴장과 갈등을 겪으며 자신들의 역할 모델을 스스로 만들어 나갔다고 볼 수도 있다.[254]

소비의 '대상'이자 '주체'로서의 여성의 몸은 자본주의 사회 구조를 지탱하는 주요 요소다.[255] 그래서 "여성들의 몸 가꾸기는 자본화될 수 있는 몸의 위력과 아름답지 않은 몸에 따르는 불이익을 간파한 여성들의 전략적 선택으로서 가속화"[256]되어왔다. 이런 점에서 여성적인 아름다움을 체현하고 있는 여성들은 단순히 억압적 이데올로기의 희생자라기보다는 오히려 능동적 행위자라고 할 수도 있는 것이다.

이러한 해석의 근거는 먼저, 어떻게 여성이 스스로 구매할 수 있었는지에서 찾을 수 있다. 전통 사회에서 여성은 자신을 위한

소비의 대상이자 주체가 된 여성
김규택의 〈세모가두의 불경기 풍경—도회부처〉(《별건곤》 1930년 12월호)라는 제목의 풍자만화. 불경기에도 소비해야 하는 허영심 많은 아내와 그로 인해 궁핍한 남편이 대조되고 있다.

소비 활동을 극히 제한받았다. 장신구 등의 구매는 떠돌아다니며 장사를 하는 방물장수들에게서 산발적으로만 할 수 있었다. 그마저도 가부장의 허락이 있어야만 가능했다. 그러나 1920~30년대의 여성들은 신문, 잡지 등 대중매체라는 새로운 네트워크를 통해 상품에 관한 다양한 정보들을 지속적으로 접할 수 있었다. 그리고 공/사 영역의 분리를 통해 가정 내의 살림을 총괄하게 되면서 가부장의 허락 없이 이전보다 훨씬 자율적으로 상품을 구매할 수 있었다. 그렇기 때문에 여성들의 구매력이 급증할 수 있었고, 이런 여성 소비자를 대상으로 한 다양한 마케팅 전략이 쏟아지게 되었다.

또한 미인 여성들이 가진 여러 가지 특권들에서도 여성의 주체성, 능동성의 근거를 찾을 수 있다. 1920년대에는 이월화가 카츄샤, 복혜숙이 춘향 역을 맡으며 대중의 스타로 부상하는 등 대중문화에서 여성의 비중도 점점 커졌다. 이는 1930년대 여배우의 증가를 가져왔다.[257] 문예봉, 김연실, 신일선, 김옥, 신은봉 등은 자신의 아름다운 미모를 '재능' 삼아 영화에 뛰어들어 인기를 얻었다. 영화라는 시각적 대중매체에 외모를 노출함으로써 직업도 가지고 윤택한 삶을 살 수 있는 기회도 얻었던 것이다. 오엽주도 우여곡절 많은 인생이었지만 미인이었기 때문에 스포트라이트를 받으며 화려한 삶을 살았다. 현대 역시 그러하지만 하층 계급의 여성들이 신분 상승을 할 수 있는 유일한 길은 '아름다운 상품'이 되는 것이었다. 그런 점에서 여성들이 자신의 삶을 개척하기 위해 아름다워지려고 노력한다는 것은 학력이나 경력을 높여 지식인, 전문직 여성으로 성공하는 것 못지않게 주효한 '성공 전략' 이었다.

다만 이처럼 사람들의 주목을 받게 되었을 때 미인들은 필경 '노출' 의 딜레마에 빠지게 된다. 그들의 전략적 위험성은 바로 이 '노출' 의 딜레마가 그들의 행/불행을 결정한다는 데 있다. 사람들의 많은 관심은 환금성을 갖기도 하지만, 그들의 삶에 멍에를 지우기도 하기 때문이다. 이 문제는 오늘날의 경우 더욱 심하다. 넘쳐나는 여성 연예인 관련 기사들을 보라. 그들의 사생활은 지나치게 폭로되고 있다.

이러한 미인 여성들이 처한 '노출' 의 딜레마를 가장 단적으로 보여주는 예가 가정 폭력으로 무참히 짓밟힌 여성 연예인의 몸 보여주기다. 언제나 아름다운 모습으로만 노출되던 여성 연예인이 구타 때문에 일그러지고 멍이 들고 피를 흘린다. 그리고 신문은 그 모습을 사진으로 찍어 게재한다. 옐로우 저널리즘의 밑바닥을 보여주는 사례다. 그럼에도 이런 저열한 취재방식을 쉽사리 막을 수 없는 이유는, 그것이 '거래' 의 암묵적 조건이 되어 버렸기 때문이다. '스타' 는 그동안 자신을 노출해 얻은 이익만큼 대가를 치르기를 강요받는다. 바로 '보여주고 싶지 않은 것까지의 노출' 이다.

요즘 수많은 '스타' 들이 TV나 신문, 잡지뿐 아니라 개인 미디어인 미니홈피, 블로그 그리고 트위터 등을 통해 자신을 보여준다. 심지어 일반인들도 자신에 대한 주목도, 즉 조회 수, 방문자 수, 댓글 수 등에 목숨을 건다. 더 많은 주목을 받고 싶어서 사회적 규범과 윤리의 허용 범위를 벗어나는 내용까지 노출했다가 물의를 일으키기도 한다. 공인이 아님에도 어느 순간 공적인 시선들에 포획되어 자신이 무심코 한 말이나 행동 하나하나에까지 대중들로부터 책임을 추궁당한다. 자유연애에 대한 신여성들의 자기 고백, 여성들에 대한 품평, 《개벽》과 《신여성》의 〈은파리〉와 〈색상자〉, 르포에서 보이는 여성들의 신변 비밀 폭로, 연예인이나 기생 및 카페 여급들에 관한 잡다한 기사 등이 넘쳐나던 1920~30년대에도 꼭 그랬다.

그나마 이 딜레마에서 벗어날 수 있는 유일한 돌파구가 바로 오엽주식의 '해명 인터뷰' 다. '그때는 이러이러한 사정으로 그렇게 된 것이다' 식의 해명, 그리고 그 해명의 자리에서는 '일관성의 부족' 을 추궁하지 않는 미디어. 이런 '짜고 치는 고스톱' 류의 인터뷰나 TV프로그램이 그들이 자신들의 노출 내용을 '교정' 할 수 있는 마지막 기회다. 물론 이것이 대중들에게 받아들여질 수 있을지는 아무도 장담할 수 없다.

예쁜 여성을 향한 대중의 시선은 언제나 변덕스럽다. 맹목적인 호감을 보내다가도 순식간에 냉혹하게 돌아서 버리는 존재가 대중이다. 상품화된 여성들의 사생활이나 내면이 노출될 때, 그것은 그녀에 대한 더 많은 관심과 호감과 친밀감을 유발할 수 있다. 그래서 미녀들은 즐겁다. 그러나 그러한 노출이 어느 순간 그녀들의 발목을 잡기도 한다. 이 위험을 피해갈 수 있는 운 좋은 여성은 많지 않다. 그래서 또한 미녀들은 괴롭다.

4장
'예쁜 여자 만들기' After

1940년대, '군국의 어머니'로서 여성의 몸

1940년대에 조선은 완전히 새로운 국면을 맞이하게 된다. 주지하다시피 일본은 중일전쟁 이후 1940년 신체제를 선포하고 국민총동원 체제로 돌입한다. 그러면서 조선을 제국의 전쟁을 위한 하나의 거점으로 활용하기 시작한다. 이 과정에서 조선에는 이전과는 전혀 다른 방식의 여성-몸 담론이 대두한다. 바로 '군국의 어머니 되기'였다.[258] 즉 일본 제국은 총동원운동의 일환으로 조선인들을 황국의 '국민'으로 만들어 군국의 중심에서 기능하도록 유도하려 했다.

내선일체, 황국신민화에 대해 기존 연구에서는 식민 말기에 처한 일본이라는 식민 지배국이 식민지를 반환해야 할지도 모르는 위기 상황에서 조급함의 발로로 행한 '민족말살정책'이라고 보았다. 그러나 최근의 연구들은 이러한 시각에 새로운 질문을 던진다. 과연 황국의 국민이 되는 일이 조선인들에게 강요된 폭력, 압제이기만 했을까라는 문제 제기다.[259]

이 관점에서는 황국신민화가 일본의 강요라기보다는 조선인을 전시 체제에 동원하기 위한 '거래 조건'으로 볼 수도 있다.[260] 다시 말해 일본이 조선인에게 식민 지배국과 동등한 국민으로서 권리를 보장해 주겠다는 매혹적인 카드를 내밀어 조선인을 자신들의 전쟁에 적극적으로 참여하도록 만들었다는 것이다. 일본의 입장에서는 전쟁이 장기화되고 세계대전의 형태로 확대되어가면서 병력, 노동력의 공급을 위해 조선인이라는 '총알받이'와 '총알'이 다급하게 필요했다. 이 문제를 해결하기 위해 (일본인과) 같은 국민으로서 조선인이 앞장서줄 것을 강요하고 호소하는데 황국신민화, 내선일체의 전략이 필요했다는 말이다.

이 과정에서 여성들에게도 새로운 임무가 요구되었다. 바로 전장에 나갈 군인들의 아내, 어머니로서의 역

군국의 어머니

《여성》 1940년 12월호에 실린 의약품 광고. "냉병이 있으면 아기를 못 납니다"라는 문구에서 확인할 수 있듯 1940년대 여성에게 요구된 새로운 임무는 훌륭한 군인을 낳고 기르는 군국의 어머니였다.

할이었다.[261] 여성들은 훌륭한 군인을 낳고, 기르고, 내조하는 존재여야 했다. '군국의 어머니 되기'는 주로 지원병 제도, 나아가 징병 제도에 대비한 선전 담론의 일환이었다.[262] 당시 신문, 잡지에 실린 여성 관련 기사를 보면, 여성들이 군국의 어머니 역할을 얼마나 훌륭하게 수행하고 있는지를 보여주는 데 많은 지면을 할애하고 있다. 여기에는 여성들을 국가주의 이데올로기에 포섭하여 전시 체제에 동원하려는 목적이 있었다.[263]

이 '시국'에 아름다움은 사치다

이러한 여성의 역할 변화 요구에 따라 여성의 몸에 대한 시선도 1930년대의 식민자본주의 사회의 소비 구조 내에서와는 전혀 다른 방식으로 바뀌었다. 여성은 더 이상 몸을 아름답게 가꾸는 일을 중요하게 여겨서는 안 됐다. 그저 일본 제국에 기여할 수 있는 방향으로 몸을 새롭게 개발하고 활용해야 했다. 그것이 일본의 요구였다.

> 거리에 나가 보면 열이면 아홉을 벨벳 치마. 발가락이 쑥쑥 나오는 구멍 뚫어진 구두에 머리는 소위 퍼머넌트. 새빨간 연지에 눈썹 그리고 눈에는 그늘이 지고 오죽해야 머리 좀 가만둬라, 입술 좀 가만둬라, 무슨 치마는 입지 말아라. 여자로서 이보다 더한 수치가 있을까? 원래 법

도라는 것은 잘못하는 사람에게 필요한 것이다. 애초부터 잘하고 있는 사람에게 신체제의 영향이 그리 클 것이 없다./신체제라고해서 여자에게 치마 입지 말라는 법은 없을 것이다. 화장을 아주 고만 두고 맨얼굴로 다니라는 말을 아마 않을 게다. 그렇지만 냉수에 세수만 하고 나왔어도 보아서 아름다우면 그뿐이다 …… 그러니 여인들이여 화장 값 줄고 시간 경제 되고 정말 아름다워질 수 있는, 신체제 의도에 만만 감사할 것이지 화장 못하고 사치 못해서 병날 일은 아니외다._윤실영, 〈연지와 신체제〉, 《여성》 1940년 11월호

물론 이 시기에도 화장품 광고나 미용실 광고 등 여성용 상품의 광고나 정보 기사는 있었다.[264] 당연한 일이었다. 국가가 전시 상황이라고 해서 모든 기업들이 전쟁과 관계 있는 상품만 생산, 판매하는 것은 아니기 때문이다. 더구나 조선에 상품들을 많이 수출하여 자본을 축적하는 것은 일본 제국에게는 이득이 되는 일이었다. 조선은 여전히 포기할 수 없

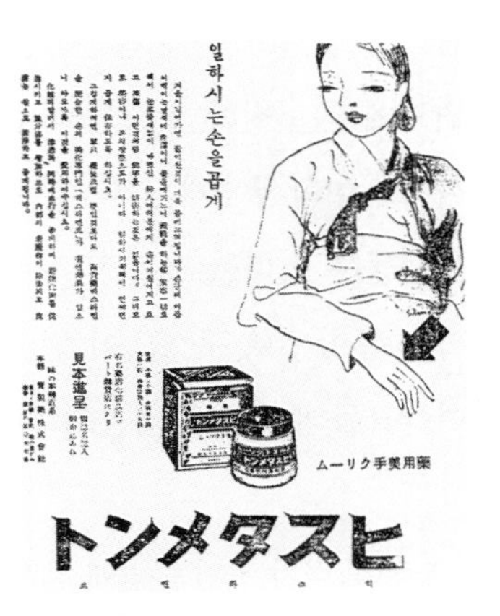

화장품 광고
1940년대가 전시 상황이기는 했지만 화장품 광고가 전혀 없었던 것은 아니었다. 《여성》 1940년 4월호에 실린 화장품 광고.

는 중요한 시장이었고, 조선 여성은 주요 고객의 일부분이었다. 그럼에도 이데올로기적으로는 앞의 인용문에서와 같이 이러한 소비, 사치에 대해 '수치심'을 느끼도록 만드는 것이 이 시기 여성-몸에 대한 주된 논조였다.

'아름다운 몸'에서 다시 '건강한 몸'으로

그래서 여성의 몸을 가꾸는 방식이 1900년대의 건강한 몸 만들기와 유사한 방식으로 회귀하게 된다. 이를 단적으로 보여주는 예가 〈아교我校의 여학생 군사 교련안〉이라는 설문에서 여학생들의 몸 관리 관련 항목들에 각 여학교가 보낸 답변들이다. 이 설문은 "1. 귀교에서는 전반 여학생에게 어떠한 전시 훈련을 시키고 있습니까? 2. 여학생에게 군사 훈련을 시키는 데 대한 의견? 3. 최근 여학생들은 어떠한 시간적 독서와 영화를 보고 있습니까?"라는 세 가지 문항으로 구성되어 있었는데, 이 중 1번과 2번 문항에 대한 여학교들의 답변은 다음과 같다.

> 단체적 국가 관념 주입에 전력全力
> -덕성여자실업학교장 복택영자福澤玲子(송금선)
> 1. 학교 사정에 따라 방법이 여러 가지겠지오마는 우리 학교에서는 전시戰時 국민 생활에 중요한 건강을 몹시 생각한 바 있사와 생도들의

체련을 힘써 온 결과 병약으로 중도 퇴학을 하거나 어떤 사고를 일으켜 본 적이 없습니다. 따라서 금년 겨울에도 생도들의 저온 생활을 훈련하는 의미에서 될 수 있는 대로 난로를 낮게 한기寒氣의 정도를 보아 사용할까 합니다. 그래서 학교 교수 중간 시간을 이용하여 생도 전체의 체련 훈련을 강행하고 있습니다.

2. 절대 필요합니다.

생리적으로 보아 남녀의 구별이 있겠지마는 나라가 정말로 남자에게 모든 일을 맡기고 여자는 한가히 침식寢食에만 열중할 때가 아닙니다. 그래서 저는 여자에게도 군사 교련의 절대 필요를 느낍니다. 우리 학교에서도 결과는 아직 미약하나마 전체 생도들에게 군사 교련을 시키는 중입니다. 특히 조선 가정에서 자라는 여학생들에게 지금같이 국가가 비상시에는 국체적 국가 관념을 인식시키는데 필요하거니와 아직까지 전시 생활에 경험이 없는 조선 가정에 여학생을 통하여 훈련을 철저히 시키고 싶습니다.

시국강화와 교련실시

–상명실천여학교장 배상명芳村祥明

1. 물론 학과도 학과이겠지만 훈련 역亦 중요시하고 있습니다. 각종 운동 경기를 장려하여 체력의 증강을 힘쓰며 방공 훈련 혹은 기회 있는 대로 사회 명사나 교직원에 의탁하여 시국 강화時局講話 등을 하여 정확히 시국 인식을 파악하여 모–든 곤란과 능히 싸울 만한 열과 힘의 소유자가 되도록 힘쓰고 있습니다.

2. 필요하다고 생각합니다.

현재 우리 학교에서는 매주 토요일 전교생에 교외 군사 훈련을 실시하고 있습니다만 그 효과는 판이하게 큽니다. 때가 때인 만큼 철석 같은 몸, 굳센 정신, 일계불란 칠도팔기의 힘을 기르려면 엄격하고 규율적인 군사 교련이 절대 필요하다고 생각합니다.

주로 방공 훈련과 근로 공작

–명성여학교장 월촌수선月村水先

1. 학교에서는 항시 학과 교수와 병행적으로 체력 단련에도 유의하게 되여 원족, 장거리 보행, 또는 여행 같은 것을 하여 왔는데 근래에 와서는 시국에 순응하야 주로 방공 훈련, 근로 작업, 구급 수당법, 폐물, 잔물 등 이용법, 수선법 등을 훈련하고 있습니다.

2. 여학생들에게 군사 훈련을 과한다는 것은 그 근본 의의가 군사적인 점보다도 정신적인 점에 있다고 생각되는데 그보다 여성으로서 감당할 수 있는 각 부문의 실무 훈련을 시키는 것이 더 효과적이 아닐까요. 다시 말하면 군사적인 것은 남성들에게 맡기고 방공이라든가 구호라든가 여성의 힘으로 능히 감당할 부문이 실무 훈련을 시키자는 말씀입니다.

위인기偉人記와 저온 생활

–경성가정여숙장 황신덕

1. 심신의 단련을 철저히 하기 위하야 도보 원족, 방공 훈련, 저온 생

활 등을 훈련하고 있습니다.

2. 여성까지 출정하여야 할 시기가 왔다면 별 문제이겠으나 일반적으로 보아서 **여학생들에게 군사교련은 찬성하기 어렵습니다.** 생리적 고장을 방지할 만한 무슨 다른 방도가 있다면 몰라도. _〈아교의 여학생 군사교련안〉, 《삼천리》 1942년 1월호

이 외에 성신종정여학교에서도 '학교연맹의 작업 훈련'과 분열 행진, 방공 훈련 등을 하고 있으며, 덕화여숙에서도 여학생들에게 군사 교련이 필요하고 가정생활에 관해서도 "요리 시간에는 비용은 덜 들고도 영양 가치는 있고 눈에 보기 좋고 입에 맞나는 음식을 연구研究 실습"하도록 교육하고 있다고 답한다. 또 이화여자전문학교에서도 '결전 체제'에 필요한 정신과 활동에 대해 교육하고 있음을 밝혔다. 이처럼 이 시기에는 여학생들에게도 군사 훈련의 형태로 강화된 운동, 훈련을 시키고 있었다.

그러나 "여학생들에게 군사 훈련을 과한다는 것은 그 근본 의의가 군사적인 점보다도 정신적인 점에 있다"는 명성여학교장 월촌수선의 말이나 "여성까지 출정하여야 할 시기가 왔다면 별 문제이겠으나 일반적으로 보아서 여학생들에게 군사 교련은 찬성하기 어렵습니다. 생리적 고장을 방지할 만한 무슨 다른 방도가 있다면 몰라도"라는 경성가정여숙장 황신덕의 답변에서 알 수 있듯, 여학생들에게 군사 훈련을 시키는 것이 곧 여학생들의 출정 준비는 아니었다. 아주 위급한 상황이 아니면 여성이 전쟁터에

여학생들의 교련 수업(1940년대)
1940년대 여학생들의 교련 수업은 잠재적 병력 양성이 아닌 여학생들의 몸과 마음의 개조가 목적이었다. 건강한 자녀의 생산과 양육, 양질의 노동력 제공이 주된 기조였던 것이다.

나가는 일은 없을 것이라고 믿고 있었다. 다른 학교의 경우에도 명시적으로 말하고 있지는 않으나 교련 수업이 "국체적 국가 관념"이나 "철석 같은 몸, 굳센 정신"과 같은 여학생들의 몸과 마음에 대한 개조, 강화를 위한 것이었을 뿐 잠재적 병력으로서의 훈련까지 염두에 둔 것은 아니었다.

요컨대 1940년대 여성들의 몸에 필요한 것은 '건강'과 '규율'이었지, '무술'이나 '전투력'은 아니었다. 그렇다면 건강한 여성의 몸은 어떤 곳에 필요했을까. 이는 앞서 말한 '군국의 어머니', 그리고 1940년대의 또 하나의 화두인 '총후 부인'[265]에서 단서를 찾을 수 있다. '총후 부인' 담론은 남편과 아들이 참전했을 때 후방에 남은 여성들이 노동력을 제공하고 재생산에 기여하며 군수물자를 마련하는 역할을 담당해야 한다는 내용을 주된 기조로 삼고 있었다. 즉 조선 여성들이 '강요된 국가'인 일본을 위해 건강한 자녀를 생산·양육하고, 후방에서 전시 체제를 위해 생산 현장에 뛰어들어 양질의 노동력을 제공해야 한다는 것이었다.

'몸뻬' 입고 '국민' 되자

'군국의 어머니', '총후 부인' 역할이 강조되면서 여성들의 패션과 몸 가꾸기도 이전과 성격이 달라질 수밖에 없었다. 대표적인 것이 '몸뻬'라는 복장의 도입이었다.[266]

1938년 국가총동원법 공포 뒤 시작된 국민정신총동원운동에는 '비상시 국민생활개선기준'이 명시되어 있다. 여기에 여성의 '파마넌트 웨이브, 그 외 화려한 화장, 복장'을 금지하는 여성의 복장 및 외모에 대한 규제가 포함되었다.[267]

그리고 1940년 11월 국민복령이 공포되면서 몸뻬 복장이 국민표준복으로 대두되었다. 여성들이 몸뻬를 입으면 여성성을 감추고 노동 활동에 좀 더 적극적으로 참여할 것이라는 기대가 반영된 변화였다. 그러나 익히 알고 있는 것처럼 몸뻬는 아름다움 대신 편리, 효율성을 추구하는 복장이었다. 때문에 실제 당대 여성

몸뻬의 국민 표준복화
편리와 효율성을 추구한 몸뻬가 국민 표준복이 되면서 1940년대 여성의 몸 가꾸기 담론은 위축될 수밖에 없었다. 그림은 1940년대 일본의 몸뻬 장려 포스터. 잘 차려입은 여성이 몸뻬를 입은 여성들을 보고 부끄러워하는 모습을 담고 있다.

들이 선호하는 복장이 아니었다. 특히 상류 계급 여성들은 국가의 단속, 감시를 피해 가급적 이 복장을 하지 않으려 했다.[268]

하지만 실제로 착용했는지 안 했는지의 여부와 관계없이 담론적 차원에서는 국민 표준복으로서 여성의 몸뻬 복장 요구가 다른 패션이나 유행의 등장을 억압하는 기능을 수행했다. 그에 따라 여성의 '몸 가꾸기' 담론은 1940년대에 들어 매우 위축될 수밖에 없었다.

파마넌트나 매니큐어 같은 야단스런 화장이 이러한 비상시엔 이쁘게 보이는 이보다 도리어 좋지 않고 밉게 보이는 수가 많습니다.

그러나 전시라고 여자의 미를 싫어할 리야 있겠습니까.

다만 미에 대한 관념이 달라진 것뿐입니다.

전시의 미용은 겉치장보다 속으로부터 아름다워 겉으로 나오도록 할 것입니다.

안으로부터 아름다운 것---이것이 정말 아름다움인데 이 아래 그 여러 가지 조건을 말씀하겠습니다.

1. 첫째로 심신의 과로를 피할 것입니다. 육체가 몹시 피곤하고 마음이 불평한 사람이 어찌 아름답게 보일 수 있겠습니까. 몸과 마음을 과로치 않게 하고 충분히 쉬는 데는 '잠자는 것' 이 제일입니다. 잘 자고 일어난 이튿날 아침엔 기분이 깨끗하고 피부가 윤택해집니다. 미인은 밤새에 만들어 낸다고 할 수 있습니다.

2. 다음은 적당한 '운동' 입니다. 잠을 잘 자려면 운동을 해야 합니다. 땀을 흘리는 것처럼 피부의 신진대사를 잘 되게 하고 아름답게 하는 것은 없습니다. 땀을 흘리게 되면 자연 피부가 볕에 타게 되는데 이것을 도리어 아름답게 볼 줄 알아야 우리의 미를 보는 눈이 한 걸음 발전한 것입니다.

3. 음식은 '함수탄소' 를 많이 먹지 말아야 합니다. 이것을 많이 먹으면 피부가 미균에 대해서 저항력이 약해져서 여드름이 나고 거칠어집니다. 단 것을 많이 먹지 맙시다. 단 것, 과자류를 덜 먹는 반면에 '비타민C' 가 든 과일은 많이 먹을수록 볕에 그을리는 것은 막고 온몸에

여간 좋은 게 아닙니다. 마지막으로 '커피'와 같이 자극성 음료는 피하고 특히 여드름이 많이 나는 사람은 이런 것을 마시지 말아야 합니다. _〈미인되는 법은 잠 잘 자고, 운동하고……전시 부인 미용법〉, 《조선일보》 1939년 8월 3일

국가가 여성을 부른다, 필요할 때만

흥미로운 점은 1940년대의 여성-몸 가꾸기 담론 구조가 많은 부분 1900~10년대의 그것과 닮았다는 사실이다. 앞에서 살펴본 바와 같이 1900년대에도 여성의 몸에 요구된 것은 자녀를 생산하고 양육하는 데 필요한 '건강한 몸'이었다. 그리고 여성들이 자신의 몸을 통해 그러한 역할을 충실히 수행했을 때 주어지는 보상은 '국민'으로의 인정이었다.

그런데 1920~30년대에는 국민을 낳는 어머니로서의 여성의 의무와 역할이 어느 정도 축소되었다. 그보다는 예쁜 여자 되기나 소비의 대상이자 주체로서의 여성성이 훨씬 더 강조되었다. 그것이 근대의 자본권력이 필요로 하는 여성의 모습이었기 때문이다.

이와 맞물려 1920년대 후반에 접어들면서는 피임과 산아 제한 문제도 관심을 끌었다. 맬서스의 《인구론》이 소개되면서 '산아 제한이냐? 계급 투쟁이냐?'라는 엉뚱한 이분법이 등장한 일도 있었다. 산아 제한 없이 인구의 기하급수적 증가를 방치했다간 격심한 계급 투쟁이 초래될 수밖에 없다고 생각한 것이다. 발상은

산아 제한
1920년대 후반에는 인구의 기하급수적 증가 방치가 계급 투쟁을 가져오고, 인류의 미래를 위해서도 그다지 바람직하지 않다는 인식이 확산되면서 산아 제한 움직임이 있었다. 위 그림은 《신여성》 1933년 6월호에 실린 산아 제한 반대 시위 모습.

다르지만 일본에서는 야마모토 센지 등이 사회주의적 산아조절론을 제기하기도 했다.[269] 즉 1920~30년대에는 아이를 낳는 일이 여성들에게 중요하게 여겨지지 않은 정도가 아니라 인류의 미래를 위해 출산을 제한해야 한다는 인식으로까지 널리 퍼져 있었다. 그러다가 1940년대에 들어 국가가 존립 위기에 직면하자 다시 여성들에게 출산을 장려하기 시작한 것이다.

물론 1900년대에는 이러한 담론을 생산한 주체가 조선으로 소급되는 반면, 1940년대에는 일본 제국으로 소급된다는 차이가 있다. 그러나 이러한 주체의 문제를 소거하고 살펴보면 이 논의들의 구조는 많은 부분에서 유사하다. 첫째, 국가(민족)적 위기 상황

이라는 현실, 둘째, 위기 타개책으로서의 양질의 국민의 재생산, 셋째, 그 역할을 맡을 존재인 여성의 권리와 의무, 넷째, 그러한 권리와 의무를 다 했을 때 여성에게 '보상' 으로 주어지는 '국민' 으로의 포섭이 그것이다.

이런 점에서 "여성의 신체는 매 시기마다 국가가 요구하는 적절한 생산과 재생산의 요구에 부합하여 통제되었다. 산아 통제, 산아 제한, 출산 장려와 같은 출산 통제 정책과 다른 한편으로는 매매춘 여성에 대한 관리에 이르기까지 국가의 요구는 필요에 따라 '적절하게' 여성 신체를 관리해왔다. 즉 여성 신체에 대한 국가의 개입과 관리는 일관적이었지만, 관리의 이념과 통제의 원리는 모순적이고 일관적이지 않았다"[270]는 권명아의 지적은 타당하다. 여성의 몸은 특히 국가나 민족이 위기 상황에 직면하면 어김없이 '국민' 의 이름으로 새롭게 호명되었고, 자신들의 성적 역할을 통해 이에 부응해야만 했다.

그 이후에도 이러한 구조는 반복되어왔다. 1970년대에는 '새

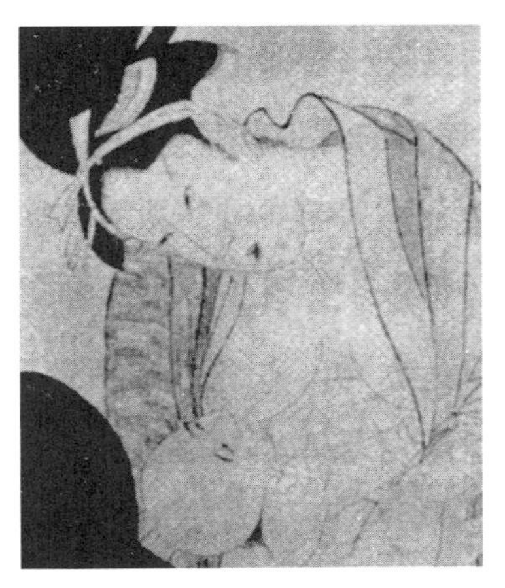

총후 부인
1930년대 산아 제한 움직임은 1940년대 일본이 전시국가 체제로 전환하면서 변화한다. 여성들에게 건강한 자녀 생산이 요구되었던 것이다. 각 그림은 시모다 지로의 《모성독본》(실업지일본사, 1938)에 실린 한국, 서양, 일본의 모자상.

마을운동'의 일환으로 '가족계획'을 권유했다. "아들 딸 구별 말고 둘만 낳아 잘 기르자"라거나 "둘도 많다, 하나만 낳자", 심지어는 "'덮어놓고 낳다 보면 거지꼴을 못 면한다"라는 표어가 국가에 의해 출산 억제책으로 채택되었다. 경제학자 맬서스의 《인구론》의 경고에 따라 기하급수적인 인구 증가와 그에 못 미치는 식량으로 우리나라뿐 아니라 전 지구가 멸망에의 공포에 떨던 시절이었다. 우리나라에서는 해방부터 한국 전쟁과 같은 격동기를 지난 이후 급격히 증가하기 시작한 출산율에 대한 우려와, 경제 재건을 위한 조급한 마음이 좀 더 작용했다. 인구의 수가 줄어들면 1인당 국민소득GNP은, 적어도 '수치상으로는' 훨씬 빠른 속도로 상승할 수 있기 때문이다.

그런데 그 사이 우리나라 출산율이 현저히 떨어져 세계에서 최하위권에 처하게 되면서, 요즘은 다시 출산 장려 정책이 시행되고 있다. 출산율이 떨어지고 고령화 사회가 가속화되면 생산량과 고용성이 하락하여 잠재성장률, 국가경쟁력이 떨어진다는 이유다. 다자녀 가정에 의료비를 지원하고 세금 혜택을 주는 등 이제

국가의 출산 정책 포스터

국가는 필요할 때만 여성을 부른다. '둘만 낳아 잘 기르자' 에서 '삼천리는 초만원' 이라며 '둘도 많다!' 던 것이 '혼자는 싫' 다는 쪽으로 다시 변화하는 가족계획 포스터의 모습은 이를 잘 보여준다.

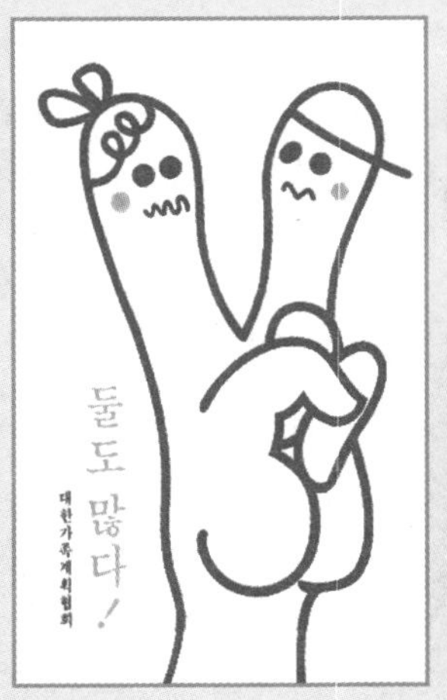

는 오히려 저출산 국가의 오명을 씻기 위해 국가적 차원에서 출산을 적극적으로 장려한다.

페미니스트들 사이에서는 여성이 남성들과 모든 점에서 동등해지는 것, 즉 '참가'를 통한 '국민화'를 주장하는 측('참가형', '평등파')과, 남성과는 구분되는 여성만의 고유한 성 정체성을 십분 활용한 '국민화'를 주장하는 측('분리형', '차이파')의 논쟁이 분분하다.[271] 후자의 주장이 1940년대 모성 담론을 수용, 재생산한 친일 여성 인사들의 입장이었다.

그런데 전자의 주장에 따를 경우 모성에 대한 강요를 통해 통제되는 여성의 몸(즉 후자의 주장)은 여전히 억압 속에 갇혀 있는 것이 된다. 따라서 1900년대와 1940년대의 여성의 몸에 대한 담론 반복도 전자의 입장에서는 '절망적'인 것으로 해석될 수 있다. 그러나 이에 대해 억압/해방의 논리로만 접근하는 태도는 그다지 생산적이지 못하다. 중요한 점은 그러한 결절 지점들 덕분에 여성의 지위가 조금씩이나마 높아질 수 있었다는 사실이다. 우리는 그 속에 내재한 근소한 차이들이 여성의 사회적 지위를 차츰 향상시키고 있음에 주목해야 한다.

1900년대와 1940년대 여성에게 요구한 건강한 자녀 생산, 양육의 논리를 보자. 1900년대의 그것은 가정의 틀을 벗어나지 못했다. 반면 1940년대의 담론에서는 가정에서뿐 아니라 생산 현장에서의 여성 노동력 문제까지 고려하고 있다. 특히 여성 교육의 효과를 자녀 교육 차원에서 벗어나 노동자의 역할로까지 확대한

여성 노동력의 확대
여러 한계가 있지만 1940년대 군국의 어머니 담론에서 여성 노동력 문제까지 거론된 것은 분명 진전이다. 사진은 1930년대 말 면사 공장에서 일하는 여성 노동자들의 모습(전경옥 외, 《한국여성정치사회사》, 숙명여자대학교 아시아여성연구소, 2004, 299쪽).

것은 분명 '진전'이다. 또한 1900년대의 담론에서 여성은 사실상 담론의 생산자도, 직접적인 수용자도 아니었다. 아직 여성들의 매체, 출판물, 문자에 대한 접근성이 매우 낮던 시기였기에 남성들이 자신들만의 담론의 장 내부에서 여성의 문제를 거론하고 있었을 뿐이며, 여성들이 이러한 담론들에서 직접 무언가를 깨우치고 실행에 옮겼을 가능성은 극히 적다. 그러나 1940년대의 담론에서 여성은 담론 생산의 주체이기도 하고 직접적인 수용자이기도 했다. 최정희, 모윤숙 등의 '친일 담론'은 '군국의 어머니' 되기, '총후 부인' 역할을 여성 스스로 생산해 내고 있었음을 방증하는 예다.[272] 이처럼 1940년대의 여성-몸에 대한 담론에서 여성은 담론의 장 내부 깊숙이 들어와 있었고, 그런 만큼 이러한 담론에 대한 자발적인 선택과 거부가 가능했다. 그렇게 여성들은 느리고 좁은 보폭으로나마 열심히 걸어나가고 있는 중이다.

에필로그

n개의 아름다움을 위하여

이제 오늘날을 돌아보자. 오늘날의 외모지상주의는 얼마나 강력한 '이데올로기'인가? 연예인처럼 처음부터 외모가 중요시되는 직업뿐 아니라 정치인, 학자, 상인, 일반인, 심지어 노숙자들(2010년에는 사상 초유의 일명 '꽃거지'까지 탄생했다, 중국과 신림동에서)까지도 외모에 따라 평가된다. 그리고 중국 '꽃거지'가 '발굴'된 후 한 의류회사의 모델이 되었듯 미모는 '인생역전'의 중요한 자산이다. 직업뿐 아니라 남녀가 따로 없고, 노소도 다르지 않다. 그러다 보니 너나 할 것 없이 외모를 가꾸기 위해 노력한다. 그에 따라 피부·체형 관리, 다이어트, 성형수술, 화장, 패션 등 미용 관련 산업은 나날이 확대되어간다. 좋은 대학의 졸업장을 따고, 토익 점수를 올리고, 이런 저런 자격증을 따듯, 외모 가꾸기도 하나의 '스펙Specification' 처럼 관리되고 있다.

이 미모 가꾸기에 대한 강박은 좀처럼 진정될 기미가 보이지 않는다. 사회 진입에 성공하기 위해, '주류' 가 되기 위해 외모에 대한 집착을 멈출 줄 모른다. 특히 여성들의 '예쁜 여자 되기' 에 대한 강박은 남성들에 비해 더욱 심하다. 아무리 남성들도 '꽃미남' 이 대세라지만, 여성들이 지닌 광범위한 외모 콤플렉스에 비하면 아직은 '살 만하다'.

그래서 페미니스트들은 오래 전부터 이 문제의 대안 마련에 골머리를 앓아 왔다. 페미니즘에서 일차적으로 생각해낸 대안은 크게 두 가지였다. 바로 예쁜 여자 되기를 거부하는 것 그리고 그 반대로 미모를 여성의 특권으로 여기는 것이다.[273] 이를 페미니즘 미학자인 김주현은 '미적 금욕주의' 와 '도취적 나르시시즘' 으로 정리, 비판했다. '미적 금욕주의' 란 쉽게 말해 외모를 꾸미지 않는 것이며, '도취적 나르시시즘' 이란 외모 꾸미는 일에 당당해하면서 아름다움이 가진 권력에 자족하는 것이다. 그러나 이 두 가지 방향 모두 근본적 대안이라고 보기는 어렵다고 한다.

먼저 미적 금욕주의의 경우, 여성을 육체적 아름다움만으로 평가하려 하는 것이 남성들의 시선이기 때문에 이것에 저항하기 위해 여성들이 아름다움을 포기하거나 감추어야 한다는 것은 여전히 남성들의 시선에 좌지우지되고 있음을 의미한다. 즉 가부장제 미학이 존재하는 사회 구조 자체를 바꿀 생각은 하지 못한다는 것이다. 또한 여성들이 아름다우면 남성들의 지배를 벗어날 수 없기 때문에 아름다움을 포기하는 거라면, 과연 그렇게만 하면 남성들의 지배에서 벗어날 수 있는가에 대해서도 의문이 남는다. 특히 페미니스트들의 이러한 저항이 심화되어 "탈심미화가 탈성별화에 그치지 않고 남성화로 귀결"[274] 되는 경우에는 오히려 가부장제 질서에 다른 방식으로 복속하는 것이 되어버린다. 따라서 이러한 '부정의 전략'은 세상을 바꾸는 데 별 효용이 없다. 그러한 점에서 울리히 렌츠가 《아름다움의 과학》에서 밝힌 다음과 같은 말은 의미심장하다.

> 아름다움과 도덕적인 것의 결합을 거부하는 칸트의 입장은 빠른 속도로 철학적 논쟁을 지배했으며 오늘날엔 철학적 최소 표준에 속한다. 그래서 뭐? 그렇게 해서 바뀐 게 있었나? 전혀 없다. 끈질긴 계몽에도 불구하고, 우리의 (아름다움에 대한-인용자 주) 스테레오 타입은 시대를 초월해서 여전히 생명력을 갖고 있으며 엄격한 학문의 조준선에 휩쓸리는 오늘날에도 약해질 기미가 보이지 않는다.[275]

아무리 "예쁜 것이 착한 것"이라는 명제를 거부해 봐야 세상은 별로 달라지지 않는다는 것이다. 그리고 무엇보다도 아름다움을 거부하는 것은 또 다른 억압이 될 수 있다. 마치 자신의 외모를 꾸미는 일에 관심이 있는 여성들은 모두 속물이고, 천박하고, 머리에 든 것이 없는 여성들인 양 매도되기 때문이다. 그러나 여성들이 예뻐지고자 하는 게 정말 남성들의 시선만을 의식해서일까? 또 설령 그렇다 하더라도 그게 그렇게 나쁜 것인가? 왜 그것 때문에 나의 몸을 돌보고 꾸미고 사랑하는 일에 죄의식을 느껴야 하는가?

이러한 입장에 가까운 것이 도취적 나르시시즘이다. 이는 여성의 아름다움이 가진 권력을 인정하고, 그것이 남녀 사이의 권력의 역전까지도 가능하게 해줄 것이라 믿는 태도다. 그런데 도취적 나르시시즘은 가부장제 시선에 적합한 여성의 신체 이미지만을 사랑한다는 점에서 또 다시 문제가 노출된다고 한다. 즉 남성들이 좋아하는, 남성의 욕망을 자극하는 여성의 몸만이 긍정적인 가치와 권력을 지닐 수 있다는 것이다. 요컨대 이 경우에도 가부장제의 틀은 전혀 훼손되지 않은 채, 여성들은 그 속에서 일부의 만족감만을 획득하게 된다.

그래서 최근의 페미니즘에서는 줄리아 크리스테바Julia Kristeva나 캐롤린 코스마이어Carolyn Korsmeyer 등이 제안한 '아브젝시옹abjection'과 '그로테스크grotesque' 개념을 새로운 대안으로 여긴다. 그리고 남성들에게 '선택'될 수 있는 아름다움과 여성성에서만 자기애를 발견하는 것이 아니라, 여성의 몸 그 자체에서 좀 더 다양한 아름다움을 찾아내고 그것을 사랑할 것을 제안한다. 하지만 이 역시도 문제는 있다. 정련된 아름다운 몸과 대립되는, 규범으로부터 일탈된 변이적인 몸[276]—예를 들면 구토와 배설로 표현된 몸이라든가 임신한 노파의 모습과 같은—을 통해 가부장제의 시선으로부터 벗어나는 것이 '비천함'으로 번역되는 아브젝시옹과

'기괴함' 으로 번역되는 그로테스크의 몸이라고 할 때, 이것이 '저항' 으로서 가지는 의미는 인정할 수 있다. 하지만 그것이 페미니스트로서의 의식적 실천이 아닌 가부장제 질서와 외모지상주의 사회 속에 포획된 평범하고 소심한 여성들의 일상 속 행동지침이 될 수 있는가에 대해서는 쉽게 확신을 갖기 어렵다.

그러나 그렇다고 아브젝시옹과 그로테스크 개념의 새로운 가능성을 무시해서는 안 된다. 더 다양한 여성의 몸을 아름다움과 숭고의 차원으로 끌어올리자는 최근 페미니즘의 기본 방향은 중요하고 또 유의미하다. 현재의 고착화된 미적 기준들에 종속되지 말고 아름다움의 형태를 좀 더 다원화시키기 위해 노력하는 것, 이것은 우리가 할 수 있는 일이다. 2008년 베이징 올림픽 때 역도 선수 장미란이 《뉴욕 타임스》가 선정한 '가장 아름다운 몸매 5

n개의 아름다움
여성의 아름다움에 대한 기준은 예나 지금이나 '길쭉', '날씬' 일변도다. 그러나 이 같은 미적 기준들에 종속되어서는 안 된다. 좀 더 다원화된 아름다움의 형태를 찾아, 다시 말해 'n개의 아름다움' 을 찾아 그것을 숭고의 차원으로 끌어올리는 일, 이것이 바로 우리가 해야 할 일이다. 그림은 풍만한 여체가 대담한 필치로 표현된 서진달의 〈나부〉(1937년작, 국립현대미술관 소장).

인' 중 한 명으로 뽑힌 것이 그러한 가능성을 보여주는 사례다. 장미란이 역도 경기에서 보여주는 성취는 그 자체 어떤 숭고미를 느끼게 한다. 어느 누구도 그녀의 큰 몸집을 게으름이나 무능력의 증거라고 생각하지 않는다. 이러한 'n개의 아름다움'을 만들어가는 것, 앞으로 절실하다.

내부를 어루만지자, 여성 연대

이와 함께 이 책을 통해 말하고자 했던 것이 몇 가지 더 있다. 첫 번째는, 여성들이 그녀를 욕망하는 남성이 없으면 '미모의 권력'을 유지할 수 없다는 생각이 현재 사회에선 많이 무뎌졌다는 사실이다. 현대 한국 사회에서 '예쁜 여자'를 사랑해주고 그녀에게 권력을 부여할 수 있는 것은 남성들만이 아니다. 여성들의 향상된 사회적 지위, 구매력, 발언권도 무시할 수 없는 힘이 되었다. 그리고 25~35세의 비非물질 노동 종사 여성들은 문화적 소비에서 일종의 전위부대"[277]라는 천정환의 말대로 대중문화 산업에서 여성들의 소비가 차지하는 힘은 나날이 막강해지고 있으며, 연령도 점차 확대되고 있다. 또한 '슈퍼주니어' 팬들이 멤버 추가를 막기 위해 SM기획사의 주식을 샀던 것[278]처럼 여성들의 팬덤 Fandom 활동은 조직력과 체계성 면에서도 실로 '장난이 아니다'. 남성 스타뿐 아니라 여성 스타들의 팬덤 역시 여성들이 더 많은 수를 차지한다. '효리 따라하기' 와 같은 여성 팬들의 적극적인 효리 상품 '소비' 나 효리 '팬질' 없이 남성 팬들의 노력만으로 이효리가 지금의 톱스타 위치에 오를 수 있었을까? 그렇지 않다. 즉 '예쁜 여자' 를 선택하고 그들을 지지하는 권력이 남성들에게만 독점되어 있던 시대는 지나갔다. 따라서 여성들의 연대와 다양한 아름다움 발굴 노력이 전제된다면 'n개의 아름다움' 은 좀 더 손쉽게 만들어질 수 있다.

이것이 이 책에서 살펴본 '예쁜 여자 권하는 사회' 속에서 여성들이 소비의 주체로서 가지는 가치다. 물론 그러한 소비를 통해 예뻐진 여성들은 다시 남성들에게 소비의 대상이 되는 한계가 있지만 말이다. 이 두 측면, 여성들이 근대자본주의 사회에서 소비의 '대상' 이기도 하지만 '주체' 이기도 했다는 사실은 과소평가되어선 안 된다. 자본은 여성들에게 예뻐지라면서 이것저것 사도록 강요하기도 하지만, 여성들이 좋아할 만한 상품이 무엇인지를 찾아내느라 여성들의 눈치를 보기도 한다. 그리고 여성들의 이러한 권력은 오늘날에 이르러 더더욱 확대되었다. 이 힘은 가부장제 질서의 '전복' 은 아니더라도 '변형' 을 유도하고 '균열' 을 만들어내는 데에는 충분히 기여할 수 있다.

두 번째로, 여성들 모두가 외모지상주의와 맞서 싸울 수는 없다는 점이다. 그러기에는 젠더 외에도 인종, 계급, 학벌 등 내부 식민지를 만드는 요소들이 세상에는 너무 많기 때문이다. 여성들은 그 수많은 차별과 배제의 논리 속에서 버텨내는 것만으로도 힘겹다. 지금 한국 사회에서 중산층 이상의 가정에서 태어나 고학력·정규직의 한국 국적 여성에게는 싸워야 할 대상이 외모에 의한 차별밖에 없을 수도 있다. 그들이 예쁜 여자만을 원하는 세상에 맞서는 일은 가능하고 또 스스로의 동기유발도 될 것이다. 그러나 가진 것이라곤 자기 '몸뚱어리' 하나밖에 없는, 낮은 학력의 하층계급 여성들 중엔 '예쁜 여자 되기'와 외모지상주의에 편승해야 생계가 가능한 경우도 있다. 그들이 자신의 외모를 '자산'으로 활용하는 것에 색안경을 끼고 보거나 조소한다고 해서 '우리'에게 득이 될 것이 무엇인가? 미모를 자신의 승부처로 삼는 여성과 미모 외의 능력으로 경쟁하는 여성 사이의 '언페어unfair' 한 '플레이' 때문에? 그 시점에서야말로 우리는 명심해야 한다. 예쁜/안 예쁜 여성들 사이의 분열이 가부장제 질서가 의도하는 바라는 사실을.

얼마 전 모 대학에서 마치 백화점 주차 도우미와 같은 차림을 한 여성 주차요원들을 고용했다가 여학생회로부터 '성 상품화'라는 반발을 사서 그들을 모두 해고했던 일이 있었다. 이 사건에도 그러한 문제가 개입되어 있는 것이 아닐까. 몸매를 드러내는 차림의 여성을 학교 캠퍼스 입구에 배치, 전시함으로써 그들을 성 상품화한 가부장제 이데올로기는 물론 비판받아 마땅하다. 그러나 그들 주차요원 여성들의 경우 그러한 직업이라도 절실했을 수 있다. 그들이 일자리를 잃게 된 데 대한 책임은 누가 질 것인가? 그들에게도 외모지상주의에 저항하라고, 외모 외의 다른 재능으로 성공하라고 말하는 게 과연 '정답' 일까? 그들에겐 '용모단정' 으로 선발되는 채용 방식이 아니라, 그러한 직업을 비하하고 무시하여 보수를 적게 주는 현실이 훨씬 더 절박한 불만사항일 것이다. 그렇다면 이때의 투쟁의 목표는 외모지상주의나 성상품화 문제가 아닌 고용안정성과 임금보장이 되어야 하지 않을까?

케이블 드라마 〈막돼먹은 영애씨〉에서 '뚱뚱하고 못생긴' 영애(김현숙 분)와 '얼굴과 몸매 하나로 버티는' 지원(임서연 분)을 보라. 못생겼지만 유능한 디자이너 영애도, 예쁘지만 다른 재능 없는 지원도 직장 생활이 살얼음판이긴 마찬가지다. 그러므로 영애와 지원이 때로는 그런 서로에게 열등감을 느끼면서도 끈끈한 우정을 잃지 않는 것처럼, 못생긴 여성이든 예쁜 여성이든 '연대' 해야 한다.

그러나 세 번째, 미모 경쟁에는 영원한 승자가 없다는 사실을 명심하는 모습도 필요하다. 이 책에서 살펴본 '미인들의 운명' 에서도 그러했듯, 여성들이 아름다움으로 누릴 수 있는 행복은 지속적이고 영원한 것이 아니다. 세상에는 끊임없이 새로운, 더 젊은 미인이 나타나며, 나의 미모는 세월과 함께 흐릿해져간다. 익숙한 외모는 곧 식상함으로 치부되고, 잠깐의 방심에도 살집이 붙고, 주름, 검버섯, 흰 머리 등의 노화가 진행되다가 결국 죽는다. 그럼에도 불구하고 이를 받아들이지 않을 때 사람들은 불행해진다.

김기덕의 영화 〈시간〉(2006)은 이 강박의 비극적 말로를 극단적인 상상력으로 보여준다. 이 영화에서 여주인공 '세희'(박지연 분)는 연인인 '지우'(하정우 분)가 자신의 외모에 싫증을 느낄까봐 불안해하다가 '페이스-오프face-off' 수준으로 성형수술을 하게 된다. 그리고 '새희'(성현아 분)라는 이름으로 지우에게 다시 접근하여 '새로운' 사랑을 시작한다. 그러나 그때부터 새희도 지우도 혼란스러워지기 시작한다. 그가 사랑하는 건 '세희'의 변하지 않은 영혼일까 '새희'로 변한 몸일까. 지우는 세희를 변함없이 사랑한 것일까 다른 외모의 여성인 새희에게 끌려 세희를 잊은 것일까. 어느 쪽으로도 확신할 수 없다. 결국 지우 자신도 전신 성형을 받

〈시간〉
김기덕 감독의 2006년작. 영원한 아름다움에 대한 강박의 비극적 말로를 극단적으로 보여준다.

아 '정우' 라는 새로운 몸이 된다. 그런데 정우/지우는 자신을 찾아온 새희에게서 도망치려다 트럭에 치어 죽어버린다. 죽은 것은 누구인가? 자신이 사랑했던 남자의 겉모습과는 전혀 다른, 게다가 죽음으로 영혼도 사라져버린 그 시체 앞에서 새희는 어떤 감정을 느껴야 하는가? 또 설령 그가 죽지 않고 다시 만나 또 사랑을 하게 되었더라도, 그들은 이제 '영원히' 사랑할 수 있었을까? 다시 찾아올 권태는, 노화는 어떻게 해결할 수 있었겠는가? 영원함에 대한 갈망은 결코 충족될 수 없다.

그렇기 때문에 네 번째, 급한 것은 이 '예쁜 여자 만드는' 사회 속에 고통받고 있는 여성들을 위로하고 격려하는 일이다. 그 위로와 격려가 이 책을 통해 이루어졌기를 바란다. 그 위로와 격려의 말을 한 마디로 정리하자면, 다음과 같다. "당신이 예뻐지고자 하는 건 당신의 뜻이 아니라 근대, 국가, 자본이라는 '권력' 의 뜻이야. 그러니 예뻐지려고 해도, 예뻐지려고 하지 않아도 당신이 틀린 것은 아니야."

예쁜 여자를 원하는 이 사회 속에서 불행해지려 할 때, 이 사실을 기억해야 한다. 우리를 압박하는 이 '힘' 이 근대 이후 한국 사회에 생겨난 것이며 그것이 국가나 자본처럼 거대한 힘들에게 유리하기 때문일 뿐이므로, 예뻐지지 않는다고 자책할 필요는 없다는 것. 반대로 자신이 외모를 가꾸는 일에 집착하고 있고, 외모로 '이득' 을 본 것이 있었다 하더라도 그것 역시 내 잘못이나 멍청함 때문이 아니라는 것.

바로 여기가 페미니즘이 가장 필요한 지점이다. 외부의 적과 싸우기 전에 내부의 개별 여성들에게 그들의 고통의 원인이 자기 자신 때문이 아니라 그 외부의 적 때문임을 알게 해주고, 그리하여 여성들을 고통으로부터 조금이나마 자유로워지게 하는 것. 외부의 적과 맞서 싸우는 일, 물론 중요하다. 그러나 그 전에 먼저 해야 할 일은 내부를 어루만지는 것이다. 단, 허위의 '감상'이 아니라 비판적 '지식'을 통해서. 그 지식을 알게 된 개별 여성들이 싸움에 나서기로 결정하느냐, 그저 자기 위로에 만족하느냐는 전적으로 각자의 선택에 달려 있다. 여성들이 '앎'을 통해 위로받는다면 그것만으로도 꽤 큰 성과가 아닐까? 또 그러한 지성의 힘이 모여 불원간에 푸코가 말한바 '권력'까지 갖게 될 수 있을지도 모르는 일이다.

오늘날 한국 사회에서는 이 시대의 대표적 '예쁜 여자'들인 여성 연예인들이 성차별적 편견에 의해 비논리적인 사회의 지탄을 받게 되어 매장당하고 급기야 자살에까지 이르는 사건들이 종종 일어나고 있다. 이 책에서 살펴보았듯 '예쁜 여자'는 언제나 욕망과 경멸의 이중적 시선 속에 갇히게 되기 때문이다. 여성들 외부의 '적'은 그들에게 근거 없는 자책감과 수치심을 강요하여 '생명'까지도 위협한다. 그런데 한 여성 연예인은 그런 부당한 일을 겪었을 때 여성민우회의 도움을 받아 당시의 위기를 잘 넘겼으며, 그 이후 여성민우회와 지속적인 연대를 맺고 있다고 한다. 그 순간 페미니즘적 사고는 얼마나 중요하고 근본적인 치유책이었는가? 고통받다 스러져간 다른 여성 연예인들에게도 우리가 페미니즘을 권했더라면 어땠을까?

고통 나누기 그리고 소통하기

마지막으로 한 가지만 더 덧붙이자. 2011년 현재 한국 사회의 또 하나의 큰 화두인 저출산 대책에 대해서도 '미인 권하는 사회'를 이해하는 것과 마찬가지의 방식으로 바라보는 일이 필요하다. 즉 '누가, 무엇이, 왜 우리에게 출산을 강요하는가?'를 반성해보는 일을 잊지 말아야 한다. 한국의 출산율 저하가 심각한 지경에 이르게 되면서 국가는 출산 장려를 위한 갖가지(그러나 근본적이지 못한) 정책 마련에 부심하고 있다. 이것은 단순히 자녀를 많이 낳으라는 수준에서의 논의에 머무르지 않는다. 한국개발연구원KDI에서 2008년 12월 12일에 발표한 '여성의 임금 수준이 출산율에 미치는 영향수준 분석'과 같은 연구 결과를 통해 여성들의 사회 진출, 고임금에 출산율 저하의 책임을 돌리는 여성 억압적 담론까지 양산되고 있다. 얼마 전 여고생의 55퍼센트만이 결혼하겠다고 했다는 통계를 보도하며 이것의 문제점으로 저출산을 들고 있는 언론 보도[279] 역시 여성들의 몸을 자녀 생산에 가두어 논의하려는 '적'들의 책략이다. 이 시대에 국가와 자본의 권력이 또다시 그들의 필요에 의해 생물학적 여성성을 강조하기 시작한 것이다.

출산을 장려하기 위해 필요한 지원책에는 예산 부족 때문에 소극적일 수밖에 없는 국가권력은 '네거티브 방식'으로 출산을 유도하고 있다. 그 대표적인 예가 낙태 금지 및 단속이다. 낙태 문제에 대한 찬반이나 이를 보는 관점은 생명윤리, 종교, 의학, 여성학 등에 따라 여러 가지가 있을 수 있으며, 여기서 그 다기한 논쟁들에 대한 결론을 내리긴 어렵다. 하지만 거의 전 분야에서 '근대'를 '반성'하고 있는 오늘날의 시점에서 적어도 낙태 금지가 저출산의 대책으로서 대두되는 것만은 막아야 한다. 그것은 여성의 몸을 국가에 종속시키려는 것이며, 태아를 생명윤리의 관점에서가 아니라 경제논리의 관점에서만 파악하는 일이기 때문이다.

책을 마칠 때가 된 것 같다. 책을 쓰는 일은 어떤 방식으로든 '자기 고백'을 하는 일이라는 사실을 이번에도 어김없이 깨달았다. '예쁜 여자' 권하는 지금-여기에서 나처럼 고통받고 있는 여성들과 공감과 소통을 하고 싶어서, 그리하여 그 고통을 같이 줄여나가고 싶어서 부끄러운 이 책을 세상에 내놓는다. 더 정밀하고 풍부하게 다루지 못한 부분들이 너무 많다. 그러한 점들을 생각하다보면 책을 내는 일이 한없이 망설여진다. 하지만 그럴 때마다 떠올리는 한 선배의 핀잔 겸 격려의 말이 하나 있다. "이게 네 유작遺作은 아니잖아." 그래, 끝이 아니다. 부족한 부분은 고통을 함께 나눠 가진 모든 사람들과 더 많이 소통하여 앞으로 채워나갈 수 있으리라 믿는다.

주석

1 "A. 伸張運動

가슴을 앞으로 그냥 내여밀며, 양손을 우으로 쭉빼덧다가, 손끝이 발고락에 다을 때, 양손을 아래로 빼드며, 全身을 굽힌다. 이 운동을 계속하면 가슴의 모양이 곱게 발달되고 밋흔한 각선미脚線美를 가지게 된다.

B. 橫隔膜運動

마루방 같은데서 무릅을 꿀고, 등허리를 밧싹 우으로 꾸부리며 양손을 아래로 드리웠다가, 다음에 손과 무릅을 땅바닥에 부치고 허리를 전과 반대방향으로 굽히며, 머리를 처들고 가슴을 앞으로 쑥 내여민다. 이 운동을 계속하면 횡격막橫隔膜의 군살贅肉을 없게 하고 몸의 자세姿勢을 곧게 바르게 만든다.

C. 下*運動

마루방바닥에 드러누워서 두 다리를 우으로 쭉 뻿는다. 양손은 손바닥이 아래도 행하게 방바닥에 딱 붙인다. 이렇게 하고 두 다리를 제각긔 엇밧귀가며 방바닥으로 쭉 뻗는다. 이렇게 멧번이고 계속하면 허리의 곡선曲線을 곱게 하고 각선미도 돕게된다.

D. 「당고」運動

양손을 벌니고 손바닥을 아래로 향하여 방바닥에 붙이며 마루방 우에 누워서, 오른편 발(右足)을 몸우으로 까부려서 왼편(左)손톱과 발톱이 다을 때까지 가저가며, 그와 동시에 머리는 반대방향(右便)으로 돌닌다. 그 다음에는 처음에 하든 자세姿勢대로 그와 반대측으로 운동을 한다. 이렇게 여러번 계속하면 전체의 자세가 밋끈하게 건강미가 나타난다."

〈現代人으로 반듯이 알아야 할 美容體操法〉, 《삼천리》 1935년 10월호.

2 홍나영, 〈조선시대 복식에 나타난 여성성〉, 《한국고전여성문학연구》 13집, 2006년 12월.

3 홍선표는 《시경》을 비롯해 송옥宋玉의 〈신녀부神女賦〉와 조식曹植의 〈낙신부洛神賦〉, 부현傅玄의 〈염가행유녀편艶歌行有女篇〉, 사마상여司馬相如의 〈미인부美人賦〉, 백낙천白樂天의 〈장한가長恨歌〉 등에서의 미녀에 대한 묘사어를 전고典故로 하여 위와 같은 한국의 전통적인 미인의 기준을 도출해냈다. 홍선표, 〈화용월태의 표상: 한국 미인화의 신체 이미지〉, 《한국문화연구》 2004년 가을호, 40쪽.

4 홍선표, 〈화용월태의 표상: 한국 미인화의 신체 이미지〉.

5 홍선표, 〈화용월태의 표상: 한국 미인화의 신체 이미지〉, 44~45쪽. 머리는 무산巫山의 '운우지정雲雨之情'과 풍요로운 생산을 연상시키는 구름 같이 높고 풍성한 양태('운발雲髮', '운빈雲鬢', '운계아아雲髻峨峨')가, 피부는 눈이나 옥처럼 흰 상태('기여백설肌如白雪', '옥기玉肌')가, 어깨는 좁은 모양('삭견削肩')이, 목은 길고 수려한 목덜미('연경수항延頸秀項')가 최상으로 예찬되었다. 그리고 허리는 가늘고 유연한 '섬요纖腰', '유요柳腰', '세요細腰', '소요小腰'를 선호했으며, 손은 가늘고 흰 '섬수纖手'와 '옥수玉手'를 높게 평가했다고 한다.

6 홍선표, 〈화용월태의 표상: 한국 미인화의 신체 이미지〉, 45쪽. 이를 두고 홍선표는 전통적 미인관에서는 가슴을 "유방乳房이란 용어대로 수유기관으로 보았지 아름다운 몸매의 대상으로는 인식하지 않았던 것 같다"고 해석하고 있다.

7 버거, 존, 편집부 옮김, 《이미지Ways of Seeing—시각과 미디어》, 동문선, 1990.

8 이효덕, 박성관 옮김, 《표상 공간의 근대》, 소명출판, 2002.

9 천정환, 《근대의 책읽기》, 푸른역사, 2004, 134~143쪽. 1900년대 이후 시각의 근대성에 의해 문화의 소통과 축적 방식이 바뀌었다는 점, 그렇기 때문에 1900년대에 새

롭게 등장한 연극 · 영화라는 문화가 문학과 함께 시각 중심적인 성격을 띠게 되었다는 점은 주로 연극학 관련 논문들에서 중점적으로 논의되어온 부분이다. 이와 관련한 대표적인 논저로는 박명진, 《한국희곡의 근대성과 탈식민성》, 연극과 인간, 1997; 김소은, 〈한국 근대 연극과 희곡의 형성과정 및 배경 연구〉, 숙명여대 박사학위 논문, 2002; 김기란, 〈한국 근대 계몽기 신연극 형성 과정 연구〉, 연세대 박사학위 논문, 2004 등이 있다.

[10] 주은우, 《시각과 현대성》, 한나래, 2003.

[11] 김기란, 〈한국 근대 계몽기 신연극 형성 과정 연구〉, 3쪽. 김기란은 한성 도시 개조 사업을 통한 도심 공원과 광장 그리고 실내 공연장의 설치 등이 '시각 중심의 문화적 장場'을 마련하는 기틀이 되었고, 그렇게 만들어진 광장에서의 연설회, 강연회가 무대를 향한 관객의 시각 중심의 지각 방식을 훈련시켰음을 지적했다.

[12] 이태진, 《고종시대의 재조명》, 태학사, 2000, 365쪽.

[13] 김소은,〈한국 근대 연극과 희곡의 형성과정 및 배경 연구〉, 23쪽. 김소은도 김기란과 마찬가지로 한국의 근대적 연극이 형성되어가는 과정에 대한 탐색을 위한 예비적 논의로서 '시각 중심적 문화'의 형성에 대해 살피는데, 그 첫 걸음으로 '도시 개조' 문제를 거론하고 있다.

[14] 김기란 등의 경우, 인쇄매체에 의한 '읽는 문화'와 공연 · 연행에 의한 '보는 문화'를 구별하고 전자보다 후자가 근대계몽기에 더욱 발달했음을 지적했으나, 두 가지 모두 일차적으로 시각이라는 감각을 통해 지각된다는 점에서는 동일하다.

[15] 한국에서 영화는 공식적인 기록으로는 1903년 6월 24일 한성전기회사가 자사의 전차電車 사업을 선전하기 위해 영화를 상연한 것이 최초로 남아 있다. 1907년에는 전문 상영관인 단성사가 개관했고 1910년대에는 해외의 무성영화들이 수입 상연되어 영화 역시 대중의 문화로 자리 잡아 가고 있었다. 정종화, 《자료로 본 한국영화사》1, 열화당, 11~14쪽.

[16] 김희곤, 〈하야시 타케이치와 조선국진경〉, 《사진으로 보는 조선 1892년》, 1997, 140쪽.

[17] 이경민, 〈프랑뎅Frandin의 사진 컬렉션을 통해 본 프랑스인의 한국의 표상〉, 경기도박물관 엮음, 《먼 나라 꼬레Corée》, 경인문화사, 2003, 232~233쪽.

[18] 경기도박물관 엮음, 《먼 나라 꼬레Corée》; 권혁희, 《조선에서 온 사진엽서》, 민음사, 2005.

[19] 이경민, 〈프랑뎅Frandin의 사진 컬렉션을 통해 본 프랑스인의 한국의 표상〉, 232~233쪽.

[20] 이경민, 《기생은 어떻게 만들어졌는가》, 사진아카이브연구소, 2005, 23쪽.

[21] 정성희, 《조선의 성풍속》, 가람기획, 1998, 195쪽.

[22] 권보드래, 《연애의 시대》, 현실문화연구, 2003, 37쪽.

[23] 이경민, 《기생은 어떻게 만들어졌는가》, 23쪽.

[24] 이경민, 《기생은 어떻게 만들어졌는가》, 19쪽.

[25] 권혁희, 《조선에서 온 사진엽서》, 229~255쪽.

[26] 이경민, 《기생은 어떻게 만들어졌는가》, 1장 "기생의 표상공간과 조선미인보감" 참조.

[27] 아오야기 쓰나타로青柳綱太郎, 《조선미인보감》 서문, 조선연구회, 1918.

[28] 이외에도 일제는 기생을 사진엽서와 민속 연구의 대상으로 삼고, 박람회에서 상품화하는 등 식민 지배에 적극적으로 활용했다.

[29] 1910년대 신문에 실린 삽화에 대한 논의는 이영아, 〈1910년대 《매일신보》 연재소설의 대중성 획득과정 연구〉, 《한국현대문학연구》 제23집, 2007년 12월 참조.

[30] 정희정, 〈한국근대초기 시사만화 연구—1909~1920년〉, 《한국근대미술사학》 제10집, 2002, 119~151쪽.

[31] 그림에도 만화와 삽화는 미술계와 문학계 양쪽 모두에서 부수적인 것, 비정통적인

것으로 취급받는다. 소설과 영화 사이의 길항관계에 대해 논하기 위한 예비적 고찰로서 소설과 삽화의 상관관계에 대해 소개한 카밀라 엘리엇Kamilla Elliott은, 19세기 영국에서의 소설에 실린 삽화에 대한 비평론을 검토해 본 결과 당시 소설의 삽화에 대한 평은 '그림' 자체에 대한 평가가 아니라, 그 기술적인 재생산, 즉 얼마나 서사와 밀접하게 연관되어 있는가에 초점이 맞추어졌음을 지적했다. Elliott, Kamilla, *Rethinking the Novel/Film Debate*(Cambridge: Cambridge Univ. Press, 2003).

[32] 최열, 《한국만화의 역사》, 열화당, 1995, 18~19쪽.

[33] 윤영옥, 《한국신문만화사》, 열화당, 1995, 16쪽.

[34] 강민성, 〈한국 근대 신문소설 삽화 연구—1910~1920년대를 중심으로〉, 이화여대 석사학위 논문, 2002.

[35] 강민성은 '柳田' 뒤의 정확한 이름이 불명不明이라고 보았다. 그러나 《정부원》의 삽화가가 야나기타 겐키치柳田謙吉이라고 밝힌 광고가 1914년 10월 28일자 《매일신보》에 실린 것으로 보아, 이 사람이 '柳田謙吉' 일 것임을 추측할 수 있다.

[36] 강민성, 〈한국 근대 신문소설 삽화 연구—1910~1920년대를 중심으로〉, 25~26쪽. 강민성은 이와 더불어 신문의 연재소설에 삽화를 넣는 것은 동아시아만의 특수한 문화 풍토였음도 지적하고 있다. 서구의 경우에는 문학 서적에 삽입된 삽화는 있으나 신문연재소설에는 삽화를 넣지 않았고, 신문에는 시사 · 풍자만화만이 실렸다고 한다.

[37] 〈화가가 미인을 말함—좌담회〉(《삼천리》 1936년 8월호)에서는 이상범, 안석주, 노수현, 이승만 네 명의 신문 소설 삽화가들을 모아 좌담을 하면서 "一般社會와 作家에게 대하야 하고 십흔 말슴"을 묻는다. 이때 이들의 공통된 의견이 소설에서 삽화의 위상이 지나치게 낮게 평가되고 있는 점에 대한 불만이었다.

[38] 1910년부터 1916년까지 《매일신보》에 실린 신소설 중에서 연극화된 것은 《봉선화》, 《쌍옥루》, 《우중행인》, 《눈물》, 《장한몽》, 《속 장한몽》, 《국의향》, 《단장록》, 《형

제》, 《정부원》 등이다. 즉 1912년 후반부터 1915년까지의 《매일신보》 연재소설은 대부분 신파극으로 공연되었던 것이다. 이에 대한 자세한 논의는 양승국, 〈1910년대 한국 신파극의 레퍼토리 연구〉, 《한국극예술연구》 제8집, 1998년 6월 참조.

39 유수경, 〈한국 여성복 변천에 관한 연구〉, 《교육논총》 제8권 제1호, 1988.

40 공제욱, 〈의복통제와 '국민' 만들기〉, 《식민지의 일상 지배와 균열》, 문화과학사, 2006.

41 김수진, 〈여성의복 변천을 통해 본 전통과 근대의 젠더정치: 해방 이후~1960년대 초반을 중심으로〉, 《페미니즘 연구》 2007년 10월.

42 〈외국인의 눈으로 본 조선의복의 장처단처〉, 《신여성》 1924년 11월호.

43 박제가, 《북학의》, 〈내편內篇〉, 〈여복女服〉; 이덕무, 《청장관전서靑莊館全書》 卷三十士小節 弟六 婦儀一服飾; 양숙향·김용서, 〈조선후기 여자 일상복의 변천에 관한 연구—실학자의 복식관과 풍속화를 중심으로〉(《복식》 39권, 한국복식학회, 1998)에서 재인용.

44 근대 이후 여성들에게 부과된 최고의 의무가 우등인종이 되기 위해 양질의 국민을 생산하는 것이었다는 점에 대한 자세한 논의는 이영아, 《육체의 탄생》(민음사, 2008)의 제5장 참조.

45 김옥균, 《치도약론》, 1882, 이민수 외 옮김, 《한국의 근대사상》, 삼성출판사, 1981, 88쪽.

46 이태호, 〈조선 후기 풍속화에 그려진 女俗과 여성의 미의식〉, 《한국고전여성문학연구》 13, 2006년 12월, 68쪽.

47 〈오래살랴면 …… 짜른치마 입으라고—우스운 이야기의 하나〉, 《동아일보》 1928년 10월 3일.

48 조희진, 《선비와 피어싱》, 동아시아, 2003, 85쪽.

49 김원주, 〈부인의복개량에 대한 의견〉, 《동아일보》 1921년 9월 10일; 〈의복과 미감

美感(개량 의견 몇 가지)〉, 《신여성》 1924년 11월호.

50 생리학 등의 서구의학적 지식이 도입된 것은 1900년대의 일로서, 이 시기 교과서와 학술지들에는 위생의 필요성과 생리학에 기초해 인체기관과 그 기관들의 작용에 대한 지식들을 쏟아내고 있었다. 이에 대한 자세한 논의는 이 책 제2부 1장 '예쁜 여자 만들기 Before' 참조.

51 유중교, 《성재집》, 권34, 9쪽.

52 금장태, 《한국 유교의 이해》, 한국학술정보(주), 2001, 58쪽.

53 "오인이 신체의 위치를 정직整直히 지持ᄒᆞᆷ은 한갓 위생상에만 이익이 될 쑨 아니라 행의상行儀上에도 단아엄장端雅嚴莊莊거니와 만일 흉곽을 압박ᄒᆞ며 복부를 긴속緊束ᄒᆞᄂᆞᆫ 것은 호흡에 천박喘迫ᄒᆞ야 공기작용에 장애ᄒᆞ나니 기其 해 불선不尠ᄒᆞ도다. 아국我國 부인이 착복시에 동대胴帶와 상裳으로 상복늑골부上腹肋骨部를 긴속ᄒᆞ고 상의ᄂᆞᆫ 심단甚短ᄒᆞ야 일대유방一對乳房이 난양卵樣과 갓티 돌현突現ᄒᆞ니 기其 풍체에도 불미不美ᄒᆞ고 공기호흡에 충분티 못ᄒᆞ야 위생에 폐해됨이 실로 개탄ᄒᆞᆯ 습관이니 속히 부인의 의제衣制를 개량ᄒᆞ되 상의를 장長케 ᄒᆞ야 흉부를 전엄全掩할지니라."

54 나혜석, 〈부인의복 개량 문제—김원주 형의 의견에 대하야〉, 《동아일보》 1921년 9월 28일; 임숙재, 〈생활개선: 세 가지를 통틀어—이렇게 고쳤으면 좋겠습니다〉, 《신여성》 1925년 1월호.

55 유수경, 《한국여성양장변천사》, 일지사, 1990, 150쪽.

56 민숙현·박해경, 《한가람 봄바람에: 이화100년 야사野史》, 지인사, 1981, 155~156쪽.

57 "저고리를 전보다 조금 길게 하고 치마를 전보다 짧게 하되 가슴을 졸라매는 것은 크게 해로운 일인고로 어깨에 걸어 입게 한 것입니다. 그것이 퍼져서 지금은 어느 곳 여학생이든지 그렇게 입는 것 같습데다. 그만큼하면 아주 편하고 어여쁜 옷이 된 것입니다." 이화교장 미국인 아편설라씨, '아, 몇 가지만 고쳤으면! 입는 이들의 생각할 몇 가지', 〈외국인의 눈으로 본 조선의복의 장처단처〉, 《신여성》 1924년 11

월호.

58 유희경, 《한국복식사연구》, 이화여자대학교 출판부, 1975, 652~653쪽.

59 〈남자보다 튼튼한 미국의 모던껄—짜른 치마와 야즌 칼라덕에〉, 《동아일보》 1928년 12월 25일.

60 마윅, 아서, 채은진 옮김, 《미모의 역사》, 말글빛냄, 2009, 244~249쪽.

61 유수경, 〈한국 여성복 변천에 관한 연구〉.

62 유수경, 〈한국 여성복 변천에 관한 연구〉.

63 기온이 섭씨 0도일때 미니스커트를 입은 사람의 체감온도는 영하 2도, 청바지를 입으면 4도라고 한다. 그만큼 미니스커트는 바지 등 다른 옷보다 체온을 많이 떨어뜨린다는 것이다. 그리고 그 떨어진 체온은 날씬한 다리를 만드는 작용을 한다. 대신 허리와 허벅지는 다소 굵어져 몸무게는 큰 변화가 없었다고 한다. 연구를 맡은 후나쓰 교수는 "종아리가 노출되는 미니스커트를 입으면 다리에서 열이 많이 빠져나가 지방이 연소되어 결국 다리가 가늘어 지는 것 같다. 대신 체감온도가 낮으면 많이 먹게 돼 다른 부위에 살이 붙은 것"이라고 설명했다. 〈치마 2cm 짧아지면 체감온도 0.5도 낮아져〉, 《문화일보》 2002년 10월 24일.

64 〈동아만화—신구대조〉, 《동아일보》 1924년 6월 11일.

65 〈딱한 소식—치마 안 입는 것 대 유행〉, 《동아일보》 1928년 10월 24일.

66 김종갑, 《근대적 몸과 탈근대적 증상》, 나남, 2008, 132~136쪽.

67 유수경, 《한국여성양장변천사》, 176쪽.

68 유수경, 《한국여성양장변천사》, 214~217쪽.

69 그러나 정작 프랑스에서는 현재도 이 속옷을 'Brassiere' 대신 주로 'soutien-gorge' 라고 부른다.

70 하세가와 리사長谷川理左, 〈근대 전기 한일 여성 속옷의 변천에 관한 연구〉, 성균관대학교 석사학위논문, 2007, 50쪽.

71 엘롬, 메릴린, 윤길순 옮김, 《유방의 역사》, 자작나무, 1999, 255쪽.

72 하세가와 리사, 〈근대 전기 한일 여성 속옷의 변천에 관한 연구〉, 74쪽. 또한 하세가와 리사는 "교과서에 최초로 Brassiere가 등장하는 것이 한국이 1937년, 일본이 1943년으로 한국이 일본에 앞섰다. 이것은 원래 전통 속옷에도 가슴을 가리기 위한 허리띠가 있었던 한국에서 수용되기 쉬웠던 점에 원인이 있다고 본다. 또한 그와 동시에 을미조약(1905년)이후 저고리 길이를 길게 하자는 논의가 활발함으로써 여학생과 신여성 사이에서는 긴 저고리를 입게 되면서도, 일부 가정부인들 사이에서는 여전히 구한말의 짧은 저고리를 입었으며 가슴을 드러내는 것이 문제시되었기 때문에 허리띠를 대신하는 Brassiere이 이르지 않았을까 생각된다. 또 일본에서는 Brassiere가 '가슴밀기' 라는 뜻인 일본식 명칭인 '치치오사에(乳押へ' 로 등장한 것에 비하여 한국에서는 'ブラジユエール', 'ブラジエエール' 라는 Brassiere를 가타카나로 표기한 외래어로 소개한 다음에 '가슴 커버' 를 뜻하는 '오치치 카바' 라고 설명하고 있다. 이런 점에서 한국이 일본에 비하여 서양 속옷을 그 원래 명칭과 함께 직접적으로 수용한 모습을 볼 수 있다"고 한일의 브래지어 수용의 차이를 설명한다.

73 그 외에 양장숙녀의 의복의 품목은 다음과 같다. "乳房뺀드 150, 씨미-쓰 230, 콜셋-트 180, 스타키-킹 350, 드로-월쓰 200, 뿌루머-쓰 200, 쓰-링 340, 洋服 4,000, 外套 8,000, 洋靴 1,100, 毛皮쇼-루 12,000, 핸드빽 4,800, 手袋 650, 時計와 半指 15,000". 반면 '조선복 숙녀를 만들려면?' 항목에서 나열된 것은 "쓰미-쓰 230, 코-ㄹ 셋트 180, 靴下 350, 즈로-쓰 200, 뿌루머-쓰 200, 쑬링 340, 속치마(싼덴구렘푸) 750, 치마(베루벳트) 2,250, 치마허리(뿌뿌링) 80, 저고리(유에후도구렘푸) 750, 저고리안(마미사) 210, 두루마기(朱子緞) 1,680, 두루마기안(紫色甲주) 300, 木綿 60, 洋靴 1,200, 핸드백 800, 手袋 500, 時計 8,000, 半指 12,000" 등이다.

74 조희진, 〈허리띠, 브래지어와 바통터치하다〉, 실천민속학회 엮음, 《민속문화가 외

래문화를 만나다》, 집문당, 2000.

[75] 1930년대 '유선형' 담론의 유행에 대한 상세한 논의는 조영복, 〈정지용의 〈유선애상〉에 나타난 꿈과 환상의 도취〉, 《한국현대문학연구》 제20집, 2006년 12월 참조

[76] 조영복, 〈정지용의 〈유선애상〉에 나타난 꿈과 환상의 도취〉, 236쪽.

[77] 박봉애, 〈여성체격향상에 대하여〉, 《여성》 1937년 1월호.

[78] 안석영, 〈유선형 도시 바빌론 성인〉, 《조선일보》 1935년 2월 6일.

[79] 〈삼천리 일색 발표〉, 《삼천리》 1931년 10월호.

[80] 1920년대에는 처음으로 해수욕복이 등장했다. 초기의 해수욕복은 무릎 밑과 팔꿈치까지 노출시킨 것이었으나, 20년대 말부터는 신체의 많은 부분을 노출시킨 형태였다. 유수경, 〈한국 여성복 변천에 관한 연구〉. 이 글에 따르면 이 시기부터 각 여학교의 운동복이 소개되기도 했는데, 이것은 일반인들에게 스포츠와 더불어서 운동복에 대한 관심을 불러일으켰을 것이라 추정된다고 한다.

[81] 1933년 7월 한인택이 《삼천리》에서 묘사한 도시 풍경에서도 여성의 풍만한 유방은 도시적인 퇴폐와 향락의 상징적 기호로 사용된다. "도시의 여름밤은 언제던지 복잡하다. 표현파적 점선 같은 전광이 유리관 속에서 여름밤 도시의 거리로 쏟아져 나올 때마다 수만은 도시인은 거리로 몰려 나온다. 역류적逆流的으로 발전하여 가는 〈폼페이〉의 이거리! 립체파 미래파의 난조亂調로 된 스카-트 아래에서 춤추는 다리[脚]들! 그러고 붉은 〈칵텔〉와 보-안 유방! 이 모든 것들은 도시인에게 추파秋波를 던지고 있다." 한인택, 〈그리운 동해의 옛풍경, 초하初夏일기의 일절〉, 《삼천리》 1933년 7월호.

[82] 이러한 것을 '공적 이류 담론'이라고 한다. 김주현은 "열린 공간 속에서 호기심과 무책임 혹은 과도한 열정 속에 대량으로 소통되고 확산되지만, 점잖은 자리에서는 누구도 아는 척하지 않는 이야기"를 '공적 이류 담론'이라 명명했다. 김주현, 《외모 꾸미기 미학과 페미니즘》, 책세상, 2009, 10쪽.

83 이광수, 〈미인〉, 《삼천리》 1933년 9월호.

84 안석영, 〈미인을 찾아, 서울의 어디 어디에 계신가〉, 《삼천리》 1938년 5월호.

85 김용준, 〈모델과 여성의 미〉, 《여성》 1936년 9월호.

86 〈대담—화가가 '미인'을 말함〉, 《삼천리》 1936년 8월호.

87 〈미인 내가 조케 생각하는 여자〉, 《별건곤》 1929년 2월호.

88 〈예술가의 미인관〉, 《삼천리》 1932년 5월호.

89 성서인, 〈미인제조비법공개〉, 《별건곤》 1928년 8월호.

90 보드리야르, 장, 이상률 옮김, 《소비의 사회—그 신화와 구조》, 문예출판사, 1991, 212쪽.

91 심훈, 〈조선영화인 언파레드〉, 《동광》 1931년 7월호; 녹안경綠眼鏡, 〈카페여급 언파레드〉, 《별건곤》 1932년 11월호; 안재좌, 〈신구여인 언파레드〉, 《삼천리》 1933년 1월호; 진영철, 〈열국列國 적자赤子 언파레드〉, 《혜성》 1931년 8월호; 〈예원인藝苑人 언파레드〉, 《동아일보》 1937년 7월 28일~1937년 9월 5일; 〈출분녀出奔女 언파레드〉, 《조선중앙일보》 1935년 5월 2일 등.

92 임원근, 〈팔도처녀기질—부드럽고 정다워(경기도 편)〉, 《삼천리》 1933년 4월호.

93 김동인, 〈예술가의 미인관—강변 버들같이〉, 《삼천리》 1932년 5월호.

94 박형관, 〈팔도처녀기질—억세고 질기고(평안도 편)〉, 《삼천리》 1933년 4월호.

95 안석영, 〈미인을 찾아, 서울의 어디 어디에 계신가〉, 《삼천리》 1938년 5월호.

96 한 기자, 〈내가 본 경상남도의 여자〉, 《부인》 1922년 9월호.

97 풍류랑, 〈5대 도시 미인평판기〉, 《별건곤》 1929년 2월호.

98 심훈, 〈조선영화인 언파레드〉.

99 안석영, 〈미인을 찾아, 서울의 어디 어디에 계신가〉.

100 이서구·복혜숙, 〈현대 '장안호걸' 찾는 좌담회〉, 《삼천리》 1935년 11월호.

101 복혜숙·복면객 대담, 〈장안 신사숙녀 스타일 만평〉, 《삼천리》 1937년 1월호.

102 관상자觀相者, 〈각계명남명녀, 뒤로 본 인물학〉, 《별건곤》 1933년 5월호.

103 가의사假醫師, 〈경성 명인물 신체대검사, 남녀신변비밀폭로(제1회 발표)〉, 《별건곤》 1932년 6월호.

104 가의사, 〈경성 명인물 신체대검사, 남녀신변비밀폭로(제2회 발표)〉, 《별건곤》 1932년 7월호.

105 박근예, 〈1920년대 초기 문학비평 연구〉, 《상허학보》 제7집, 2001년 8월, 151쪽. 이 논문에는 1920년대의 예술지상주의적 문예사조가 상론되어 있다.

106 김주현, 《외모 꾸미기 미학과 페미니즘》, 105쪽.

107 버거, 존, 《이미지Ways of Seeing—시각과 미디어》, 83~84쪽.

108 이 절에서 다루는 내용에 대한 상세한 논의는 이영아, 《육체의 탄생》 참조.

109 1895년 11월 15일 내부대신서리 유길준의 이름으로 발표된 단발령 고시에는 "이번 단발함은 위생에 이롭고, 일을 함에 편하기 위하여 우리 성상 폐하께옵서 정치개혁과 민국부강을 도모하고 솔선수범하시어 표준을 세우심이라"고 적혀 있었다. 단발과 의복 제도의 개혁을 뒷받침하는 논리가 '위생'과 '일하기 편리함' 두 가지였던 것이다. 신동원, 《호열자, 조선을 습격하다》, 역사비평사, 2004, 88~89쪽.

110 〈위생부—위생에 관한 생리상연구〉, 《서북학회월보》 1909년 2-3월호; 〈위'생부—신경의 생리적구별〉, 《서북학회월보》 1909년 5월호; 〈生理衛生學〉, 《서북학회월보》 1910년 1월호; 〈위생〉, 《태극학보》 1906년 8월호(창간호-제2호); 〈뇌와 신경의 건전법〉, 《태극학보》 1908년 11월호; 〈질병예방의 주의—위생부〉, 《서우학회월보》 1907년 7월호; 〈병 다ᄉᆞ리는 근본—위생〉, 《가정잡지》 1906년 8월호; 〈위생설—공기와 호흡〉, 《소년한반도》 1907년 1월호; 〈위생—순환작용의 위생〉, 《태극학보》 1906년 9월호.

111 〈위생설—운동 및 수면〉, 《소년한반도》 1907년 3월호; 〈학교위생의 필요〉, 《서우학회월보》 1906년 12월호; 〈교육학원리〉, 《대한자강회월보》 1907년 4월호; 〈위생

문답—식사위생〉, 《소년한반도》 1906년 12월~1907년 2월호 연재; 〈위생—소화작용의 위생〉, 《태극학보》 1906년 8월~9월호; 〈위생설—溫浴及冷浴〉, 《소년한반도》 1907년 4월호.

112 김봉희, 《개화기 서적문화 연구》, 이화여대출판부, 1999.

113 '위생' 개념에 대한 오해와 진실에 대해서는 이영아, 〈몸을 둘러싼 학문들〉, 《육체의 탄생》, 71~87쪽 참조.

114 신규환, 《질병의 사회사—동아시아 의학의 재발견》, 살림, 2006, 58쪽.

115 학년별로 교과목이 다름을 소개하기도 하고, 운동에 있어서도 연령별로 '유희', '창가'(아동기)부터 '보통체조'(소학교 1~3학년), '병식체조'(3학년 이상) 등으로 나누어 선택해야 함을 강조했다. 〈교육부—학과의 요설〉, 《서북학회월보》 1909년 2월~3월호.

116 학생들의 성장 발육 정도에 따른 교육 방법에 대한 논의로는 〈교육정책사의教育政策私議〉(《대한자강회월보》 1906년 9월호)가 있다. 여기에 실린 교육 기간에 대한 구분표는 양계초의 이론을 번안한 것으로, 《호남학보》 제1호(1908년 7월호)에도 〈양씨학설〉이라는 제목으로 동일하게 소개되어 있다.

117 이때의 '심리학'에서는 마음이 심장에 있다고 믿었던 조선의 전통적인 '심주설'과는 달리 마음이 뇌의 작용이라고 믿는 '뇌주설'의 입장을 취했다. 〈교육학원리〉, 《대한자강회월보》 제9호, 1907년 3월호.

118 "**학교 의국醫局은 시시時時로 생도의 기체를 검사**ᄒᆞ야써 학교의 병이 근시안과 구배척龜背脊 등을 예방홀지니라 …… 종래로 죄과를 우범코 부전不悛ᄒᆞ난 자난 왕왕히 편달금고鞭撻禁錮ᄒᆞ야 엄형嚴刑으로써 교정코져 ᄒᆞ더니 근시近時에 병리학이 점차 진보ᄒᆞ야 기신其身에 일병이 유有홈을 시지始知ᄒᆞ기 편달금고를 가ᄒᆞ되 기 성효成效가 불명홈으로난 기 병원病源을 치治ᄒᆞ야 건전ᄒᆞᆫ 고태故態을 득복得復홈만 확약ᄒᆞ리오 위謂ᄒᆞᆫ바 **교육적병리학**이라난 자ㅣ 차라." 〈교육학원리—육화育化편〉, 《대한

자강회월보》 1907년 2월호.

119 "身體가 存훈 然後에야 精神이 生ᄒᆞ나니 樹木에 譬컨ᄃᆡ 身體ᄂᆞᆫ 根抵오 精神은 枝葉이라. 根抵가 堅固한 則 枝葉이 隨而繁茂하고 萬一 根抵가 薄弱한 則 枝葉이 亦隨而殘衰는 必然之理니 然則 樹木을 栽培ᄒᆞᄂᆞᆫ 者ㅣ 반다시 根抵로부터 始하깃고 人材를 養成하ᄂᆞᆫ 者ㅣ 몬져 身體로 起點을 作할지니 卽 體育이 是." 〈체육론〉, 《태극학보》 1908년 5월호.

120 푸코, 미셸, 오생근 옮김, 《감시와 처벌》, 나남, 2003.

121 "運動이라 홈은 體操遊戲로 始ᄒᆞ야 精神을 快樂케ᄒᆞ며 身體를 敏捷케홈을 謂홈이라 此의 效果ᄂᆞᆫ 血液의 循環을 良敏케ᄒᆞ며 身體의 發育과 榮養을 啓進ᄒᆞ야 或은 筋骨을 堅强케ᄒᆞ며 或은 腦部을 擴張ᄒᆞ며 或은 關節을 柔順케ᄒᆞ며 或은 習慣及職業을 因ᄒᆞ야 起源된 疾病을 豫防ᄒᆞ나니 其方法은 兵式體操, 器械體操, 擊劍, 柔術, 弓術, 馬術, 自轉車 及 산다氏의 鐵啞鈴, 野外散步, 唱歌 等과 如훈方法이 甚多ᄒᆞ나니 個人의 體質과 年齡及男女와 職業의 區別을 因ᄒᆞ야 運動의 種類及方法을 擇定홈이 可ᄒᆞ니라." 〈衛生說—運動 및 睡眠〉, 《소년한반도少年韓半島》 1907년 3월호.

122 덧붙여 이 선생은 단발에 대해서도 "우리나라 사천년 이래로 승려 외에 단발하는 법이 어디 있었더냐. 정감론에 승려의 피가 강을 가득 채운다 하였으니 금세 단발한 놈을 결국에는 낙동강, 대동강, 두만강 같은 큰 강으로 쫓아내어 칼 아래 귀신이 될 터이다"라며 비판한다. 은우생, 〈사제의 언론〉, 《태극학보》 1908년 3월호.

123 이학래, 《한국체육사연구》, 국학자료원, 2003, 199쪽.

124 "富潤屋德潤身心廣體胖 故君子心誠其意" 성백효 역주, 《대학장구大學章句》, 전통문화연구회, 2000, 34쪽; "大體心也, 小體耳目之類." 성백효 역주, 《맹자집주孟子集註》, 전통문화연구회, 2000, 338쪽.

125 이진수, 《한국양생사상 연구》, 한양대학교 출판부, 1999, 329쪽.

[126] 이학래, 《한국체육사연구》, 210~220쪽.

[127] 박노자, 《씩씩한 남자 만들기》, 푸른역사, 2009, 3장 참조.

[128] 민준호, 《마상루》, 동양서원, 1912, 8쪽.

[129] 〈敎育立國詔書〉, 《관보官報》 開國 504년(1895) 2월 2일.

[130] 대한체육회 엮음, 《대한체육회 50년》, 1970, 99쪽.

[131] "運動이라 홈은 體操遊戱로 始ᄒᆞ야 精神을 快樂케ᄒᆞ며 身體를 敏捷케홈을 謂홈이라 此의 效果ᄂᆞᆫ 血液의 循環을 良敏케ᄒᆞ며 身體의 發育과 榮養을 啓進ᄒᆞ야 或은 筋骨을 堅强케ᄒᆞ며 或은 腦部을 擴張ᄒᆞ며 或은 關節을 柔順케ᄒᆞ며 或은 習慣及職業을 因ᄒᆞ야 起源된 疾病을 豫防ᄒᆞ나니 其方法은 兵式體操, 器械體操, 擊劍, 柔術, 弓術, 馬術, 自轉車 及 산다氏의 鐵啞鈴, 野外散步, 唱歌 等과 如ᄒᆞᆫ方法이 甚多ᄒᆞ나니 個人의 體質과 年齡及男女와 職業의 區別을 因ᄒᆞ야 運動의 種類及方法을 擇定홈이 可ᄒᆞ니라." 〈衛生說—運動 및 睡眠〉, 《소년한반도少年韓半島》 1907년 3월호.

[132] "身體組織의 理法을 照하야뻐 心性訓練의 目的을 達코져하면 體操는 尙히 근홀지니라...其體幹을 健壯케 ᄒᆞ며 秩序를 重히 하며 命令을 從ᄒᆞ야 其 堅忍嚴肅의 性質을 培養케하ᄂᆞᆫ 所以라 體操의 目的이 如此하니 其難易홈을 必히 年齡으로 더부러 此例됨을 또ᄒᆞᆫ 可知." 〈敎育學原理—育化篇〉, 《대한자강회월보》 1907년 4월호.

[133] 이효재, 〈개화기 여성의 사회진출〉, 한국여성사 편집위원회 엮음, 《한국여성사 2》, 이화여대출판부, 1972, 44쪽.

[134] 찬양회는 선각한 일부 양반층 과부들이 주동이 되어 부유층과 가난한 층의 여성들을 망라하여 조직한 단체다. 이 부인회의 취지는 여학교의 설치에 있었기 때문에, 10월에는 왕에게 상소하여 여학교를 정부에서 세울 것을 요청했다. 정부의 실행이 더디게 진행되자 찬양회 주인들은 자진해서 학교를 시작했는데 그것이 순성학교다. 그리하여 어린 여자들을 교육시키는 한편 중년 부인들을 위해서는 생활 개

선과 자각을 촉구하는 계몽적 프로그램을 해 나갔다. 뿐만 아니라 찬양회는 언론의 중요성을 인식하고 《독립신문》과 밀접한 관계를 유지했으며 독립협회와도 공조의 관계를 취했다. 〈부인ᄀᆡ회〉, 《독립신문》 1898년 9월 27일자 〈잡보〉.

135 〈婦人聽敎〉. 《만세보》 1906년 7월 18일자 3면. 이외에 내외 풍속을 근절하고 여성도 사회로 진출할 것을 주장하는 논설로는 〈부인교졔ᄂᆞᆫ 학문이 근본됨〉, 《제국신문》 1905년 6월 17일자 〈기서奇書〉, 6월 19일자 논설(續); 〈부인샤회의 활동〉, 《제국신문》 1906년 7월 12일자 논설; 〈사ᄅᆞᆷ은 일반(續)〉, 《독립신문》 1899년 4월 26일자 논설 등이 있고, 여성을 집 안에만 가두어 두는 압제를 혁파하기 위해서는 여성들이 학문이 있어야 한다는 내용의 논설은 〈哀呼我女〉, 《독립신문》 1896년 4월 21일자 논설; 〈세가지 우ᄆᆡᄒᆞᆫ 일〉, 《독립신문》 1899년 5월 31일자 논설; 〈ᄂᆡ외ᄒᆞᄂᆞᆫ 폐습을 곳칠 일〉, 《제국신문》 1907년 10월 11일자 논설 등이 있다.

136 "女子ᄂᆞᆫ人世의根源이오家室의棟梁이라萬若其氣質이柔弱ᄒᆞ며學識이短少ᄒᆞ면此二者의職分을抵當ᄒᆞ기有難ᄒᆞ다ᄒᆞ야內外의禮法을不立ᄒᆞ고又其幼時에敎誨ᄒᆞᄂᆞᆫ道도備具ᄒᆞ니內外法의無ᄒᆞᆫ緣由ᄂᆞᆫ人이若一處에久居ᄒᆞ야外氣ᄅᆞᆯ換受ᄒᆞᆷ이無ᄒᆞ면疾病이易生ᄒᆞ고疾病이有ᄒᆞ면其生産ᄒᆞᄂᆞᆫ子女의氣血도不實ᄒᆞ야夭短折ᄒᆞᄂᆞᆫ者가多ᄒᆞ며設使길夭준ᄒᆞᄂᆞᆫ境을免ᄒᆞ야도平生의病으로其身을終ᄒᆞᄂᆞᆫ者가多ᄒᆞ니……."

137 폐정개혁안은 1894년 5월 7일 홍계훈과 전봉준이 청일 양국의 군사 주둔 빌미를 제공하지 않기 위해 그리고 양측의 인명 손실을 막기 위해 맺은 전주화약 때 전봉준이 제시한 조건이다. 총 27개조였던 것으로 알려진 이 개혁안은 전봉준의 판결문 속에 전해지는 14개 조항과 오지영의 《동학사》(영창서관, 1940)에서 전라도 53주에 집강소를 설치하고 민간 서정庶政을 주도할 때 실시했다는 12개 조항이 현존하고 있다. 여기에 담긴 내용에 봉건적 잔재가 완전히 없어진 것은 아니지만 그럼에도 조선 봉건 사회를 지탱해주던 중심 고리를 무너뜨리고 새로운 사회로의 기틀을 잡아주는 방향타였다고 평가된다. 우윤, 〈갑오농민전쟁〉, 강만길 외 엮음, 《한

국사 12—근대민족의 형성(2)》, 한길사, 1994, 176~178쪽.

138 이기백, 《韓國史新論》, 일조각, 1971, 325쪽.

139 그 외에 《독립신문》 1896년 4월 21일자 논설 〈哀呼我女〉는 남성들이 후취를 맞는 것처럼 여성도 재가할 수 있어야 한다고 주장하며, 《황성신문皇城新聞》 1899년 5월 12일자 논설 〈寡女改嫁〉는 개가한 과부의 자식은 청환을 불허하는 것에 대해 비판하며, 《제국신문》 1899년 10월 14일자 논설 〈寡婦改嫁〉는 청춘과부는 처녀와 다를 게 없으므로 개가해도 된다는 내용이, 《대한매일신보大韓每日申報》 1904년 7월 10일자 논설 〈警告各社會上〉은 20세 안팎부터 자식 없는 30세 안팎까지만 개가를 허용하자는 제안이 실려 있다.

140 조혼의 문제점에 관한 글은 〈早婚의 弊害를 痛論홈〉, 《황성신문》 1909년 9월 3일자 논설; 〈論婚姻〉, 《독립신문》 1898년 2월 12일자 논설; 〈婚禮之弊〉, 《미일신문》 1898년 9월 24일자 논설; 〈早婚之弊〉, 《독립신문》 1899년 10월 7일자 논설; 〈혼인론〉, 《독립신문》 1899년 7월 20일자 논설; 〈早婚可戒〉, 《대한매일신보》 1906년 7월 11일; 〈大韓自彊會演說—早婚의 利害〉, 《황성신문》 1906년 7월 23일; 〈婚姻問答〉, 《황성신문》 1907년 9월 3일 등 다수가 있다. '조혼 폐지론'의 요지는 다음과 같다. 아직 완전한 성장발달이 이루어지지 않은 연령의 성행위는 요절하거나 병약해지는 원인이 되기 때문에, 이른 나이에 결혼하여 성관계를 갖기 시작하는 것은 개인의 건강상 해롭다. 또한 그렇게 낳은 자손 역시 부모로부터 병약한 기질을 유전받아 건강하지 못하다. 이것은 곧 '열등한' 국민 생산을 의미하기 때문에 국가적 손실이다. 그러므로 국가가 나서서 조혼을 금지하고, 청소년기의 성욕 분출을 막아야 한다는 것이다. 여기서 바로 국가 차원의 성 통제가 요구되었다.

141 대표적 작품으로는 《고목화》, 《홍도화》, 《우중기연》, 《검중화》, 《탄금대》, 《한월》 등이 있다. 이들은 모두 재가한 초기에는 무수한 고난을 겪더라도 마지막에는 결국 행복하게 살게 된다.

[142] "경상도 울산군 달동 사ᄂᆞᆫ 쟝문식이가 십륙 세에 셩취ᄒᆞ야 몃달이 못되여서 병이 들ᄆᆡ 그 안ᄒᆡ 뎐씨가 나히 십 팔 세라 …… 필경 쟝씨가 뎐명으로 세상을 버리ᄂᆞᆫ지라. 뎐씨가 례로써 쵸죵을 치르고 구고를 위로ᄒᆞ더니 장씨 입관ᄒᆞᄂᆞᆫ 날에 뎐씨가 ᄒᆞᆫ소ᄅᆡ를 길게 불으며 ᄒᆞᄂᆞᆫ 말이 삼죵지의에 가장이 하ᄂᆞᆯ이라 하ᄂᆞᆯ이 업셔스니 살어 무엇ᄒᆞ랴 ᄒᆞ고 피를 토ᄒᆞ고 그 깃ᄒᆡ셔 죽은지라 …… 이런 졀힝은 다 알만 ᄒᆞ다더라." 〈從夫烈女〉, 《제국신문》 1899년 1월 18일자 기사. 그 외에도 〈從死烈婦〉, 《제국신문》 1900년 6월 23일; 〈孝烈雙旌〉, 《대한매일신보》 1906년 5월 2일; 〈烈婦烈行〉, 《皇城新聞》 1906년 6월 4일 등의 기사는 하나같이 죽은 남편을 따라 자살한 아내에 대해 칭송을 보내고 있다.

[143] "신의 어리셕으믄써 ᄒᆞ건ᄃᆡ 지금붓터 사ᄅᆞᆷ의 집에 소년과부가 잇ᄂᆞᆫ 쟈ㅣ면 반다시 퇵일ᄒᆞ고 폐ᄇᆡᆨ을 드리고 ᄒᆞᆫ갈갓치 혼인례법을 차리되 십오 세로붓터 이십 세까지ᄂᆞᆫ 초취로 ᄒᆞ고 삼십 세로 ᄉᆞ십 세ᄭᆞ지ᄂᆞᆫ ᄌᆡ취 삼취로 ᄒᆞ고 거긔 지ᄂᆞᆫ 쟈ᄂᆞᆫ 실시ᄒᆞᆫ 것으로 치지ᄒᆞ고 이 법을 어긔ᄂᆞᆫ 쟈는 이상ᄒᆞᆫ 풍속으로 물니치되 만일 부모가 권ᄒᆞ고 리웃 사ᄅᆞᆷ이 가유ᄒᆞ여도 종시 ᄆᆡᆼ셔ᄒᆞ고 ᄀᆡ가ᄒᆞ지 안ᄂᆞᆫ 쟈ᄂᆞᆫ 구ᄐᆡ여 그 ᄯᅳᆺ을 ᄲᆡ앗지 말고……." 〈寡婦改嫁〉, 《제국신문》 1900년 12월 4일~5일자 논설.

[144] "……남편의 내조를 위하여 필요하다 함은 한계를 느끼게 하나 당시 여성에게 가사 이외에는 기대하지 않던 풍조로 보아 여성에게 참다운 내조를 기대하는 일조차 새로운 일로 받아들여진다……." 문화영, 〈開化期 言論에 나타난 男女平等觀의 特性〉, 서울대 석사학위논문, 1986, 33쪽.

[145] 푸코, 미셸, 이규현 옮김, 《성의 역사》, 나남, 1990.

[146] 홍은영, 《푸코와 몸에 대한 전략》, 철학과 현실사, 2004, 113~114쪽.

[147] 김옥균, 《치도약론》, 1882, 이민수 외 옮김, 《한국의 근대사상》, 삼성출판사, 1981.

[148] 개화기 소설에 나타난 개가 논의에 대해서는 이영아, 〈신소설에 나타난 육체인식과 형상화 방식 연구〉, 서울대 박사학위 논문, 2005 참조.

149 이해조, 《자유종》, 김상만 서포, 1910, 26쪽.

150 〈早婚의 弊害(續)—第 九 人口의 減損〉, 《대한학회월보大韓學會月報》 1908년 9월호, 13~14쪽.

151 가사와 육아 관련 담론의 예로는 다음과 같은 것들이 있다. ① 태교 및 육아에 관한 것: 김낙영, 〈아이 기르는 방법〉, 《태극학보》 1906년 9월호; 우경명, 〈집안에서 어린아이 기르는 법〉, 《태극학보》 1907년 6월호; 우강생, 〈아해들 노래〉, 《대한학회월보》 1908년 7월호; 〈어린아이교육론〉, 《제국신문》 1899년 2월 24일자 논설; 〈잉태한 부인의 조섭하는 법〉, 《자선부인회잡지》 제1호; 〈어린아이 기르는 법〉, 《자선부인회잡지》 제1호 등. ② 가정교육에 관한 것: 정운복, 〈가정교육〉, 《대한자강회월보》 1906년 8월호; 오석유, 〈가정교육〉, 《태극학보》 1907년 1월호; 김수철, 〈가정교육법〉, 《태극학보》 1907년 12월호. ③ 가사에 관한 것: 관물객, 〈계란의 저장법〉, 《태극학보》 1908년 7월호.

152 나라의 흥망성쇠는 여성 교육에 달려 있다고 할 정도로 여성 교육의 필요성을 주창하는 논설 · 기사는 개화기 신문 · 잡지 등에서 자주 보인다. 제대로 된 아동 교육을 위해서는 어머니의 역할이 무엇보다 중요하고 어머니의 수준을 높이기 위해서는 여성들도 당연히 '학교 교육'을 받아야 한다는 것이었다. 종래 내훈內訓이나 여사서女四書에 의한 봉건적인 여성 교육은 재능 있는 여성보다는 정순貞順한 여성을 이상형으로 했다. 하지만 개화기의 담론은 여성의 지적 수준을 끌어 올림으로써 능력 있는 여성으로서의 여성 교육을 중요시했다. ① 〈녀학교론〉, 《독립신문》 1899년 5월 26일자 논설; 〈女子亦宜教育事爲〉, 《황성신문》 1900년 4월 9일자 논설; 〈女學宜興〉, 《대한매일신보》 1905년 12월 8일자 논설; 〈관립녀학교를 셜치안이치 못홀일〉, 《제국신문》 1906년 4월 10일, 11일자 논설 등은 여자 학교를 설립해야 함을 주장하고 있다. ② 〈女學校演說〉, 《만세보》 1906년 6월 17일; 〈女子教育의 方針〉, 《大韓每日申報》 1910년 9월 16일자 논설; 〈婦人開明一女子教育會〉,

《만세보》 1906년 7월 8일자 논설은 여학교를 설립한 취지와 여자 교육의 방침에 대한 내용이 실려 있다. ③ 〈婦人開明〉, 《만세보》 1906년 7월 8일자 논설; 〈男女教育〉, 《독립신문》 1896년 5월 12일자 논설; 〈女兒教育〉, 《독립신문》 1896년 9월 5일자 논설; 〈녀인교육〉, 《독립신문》 1898년 9월 13일자 논설; 〈急女人教育〉, 《제국신문》 1901년 4월 27일자 논설; 〈여자교육〉, 《제국신문》 1901년 4월 5일자 논설; 〈女子教育必要〉, 《대한일보》 1906년 6월 1일 등은 여성도 남성과 동등하게 배워야 한다는 여성 교육의 필요성을 논하고 있다.

153 김혜경, 〈일제하 자녀양육과 어린이기의 형성: 1920~30년대 가족담론을 중심으로〉, 김진균·정근식 편저, 《근대주체와 식민지 규율권력》, 문화과학사, 1997, 230쪽.

154 박찬승, 《한국 근대 정치 사상사 연구》, 역사비평사, 1992.

155 〈미는 다리에도—다리의 미용술—이 사진과 같이 한번 시험해 보십시오〉, 《조선일보》 1929년 4월 25일.

156 〈운동과 체조는 적극적 미용술〉, 《조선일보》 1928년 12월 6일.

157 〈육체미를 완성하자면 미용체조〉,《조선일보》 1937년 5월 9일.

158 1920~30년대의 《신여성》, 《신가정》, 《여성》 등 여성 잡지에 실린 화장 관련 글 및 화장품 광고에 대한 연구로는 김미선, 〈1930년대 '신식' 화장담론이 구성한 소비주체로서의 신여성〉, 《여성학논집》 제22집 2호, 2005 참조.

159 강양욱, 〈일제 하 언론의 광고에 관한 연구〉, 서강대 석사학위논문, 1998; 김미선, 〈1930년대 '신식' 화장담론이 구성한 소비주체로서의 신여성〉에서 재인용.

160 〈운동과 체조는 적극적 미용술〉, 《조선일보》 1928년 12월 6일.

161 〈미는 다리에도—다리의 미용술—이 사진과 같이 한번 시험해 보십시오〉, 《조선일보》 1929년 4월 25일.

162 〈살찐 부인의 미용체조—날마다 식전에 운동하시면 몸이 아름답게 되는 체조법〉,

《조선일보》 1932년 3월 10일.

163 〈허리의 살이 빠져 몸맵시나게 하는 미용체조. 중년부인이 하면 몰라보게 돼죠. 간단해서 하기도 쉽다〉, 《조선일보》 1938년 1월 27일.

164 〈체격을 좋게 하는 미용체조〉, 《조선일보》 1937년 11월 2일.

165 〈몸맵시 젊게 하는 미용체조 5가지. 위선 늘어진 살을 고쳐야지요〉, 《조선일보》 1939년 3월 17일.

166 "구두밑에서부터 땀과 열이 발로 기어오르는 것처럼 불유쾌한 일은 없습니다./-구두밑에 붕산을 깔아보십시오 발밑이 적당하게 서늘하고 오랜 시간을 걸어도 피로를 느끼지 않습니다./-다리에 피로를 느끼게 하는 것은 결국 다리를 보기 싫게 하고 다리의 미를 해치는 것입니다. 이것을 막는 한 가지 수단으로는 한치 반 폭쯤 되는 고무 띠를 발등으로부터 발바닥에 걸치어 씌웁니다. 이렇게 하여 발을 가볍게 매어가지고 경쾌한 기분을 갖도록 합니다. 그리한 후 때때 소금물이나 붕산탕으로 다리를 씻습니다. 그러면 혈행이 좋아지고 피로가 회복됩니다./-또 한가지 피로를 제어시키는 방법으로 칸폴 일 할 용액을 솜에 적시어가지고 발바닥에 바릅니다. 이렇게 하고서는 먼 길을 걸어도 이상하게도 그다지 피곤치 않습니다./-또 발이 불어텄을 때에는 과산화수소액으로 훔친 다음 와세린과 산화아연을 합친 것을 바르고 불어튼 것이 터진 데는 옥도정기를 바르십시오." 〈이렇게 하면 다리의 미를 돕는다〉, 《동아일보》 1931년 8월 19일.

167 〈규중의 조선 여성은 각선미가 왜 없노, 원인은 첫째 흰 밥, 둘째 앉는 탓〉, 《동아일보》 1931년 9월 29일.

168 〈신식이미용법〉, 《여성》 1939년 11월호.

169 〈굽은 다리를 올곧게 하는 데는 간단한 이 두 가지의 방법으로 아름다운 다리로 변할 수 있다〉, 《조선일보》 1929년 9월 29일.

170 오숙근, 〈9월화장〉, 《여성》 1936년 9월호.

171 현희순, 〈모던수첩1—미인 되시려거든〉, 《삼천리》 1933년 3월호.

172 〈아름다운 각선미! 쇼-트 스커-트가 유행되어 결점이 눈에 띄기 쉬워요〉, 《조선일보》 1940년 4월 19일.

173 성서인, 〈미인제조비법공개〉, 《별건곤》 1928년 8월호.

174 현희순, 〈모던수첩1—미인 되시려거든〉.

175 현희순, 〈모던수첩1—미인 되시려거든〉.

176 〈미의 표준은 아래로 각선미와 스타킹. 아무리 고운 다리라도 양말 선택 잘못하면 탈〉, 《조선일보》 1936년 4월 10일.

177 제중원 설립에 대한 이야기는 '뿌리 논쟁' 이라는 이름으로 연세대 의과대학과 서울대 병원사연구소 양측에서 서로 다르게 주장하는 부분들이 있다. 그러나 양측 모두 현재의 의과대학을 최초의 서양식 근대병원의 '적자嫡子' 임을 내세우기 위해 무리한 주장을 하는 면이 있다. 이 문제에 대해 황상익 교수가 2010년 3월부터 《프레시안》에 〈근대의료의 풍경〉 연재를 통해 전면적이고 실증적인 재검토를 했으므로 이를 참조하라.

178 알렌, H. N., 김원모 옮김, 《알렌의 일기》, 단국대학교출판부, 1991, 79쪽.

179 정정덕, 〈고대소설 속의 미인〉, 《우리말글 연구》, 한국문화사, 1994, 51쪽.

180 김동인, 〈예술가의 미인관—강변 버들같이〉.

181 〈본정에 있는 여자미용원—금월 말에 동원을 졸업하는 오엽주양, 졸업 후에는 개업하여 조선 처음의 여자직업〉, 《동아일보》 1926년 6월 25일.

182 〈오엽주-일본영화계에 조선여류스타=제구십구사諸口十九社에〉, 《동아일보》 1927년 7월 19일.

183 "오 선생님이 워낙 사치스러웠어요. 눈 쌍꺼풀 수술 일본에서 하고 왔는데, 우리나라에서 1호일 거에요. 절대로 일본에서 쌍꺼풀수술 했다고 안그러댔어요." 자연산이다?(질문자-인용자 주) "그렇죠. 쌍꺼풀이 워낙 잘 돼서 누가 수술했다고 알지

들을 못해요. 오 선생 화장 시간이 보통 2시간이에요, 집에서 나올 때. 화장을 2시간 하니까 얼마나 공들여서 하겠어요. 화장시간을 많이 가지셨댔거든요."

184 공병우, 《나는 내 식대로 살아왔다》, 대원사, 1989, 62~65쪽.

185 공병우, 《나는 내 식대로 살아왔다》, 131쪽.

186 좌담, 〈지상이동좌담회, 해학 속의 실정實情: 청화의원 김은선씨와 미용술을 중심으로—홀몬설까지〉, 《별건곤》 1930년 5월호.

187 길먼, 샌더 L., 곽재은 옮김, 《성형수술의 문화사》, 이소출판사, 2003, 141쪽.

188 좌담, 〈지상이동좌담회, 해학 속의 실정實情: 청화의원 김은선씨와 미용술을 중심으로—홀몬설까지〉.

189 〈청화의원 신설〉, 《동아일보》 1925년 2월 5일.

190 〈극빈자極貧者 실비實費치료〉, 《동아일보》 1925년 4월 2일.

191 〈얕은 코를 높이하는 융비술은 어떤 것—코 얕은 분들에게 하는 주의〉, 《동아일보》 1933년 12월 3일.

192 전세일 · 예병일, 〈한국외과학의 지난 100년〉, 《의사학》 제8권 2호, 1999.

193 대한성형외과학회 홈페이지(http://www.plasticsurgery.or.kr).

194 장근호, 〈개항에서 일제식민통치로부터의 해방까지 이비인후과학의 도입과 전개과정〉, 서울대 박사학위논문, 2008, 42~43쪽.

195 권복규, 〈옮긴이의 말〉, 《비너스의 유혹》, 문학과 지성사, 2008, 410쪽. 미국의 성형수술의 역사에 대한 엘리자베스 하이켄의 저서인 이 책에서 역자이자 의사학 박사인 권복규 역시 "이 책을 번역하면서 들었던 또 하나의 부러움, 그리고 아쉬움은 1930년대와 40년대 의사들의 편지와 기록이 고스란히 보존되어 있다는 점이다. 반만년의 역사를 자랑한다는 우리의 경우, 내 경험으로는 이 나라 최고의 국립대학에서도 의학사 연구와 관련해서 1960년대와 70년대의 자료조차 제대로 찾을 수 없었다"며 식민지 시기 의학사 자료 보존의 부실함에 대해 토로하고 있다.

[196] 그래서 융비술을 소개하는 글에서도 매우 자연스럽게 일본을 언급한다. "요사이 미용의학이라는 것이 생겨가지고 참으로 얼굴 코가 얕아서 걱정하는 사람 너무 커서 걱정하는 사람을 우리는 늘 보지 않습니까 …… 파라핀 주사는 보통 하는 것인데 …… 상아는 사자코를 고치는 데에 쓰는 것이고 쇠뼈를 쓰는 일도 있다는데 일본에서는 아직 상아만을 쓴다고 합니다." 〈얕은 코를 높이하는 융비술은 어떤 것—코 얕은 분들에게 하는 주의〉, 《동아일보》 1933년 12월 3일. 이렇게 서술하면서 일본의 성형외과 의학 기술을 곧 우리가 받을 수 있는 성형수술의 수준으로 받아들이는 태도를 은연중에 보이고 있다.

[197] "이렇게 늘어지리만치 커지는 유방은 고칠 수 없는 것인가. 고칠 수가 있는 것입니다. 수술을 하면 곧 됩니다. 그 형상 좇아도 아주 예쁘게 만들 수가 있는 것입니다. 독일 같은 데서는 흔히 유방의 정형수술을 하고 있지만 〈노에르〉씨가 1928년에 보고한 방법에 의하면 유방의 상부에 반원형으로 절흔切痕을 만드는 것인데 또 〈로체〉씨의 방법은 유방의 아래에다 반원형의 절형切形을 지어서 유선乳腺을 될 수 있는 대로 아래를 떨어쳐 유선을 위로 이동시키는 그러한 방법입니다. 그리고 또 유방의 피하지방이 많아서 유방이 자꾸 커서 무겁게 드리울 때에는 〈아쿠스하젠〉씨의 방법에 의해서 피하의 지방을 적당히 없애고 또 유훈乳暈의 부분을 유선과 같이 위로 이동시키는 수술이 있습니다." 〈학창을 갓나온 이들의 화장〉, 《여성》 1939년 5월호.

[198] 이영아, 〈패션, 여성의 몸을 바꾸다〉, 몸문화연구소 엮음, 《일상속의 몸》, 쿠북, 2009.

[199] 하이켄, 엘리자베스, 권복규 외 옮김, 《비너스의 유혹》, 문학과지성사, 2008, 63쪽.

[200] 김주리, 《모던 걸, 여우 목도리를 버려라》, 살림, 2005.

[201] 이영아, 〈1910년대 조선인의 타자의 시선에 대한 고찰〉, 《한국문화》 제49호, 2010년 3월.

202 정성화·로버트 네프, 《서양인의 조선살이, 1882~1910》, 푸른역사, 2008, 47~53쪽.

203 신복룡, 《이방인이 본 조선 다시 읽기》, 풀빛, 2002, 47쪽. 이 책에서 신복룡 교수는 1816년 영국인 선장 배질 홀Basil Hall(1788~1844)이 조선을 탐사하기 위해 백령도를 통해 조선에 들어왔을 때의 경험을 적은 《조선 서해 탐사기*Account of a Voyage of Discovery of the West Coast of Corea*》(1818)를 예로 들며 이러한 설명을 하고 있다. 홀은 조선의 아이들이 자신의 파란 눈과 긴 코를 보고 신기해하며 쫓아왔던 일, 그 지역 현감 일행이 자신과 술을 마시며 손짓 발짓으로 대화로 사귀려 한 일, 주민들이 자신에게 친절하게 대해 준 일 등을 기록해 놓았다.

204 Underwood, Lillias H., *Fifteen Years Among the Top-Knots*, pp.116~117; 정성화·로버트 네프, 《서양인의 조선살이, 1882~1910》, 69쪽에서 재인용.

205 서경석 · 김진량 엮음, 《식민지 지식인의 개화 세상 유학기》, 태학사, 2005, 58쪽.

206 노정일, 〈세계일주—산 넘고 물건너〉, 《개벽》 1922년 1월호~8월호.

207 일우(노정일), 〈自由의 美人, 建國의 聖人: 世界一週 '山 넘고 물 건너' 의 其八〉, 《개벽》 1922년 8월호.

208 노정일, 〈세계일주—산 넘고 물건너(2)〉, 《개벽》 1922년 2월호.

209 박승철, 〈독일가는 길에(3)〉, 《개벽》 1922년 5월호.

210 백신애, 〈청도기행〉, 《여성》 1939년 5월호; 서경석·우미영 엮음, 《신여성 길 위에 서다》, 호미, 2007, 222쪽.

211 김동인, 〈여인〉, 《별건곤》 1930년 1월호.

212 이영아, 〈김동인의 참사랑론과 소설적 형상화 양상 고찰〉, 문학사와 비평학회 엮음, 《김동인 문학의 재조명》, 새미, 2000.

213 김진송, 《현대성의 형성: 서울에 딴스홀을 허하라》, 현실문화연구, 1999, 160쪽.

214 〈시네마와 유행—활동여배우들의 옷입은 이모양 저모양〉, 《동아일보》 1933년 11

월 1일.

215 김진송, 《현대성의 형성: 서울에 딴스홀을 허하라》, 164쪽.

216 전복희, 《사회진화론과 국가사상》, 한울, 1996, 115쪽.

217 박성진, 〈일제하 인종주의의 특성과 적용형태〉, 《한국근현대사연구》 제5집, 1996, 89쪽.

218 박성진, 《사회진화론과 식민지 사회사상》, 선인, 2003, 62~63쪽.

219 전복희, 《사회진화론과 국가사상》, 41쪽.

220 서홍관 · 신좌섭, 〈일본인종론과 조선인〉, 《의사학》 14호, 1999년 11월, 72쪽.

221 신영전, 〈식민지 조선에서 우생운동의 전개와 성격: 1930년대 《우생》을 중심으로〉, 《의사학》 제15권 제2호, 2006년 12월.

222 박성진, 〈일제하 인종주의의 특성과 적용형태〉, 《한국근현대사연구》 제5집, 1996, 102~104쪽.

223 길먼, 샌더 L., 《성형수술의 문화사》, 36쪽.

224 길먼, 샌더 L., 《성형수술의 문화사》, 54쪽.

225 〈본부 독살 미인 사형 불복—무식하고 얼굴이 못난 남편을 없이 하던 터에 주먹밥과 엿에 쥐잡는 약을 섞어 먹인 이십세의 청춘여자 김정필〉, 《동아일보》 1924년 7월 17일.

226 〈법정에 입立한 절세미인, 방芳이십으로 본부독살, 꽃 같은 피고는 사실 전부를 부인, 경찰이 때려서 없는 일을 말했다〉, 《동아일보》 1924년 8월 16일.

227 〈본부 독살 미인 사형 불복-무식하고 얼굴이 못난 남편을 없이 하던 터에 주먹밥과 엿에 쥐잡는 약을 섞어 먹인 이십세의 청춘여자 김정필〉, 《동아일보》 1924년 7월 17일.

228 〈법정에 선 독살미인 김정필〉, 《삼천리》 1930년 5월호.

229 〈사형 받은 미인. 사실을 전부 부인, 자기 남편을 죽인 여자〉, 《조선일보》 1924년 8

월 16일; 〈본부독살사건으로 사형받은 절세미인, 금일에 복심판결 결과가 어찌 될까/피고에 동정편지, 근래에 드문 일〉, 《동아일보》 1924년 8월 22일.

230 〈사형 받은 미인의 공판 재개를 신청. 이인李仁 변호가사 자진하여〉, 《조선일보》 1924년 8월 26일.

231 특히 《동아일보》는 다른 신문, 잡지들에 비해 김정필 사건에 대한 보도에 매우 적극적이어서 김정필을 옹호하는 방청객이 보낸 투서를 두 차례나 신문 한 면의 절반 이상을 할애해가며 게재하기도 했다. 〈공판을 재개할 사형미인, 의운 중첩한 독살사건과 방청객의 투서〉, 《동아일보》 1924년 9월 8일; 〈업원이냐, 미혹이냐, 본부독살미인공판, 10월 10일의 감상과 8월 15일의 정서—부내府內 일 방청객 수기〉, 《동아일보》 1924년 10월 20일.

232 〈사형이냐 무죄냐, 김정필의 공판은 십일에 열려, 그날은 방청권까지 사용할 터〉, 《시대일보》 1924년 10월 3일; 〈살부殺夫 미인 공판. 방청권은 없이 3일에 개정한다〉, 《조선일보》 1924년 10월 7일; 〈경계가 엄중할 듯. 금일 개정되는 본부 독살사건 재판〉, 《조선일보》 1924년 10월 10일; 〈김정필은 금일 공판, 제칠호 법정에서 열려〉, 《시대일보》 1924년 10월 10일; 〈인산인해의 재판소, 수천의 방청객이 쇄도하여 정각에 개정도 못하는 지경〉, 《시대일보》 1924년 10월 11일; 〈법정에서 구타 노호怒號. 증인심문은 피고에게 불이익, 방청자의 답지로 한층 긴장한 문제의 독살미인공판〉, 《조선일보》 1924년 10월 11일.

233 김정필에 관련된 기사나 칼럼은 다음과 같다. 〈본부 독살 미인 사형 불복—무식하고 얼굴이 못난 남편을 없이 하던 터에 주먹밥과 엿에 쥐잡는 약을 섞어 먹인 이십세의 청춘여자 김정필〉, 《동아일보》 1924년 7월 17일; 〈사형 받은 미인. 사실을 전부 부인, 자기 남편을 죽인 여자〉, 《조선일보》 1924년 8월 16일; 〈법정에 입立한 절세미인, 방芳이십으로 본부독살, 꽃 같은 피고는 사실 전부를 부인, 경찰이 때려서 없는 일을 말했다〉, 《동아일보》 1924년 8월 16일; 〈본부독살사건으로 사형받은 절

세미인, 금일에 복심판결 결과가 어찌 될까/피고에 동정편지, 근래에 드문 일〉, 《동아일보》 1924년 8월 22일; 〈사형 미인의 언도는 연기. 공판이 다시 열릴는지도 아직 알 수 없는 중이라고〉, 《조선일보》 1924년 8월 23일; 〈사형 받은 미인의 공판 재개를 신청. 이인李仁 변호가사 자진하여〉, 《조선일보》 1924년 8월 26일; 〈공판을 재개할 사형미인, 의운 중첩한 독살사건과 방청객의 투서〉, 《동아일보》 1924년 9월 8일; 〈육십 명 연서連書진정, 김정필의 본부 독살 미인 사건에 대하여는 동정할 아무 이유가 없다고〉, 《동아일보》 1924년 10월 3일; 〈사형이냐 무죄냐, 김정필의 공판은 십일에 열려, 그날은 방청권까지 사용할 터〉, 《시대일보》 1924년 10월 3일; 〈김정필의 독살미인사건에 투서 계지繼止: 육십 명 진정은 부정수단, 증거가 분명타고 또 투서〉, 《동아일보》 1924년 10월 4일; 〈살부殺夫 미인 공판. 방청권은 없이 3일에 개정한다〉, 《조선일보》 1924년 10월 7일; 〈경계가 엄중할 듯. 금일 개정되는 본부 독살사건 재판〉, 《조선일보》 1924년 10월 10일; 〈김정필은 금일 공판, 제칠호 법정에서 열려〉, 《시대일보》 1924년 10월 10일; 〈재개된 미인공판: 비상한 흥미 중에 재개된 의문의 사건, 죽일테냐? 살릴테냐? 법률의 조문, 사활의 기로에 미지의 운명/김정필의 생사/각각 다른 두 편의 착란한 진술/호부체읍呼夫涕泣, 하늘이 알아주면 죽어도 한없어〉, 《동아일보》 1924년 10월 11일; 〈인산인해의 재판소, 수천의 방청객이 쇄도하여 정각에 개정도 못하는 지경〉, 《시대일보》 1924년 10월 11일; 〈법정에서 구타 노호怒號. 증인심문은 피고에게 불이익, 방청자의 답지로 한층 긴장한 문제의 독살미인공판〉, 《조선일보》 1924년 10월 11일; 〈사형 불가를 통론痛論. 본부 독살사건공판 오후 심문, 변호사 이인씨는 사형을 반대, 판결 언도기일은 미정〉, 《조선일보》 1924년 10월 12일; 〈김정필의 초상〉, 《시대일보》, 1924년 10월 13일; 〈업원이냐, 미혹이냐, 본부독살미인공판, 10월 10일의 감상과 8월 15일의 정서—부내府內 일 방청객 수기〉, 《동아일보》 1924년 10월 20일; 〈문제의 살부 미인. 김정필은 무기 징역, 작일 오전 길전吉田재판장의 언도〉, 《조선일보》 1924년 10월 23일; 〈본부독살미인 김정필은 무기에, 독살은 사실이나 연령과 전후사정을 보아 감형해〉, 《시대일보》 1924년 10월 23일; 〈옥중화獄中花 김정필, 기한이 지나도 상고가 없고 필경은 옥중의 꽃이 되려나/지금에 또 투서. 죽일 죄인을 안 죽여도 죄라고〉, 《조선일보》 1924년 10월 28일; 〈교외별전敎外別傳〉, 《개벽》 1924년 11월호; 〈70소년 출옥 4백 명 가량은 감형되어. 개성소년형무소—문제의 미인수囚 김정필도 감형 무기에서 20년 유기〉, 《조선일보》 1927년 2월 9일; 〈내가 남자였다면, 내가 여자였다면—요모조모로 쓸모 있는 여자가 되리라〉, 《별건곤》 1927년 12월호; 〈일시 소문 높던 여성의 최근 소식(5): 일세를 흔동掀動한 김정필〉, 《조선일보》 1928년 1월 7일; 〈법정에 선 독살미인 김정필〉, 《삼천리》 1930년 5월호; 〈미인 독살 김정필의 옥중근황〉, 《삼천리》 1933년 10월호; 〈수기數奇한 "옥중가인" 김정필 가출옥 귀향. 무기가 유기되어 12년 만에 백일을 보는 문제의 여성〉, 《조선일보》 1935년 4월 21일; 〈12년만에 출옥한 김정필, 그는 다시 결혼하려는가〉, 《삼천리》 1935년 7월호.

234 〈姦妾如獸〉, 《매일신문》 1898년 9월 16일; 〈失行烈女〉, 《대한일보》 1904년 9월 4일, 9월 8일; 〈淫女之行〉, 《황성신문》 1906년 4월 7일 등의 기사는 간음한 여성에 대한 혹독한 비난을 하고 있으며, 〈嚴懲淫女〉, 《매일신문》 1898년 9월 21일; 〈逃女處絞〉,《매일신문》 1898년 9월 21일; 〈淫婦割鼻〉, 《만세보》 1906년 7월 17일 등의 기사는 간음한 여성의 처벌에 대하여 이야기하고 있다.

235 브룩스, 피터, 이봉지 · 한애경 옮김, 《육체와 예술》, 문학과지성사, 2000, 49쪽.

236 권보드래, 《연애의 시대》, 86쪽 참조. 권보드래는 "구여성이 이 정도로 화제의 중심에 올랐던 예도 아마 김정필 사건 외에는 찾기 어려울 것이다. 기존 가족 제도에 대한 반발이 한국의 자생적인 수준에서도 확인되었다는 것이 김정필 사건이 지닌 사회적 의의겠지만, 사건을 이 정도로 증폭시킨 계기가 '미인' 이라는 한 마디였다는 사실은 의심하기 어렵다"라고 지적한다. 이 책과 동일한 시각으로 김정필 사건

을 바라보고 있는 것이다. 다만 권보드래의 경우 "'미인'은 '신여성'보다 일층 포괄적으로 새로운 가족 질서 및 세계질서에 대한 열망을 품고 있는 단어였다. '미인'은 신식 가정에 대한 동경과 거기 이르기까지 거쳐야 하는 갈등·비극을 동시에 연상시켰으며, 많은 사회 사건을 재배치하는 코드로 자리 잡을 수 있었다"고 하여 〈미인〉에 대해 이 책보다 협의狹義로 해석하고 있다. 또한 《연애의 시대》에서는 저널리즘의 상업성 문제도 큰 관심사가 아니다. 이러한 권보드래와 달리 이 책에서는 1920~30년대의 〈미인 신드롬〉이 '가정'의 차원이나 '사회 사건'과만 관련이 있던 것이 아니며, 당시가 사회, 경제, 정치, 문화 전반에서 미인을 권하는 시대였다는 점에서 좀 더 폭넓은 현상으로서 〈미인 신드롬〉의 문제를 다루었다.

[237] 권보드래, 《연애의 시대》.

[238] 이영아, 〈이광수 《무정》에 나타난 '육체'의 근대성 고찰〉, 《한국학보》 106호, 2002년 3월.

[239] 물론 자유연애-결혼을 외치는 이들이 생겨났다는 것이 곧 봉건적인 결혼 제도의 전면 폐지를 의미하지는 않는다. 1920년대 이후에도 일부의 엘리트 지식인이나 부르주아 계층을 제외하고는 부모들에 의한 강압적인 결혼이 대부분이었다. 그리고 김정필 사건에서 "변호사 이인李仁씨는 독살했다는 모든 증거가 불충분할 뿐만 아니라 …… 백보를 사양하여 독살을 했다 하더라도 이는 강제결혼에서 생긴 비극이니 동정할 여지가 많"(〈사형불가를 통론痛論—본부독살사건 공판 오후 심문〉, 《조선일보》 1924년 10월 12일)다고 말하듯, 이러한 강제결혼은 축첩이나 외도, 이혼에서 더 나아가 김정필 사건과 같은 '본부本夫 살해'나 자살과 같은 참극까지 낳는 경우도 많았다. 〈환경의 희생자 거익去益 증가, 현재 감수監囚 만 사천 여〉, 《중외일보》 1926년 12월 5일. 그래서 김정필 외에도 남편을 죽이거나 죽이려다 발각된 여성들, 소위 '제2의 김정필'은 신문지상에서 주기적으로 등장하는 기삿거리였다. 자유연애와 결혼은 일부의 엘리트 지식인이나 부르주아 계층, 도시의 '모던 걸', '모

던 보이' 등에게 국한된 이야기일 뿐이었다. 그럼에도 당대 사회, 문화, 담론을 이 들 계층이 주도하고 있었기 때문에 자유연애-결혼은 시대적 조류로 이해될 수 있었다.

240 신명직, 《모던 뽀이, 경성을 거닐다》, 현실문화연구, 2003, 201쪽.

241 신명직, 《모던 뽀이, 경성을 거닐다》, 107~109쪽.

242 김수진, 《신여성, 근대의 과잉》, 소명출판, 2009, 358~359쪽.

243 KH생, 〈결혼하려는 조카딸에게〉, 《별건곤》 1928년 7월호; 김수진, 《신여성, 근대의 과잉》, 361쪽에서 재인용.

244 〈본정에 있는 여자미용원—금월말에 동원을 졸업하는 오엽주양, 졸업 후에는 개업하여 조선 처음의 여자직업〉, 《동아일보》 1926년 6월 25일.

245 〈오엽주—일본영화계에 조선여류스타=제구십구사諸口十九社에〉, 《동아일보》, 1927년 7월 19일; 〈이역 영화계에 피는 패성의 일가인 오엽주양〉, 《조선일보》 1928년 9월 21일; 〈고토에 봄을 찾아 온 오엽주양의 기염, 이역 영화계의 고성孤星〉, 《조선일보》 1929년 2월 17일.

246 임형선 구술, 김미선 면담 · 편집, 《모던 걸, 치장하다—구술사료선집 6》, 국사편찬위원회, 2008, 44쪽.

247 임형선 구술, 김미선 면담 · 편집, 《모던 걸, 치장하다—구술사료선집 6》, 58~71쪽.

248 〈미인제조실참관 — 吳葉舟氏의 美粧室〉, 《삼천리》 1934년 8월호.

249 최혜실, 《신여성들은 무엇을 꿈꾸었는가》, 생각의 나무, 2000; 권보드래, 《연애의 시대》; 문옥표 외, 《신여성》, 청년사, 2003; 김경일, 《여성의 근대, 근대의 여성》, 푸른역사, 2004; 김수진, 《신여성, 근대의 과잉》 등 다수.

250 이들의 인생에 대한 자세한 논의는 최혜실, 《신여성들은 무엇을 꿈꾸었는가》 참조.

251 〈모던-껄 懺悔錄〉, 《별건곤》 1928년 12월호; 〈여배우와 정조와 사랑〉, 《삼천리》 1932년 2월호; 〈해외에 빛나는 조선여배우염사〉, 《만국부인》 1932년 10월호; 〈이

면으로 본 남녀배우의 생활상〉, 《동광》 1932년 11월호; 〈카페여급 언파레-드〉, 《별건곤》 1932년 11월호; 〈활동여배우들의 시네마와 유행, 옷 입은 이 모양 저 모양〉, 《동아일보》 1933년 11월(1일); 〈女俳優座談會〉, 《삼천리》 1932년 5월호.

252 〈12년만에 출옥한 김정필, 그는 다시 결혼하려는가〉, 《삼천리》 1935년 7월호.

253 소비주체로서의 신여성의 등장에 대한 논의는 김미선, 〈1930년대 '신식' 화장담론이 구성한 소비주체로서 신여성〉, 《여성학논집》 제22집 2호, 2005 참조.

254 밀스, 사라, 김부용 옮김, 《담론》, 인간사랑, 2001, 142쪽.

255 보드리야르, 장, 《소비의 사회—그 신화와 구조》, 212쪽.

256 임인숙, 〈사회적으로 재구성되는 여성의 몸〉, 《성평등연구》 제9집, 2005년 2월.

257 김진송, 《현대성의 형성: 서울에 딴스홀을 허하라》, 210~211쪽.

258 안태윤, 《식민정치와 모성》, 한국학술정보, 2006.

259 "물론 일제의 지배 정책은 조선 민족의 자기 정체성을 부정하도록 하는 다층적인 억압 장치들을 강요했다. 그러나 동시에 '황민화', 혹은 '일본 국민'으로의 주체 위치의 이동은 조선이 인종화되고 젠더화된 시선을 통해 아시아 속에서 자기 위치를 재정립하고 '조선' 내부의 특정한 정체성을 부정함으로써 '청년'으로, 또는 '총후 부인'으로 자기 위치를 재정립하는 과정이기도 했다. 따라서 황민화 과정에서 주체 구성의 정치학은 민족적인 것과 반민족적인 것이라는 대립선만을 구축하는 것이 아니다." 권명아, 《역사적 파시즘—제국의 판타지와 젠더 정치》, 책세상, 2005, 164~165쪽.

260 또한 이러한 질문은 '친일'의 문제에 대해서도 전복적인 시각을 제공해 준다. 이러한 관점에서 보면 친일 행위는 살아남기 위해 불가피한, 자신의 의지에 반하는 피동적 선택이었다기보다는 오히려 황국의 국민으로서, 일본인과 동등한 주권을 갖기 위한 적극적 선택이었을 수 있기 때문이다.

261 가와 가오루, 김미란 옮김, 〈총력전 아래의 조선 여성〉, 《실천문학》 2002년 가을호.

[262] 권명아, 《역사적 파시즘—제국의 판타지와 젠더 정치》, 179쪽.

[263] 〈君國多事의 秋에 志願兵(志望者)十萬突破, 志願兵 母姉에 送하는 書〉, 《삼천리》 1940년 7월호; 〈軍國의 어머니〉, 《매일신보》 1940년 10월 28일; 〈愛國美談〉, 《삼천리》 1941년 1월호; 〈半島指導層婦人의 決戰報國의 大獅子吼!!〉, 《대동아》 1942년 3월호; 〈군국의 어머니 열전〉, 《매일신보》 1942년 6월 29일.

[264] 〈無代進呈〉, 《여성》 1939년 11월호; 〈主體的化粧法〉, 《여성》 1940년 1월호; 〈手足의 美化와 治療는 專門藥으로!〉, 《여성》 1940년 1월호; 〈잠자는 동안에 몰라보리만큼 아름답게 되는……수면미용법〉, 《여성》 1940년 4월호 등.

[265] '총후 부인' 담론에 대해서는 정호순, 〈국민연극에 나타난 모성 연구〉, 《어문연구》 제33권 제1호, 2005년 봄; 문영주, 〈일제 말기 관변잡지 《家政の友》와 '새로운 부인'〉, 《역사문제연구》 제17호, 2007년 3월; 권명아, 〈식민지 경험과 여성의 정체성〉, 《한국근대문학연구》 제6권 제1호, 2005년 4월 등 참조.

[266] 몸뻬 복장에 대한 상세한 논의는 안태윤, 〈일제말 전시체제기 여성에 대한 복장 통제〉, 《사회와 역사》 제74집, 2007 참조.

[267] 안태윤, 〈일제말 전시체제기 여성에 대한 복장 통제〉, 6쪽.

[268] 안태윤, 〈일제말 전시체제기 여성에 대한 복장 통제〉, 4장 참조.

[269] 권보드래, 《연애의 시대》, 170쪽.

[270] 권명아, 《역사적 파시즘—제국의 판타지와 젠더 정치》, 161~162쪽.

[271] 우에노 치즈코, 이선이 옮김, 《내셔널리즘과 젠더》, 박종철출판사, 1999, 27쪽.

[272] 김정선, 〈일제 말기 여성작가들의 친일담론 연구〉, 《어문연구》 제33권 제3호, 2005년 가을 참조.

[273] 근래 이 문제를 가장 집중적으로 논의한 책으로 김주현의 《외모꾸미기 미학과 페미니즘》(책세상, 2009)은 주목을 요한다. 이 책에서는 외모 꾸미기 강박에 대해 페미니즘이 내놓은 두 방향의 대안, '미적 금욕주의'와 '도취적 나르시시즘'을 먼저

정리했다. 미적 금욕주의는 아름다운 외모가 여성을 한낱 쾌락과 소유의 대상으로 전락시킨다고 진단한다. 여성이 '아름다운 한' 남성의 지배를 벗어날 수 없다는 것이다. 반면 도취적 나르시시즘에서는 가부장제가 여성들에게 할당한 전통적인 여성미는 열등하거나 결함을 가진 것이 아니라 그 자체로 긍정적이고 우월한 것이어서, 가부장제 시선의 권력을 역전시킬 수 있는 또 다른 권력(외모권력)이 될 수 있다고 파악한다. 김주현은 이 두 방향 모두 논리적 모순이 있음을 날카롭게 지적한다.

274 김주현, 《외모꾸미기 미학과 페미니즘》, 130쪽.

275 렌츠, 울리히, 박승재 옮김, 《아름다움의 과학—미인불패, 새로운 권력의 발견*The science of beauty*》, 프로네시스, 2008, 270쪽.

276 김종갑 외, 《그로테스크의 몸》, 쿠북, 2010.

277 천정환, 〈2000년대의 한국소설 독자 2〉, 《세계의 문학》, 2007년 봄호.

278 〈슈퍼주니어 팬클럽, 주식 보유로 소속사에 영향력 행사〉, 《헤럴드 경제》, 2010년 4월 3일.

279 〈여고생 55%만 "결혼할 것"… 저출산 비상〉, 《동아일보》 2010년 5월 8일.

찾아보기

【ㄱ】

【ㄴ】

【ㄷ】

【ㄹ】

【ㅇ】

【기타】

예쁜 여자 만들기

◉2011년 3월 9일 초판 1쇄 발행
◉2012년 10월 24일 초판 2쇄 발행
◉글쓴이 이영아
◉발행인 박혜숙
◉책임편집 정호영
◉디자인 조현주
◉영업 · 제작 변재원
◉펴낸곳 도서출판 푸른역사
우 110-040 서울시 종로구 통의동 82
전화: 02)720 - 8921(편집부) 02)720 - 8920(영업부)
팩스: 02)720 - 9887
전자우편: 2013history@naver.com
등록: 1997년 2월 14일 제13-483호

ISBN 978-89-94079-45-5 03900